高君宇传

王庆华 著

山西出版传媒集团
山西人民出版社

图书在版编目（CIP）数据

高君宇传 / 王庆华著．—太原：山西人民出版社，2015.12（2016.5 重印）
ISBN 978－7－203－09350－3

Ⅰ.①高… Ⅱ.①王… Ⅲ.①传记文学—中国—当代 Ⅳ.① I25

中国版本图书馆 CIP 数据核字（2015）第 263842 号

高君宇传

著　　者：王庆华
责任编辑：魏　红
装帧设计：刘彦杰

出 版 者：山西出版传媒集团·山西人民出版社
地　　址：太原市建设南路 21 号
邮　　编：030012
发行营销：0351—4922220　4955996　4956039　4922127（传真）
天猫官网：http：//sxrmcbs. tmall. com　电话：0351—4922159
E — mail：sxskcb@ 163. com　发行部
sxskcb@ 126. com　总编室
网　　址：www. sxskcb. com

经 销 者：山西出版传媒集团·山西人民出版社
承 印 者：山西出版传媒集团·山西新华印业有限公司

开　　本：720mm×1010mm　1/16
印　　张：22
字　　数：287 千字
印　　数：3 001—4 500 册
版　　次：2015 年 12 月　第 1 版
印　　次：2016 年 5 月　第 2 次印刷
书　　号：ISBN 978－7－203－09350－3
定　　价：58.00 元

目　录

第一章　少年时代

诞　生

如果打开中国地图，你就可以从上面看到，在山西境内有一条纵贯南北的河流，这就是黄河最重要的支流之一汾河。

在汾河上游一带，是苍山万叠的晋西北黄土高原。嵯嵯峨峨的峻岭，突突兀兀的险峰，隐现于漫漫云雾之中，犹如一片望不到边际的波涛在汹涌、在翻腾，令人望而惊叹!

在这万山丛中，疏疏落落地散布着一些大大小小的村庄。世世代代居住在这里的人民具有纯朴、善良、勤劳、刚毅，以及不屈不挠、不畏艰难的性格，而这一切性格则是这雄山秀水以及艰险环境赋予他们的。他们终年累月用沉重的老镢头和流不尽的汗水，开垦和耕耘着这里贫瘠的山地，创造着这里的文明和繁荣……

我国唐代最伟大的现实主义诗人杜甫之祖杜审言路经这里时，禁不住吟唱道：

北地春光晚，边城气候寒。
往来花不发，新旧雪仍残。

水作琴中所，山疑画里看。

……

这是一幅何等壮美的北地春光图。然而，诗人看到的只是山水风光而已，如果他也和他的孙子杜甫一样深入民间、体察人民疾苦的话，那他的诗就决然不是这样了。多少年来，在封建统治阶级的残酷剥削和压迫下，伴随着这里人民的只是两个字：苦难！一遇灾年，穷苦山民家家悬磬，人人鹄面，啼饥号寒，苦不堪言。至于卖儿鬻女的、背井离乡的、流离失所的、四处乞讨的，则随处皆是。

苦难孕育着斗争，压迫激起了反抗。千百年来，在这大山深谷间激荡过多少次抗争的呐喊……

就在这块浸透着血与泪的苦难而英雄的土地上，汾河用她那融入了不屈不挠、奔腾不息的斗争精神的甘美乳汁，哺育了一位令她引以为骄傲和自豪的优秀儿男——我党早期著名的革命理论家和杰出的革命活动家高君宇（乳名尚德）。

公元1896年10月22日（清光绪二十二年九月十六日），飒飒金风中弥漫着浓郁的五谷芳香，晋西北山区农民带着只有在这个季节才能看到的笑容，正在紧张地收割着田野里的庄稼。就在这样的时刻，一个新生命在位于静乐县城南25公里、汾河东岸的峰岭底村（现划属娄烦县）的高家大院呱呱坠地了。

当接产婆将这一消息告诉在隔壁窑洞书房里等候了一天的男主人高佩天时，这位清末“监生”赶忙放下手中的一本线装医书，着急地问道：“所生是男是女？”

“是大喜，高先生。”

高佩天一听，眼睛里立即漾起惊喜的光波，但还是有点不放心似地连声问道：“这是真的吗？这是真的吗？”

“真的，”接产婆笑嘻嘻地说：“恭喜你呀，还是个又白又胖的小子哩！”

像吃了一颗“定心丸”似的，满面春风的高佩天得意地往太师椅背上一靠，情不自禁地说道：“真是天遂人意啊！”

生一个男孩，在普通农家来说根本算不了什么，甚至一些多子多女的人家还会为多添一张吃饭的嘴而犯愁呢！可是对于像高佩天这样的人家来说，却是一件很了不起的大事。

高家是闻名静乐县的一大望族。关于这个耕读世家的情况，高君宇之弟高全德有篇回忆文章说得很详细。他说：“相传在明清鼎革之际，我的十四世祖为避兵乱，从陕西米脂逃荒来到峰岭底落户。传到曾祖生两个儿子。祖父为大，叫高九重，别名羲良；叔祖高九章，别名良世。祖父幼年入塾读书。后因家贫辍学，给人家揽工放羊。由于他攻读出众，先生很看得起来，主动向曾祖提议，愿拿自己的束脩资助他完成学业。曾祖深为感激，同意祖父入塾续读。后来（祖父）应乡试，考了个秀才，在村当了一辈子塾师。”然而，真正使高家兴旺起来的则是高九重的儿子高佩天。高佩天，字子明，从小聪颖好学，但身体羸弱，其父高九重怕他劳累成疾，便给他用钱捐了个“监生”的功名。高佩天颇有经商之才和创业之志，在其父去世不久，就利用父亲积攒下的一些银两，在娄烦镇开了个叫“天合成”的货铺，买卖颇为兴隆。随着积蓄增多，他便扩展家业，在本村修房置地、添牛买羊，继而开设油坊、酒坊、粉坊，以及药铺，还经营瓷窑、煤窑。之后，又在静乐县城、岚县东村开设了面铺、货铺。高君宇出生时，高家家大业大，已到鼎盛时期了。高佩天不仅家业兴旺，而且通晓医术，加之生性刚直，为人慷慨，因之被人尊为“开明乡绅”。

高家虽然“财运好”，无奈“子孙艰”，历来人丁不旺。至高佩天这一代，高家只有他这个“独根苗”了。高佩天自然希望“儿孙满堂”

"人丁兴旺"。两年前，他已得一子，取名"俊德"，但这孩子一生下来就是个弱不禁风的"嫩豆芽儿"，三天两头闹病，尽管他通晓医术，家里还开着个药铺，无论参、茸、鹿、桂、膏、丹、散，无不应有尽有，但"嫩豆芽儿"终难强健起来。每当他看到那"烧香人人"似的儿子，他总是摇头叹息。为了广积阴德，给子孙祈福，他乐善好施，助人为乐，行医看病从不收受礼金。

自从夫人怀孕后，他紧锁的双眉似乎舒展了一些，但是，是男是女还很难说，这又使他委实放心不下，直到接产婆告诉他之后，他那颗悬着的心才有了个着落。

人常说："穷居闹市无人问，富在深山有远亲。"自孩子出世之后，一些三亲六友纷纷携礼而来，向高佩天表示祝贺：

"恭喜恭喜，家门又得贵子了！"

一些算卦先生也登门滔滔不绝地说着叫人摸不着边际的话语，大概意思无非是八字好、大福大贵之类的话。迷信鬼神的高佩天听了这些话，自然深信不疑，欢喜不尽，一边把加倍的酬金放到算卦先生的手里，一边乐呵呵地说：

"托您先生的福。"

不久，高佩天翻了好多圣贤经书，给出世的儿子取名为"尚德"。在这个名字里，寄托着他的一片心意，他希望儿子将来能成为一个崇尚封建道德的人物。

然而，任何一位叱咤风云的人物，在他刚刚诞生的时候也与常人无异。高尚德自不例外。相反，由于父母对他的溺爱，他从襁褓期到幼年一直生活在窑洞里和庭院内，受着父母和外祖父母的监护，呼吸不到外面大自然的新鲜空气和泥土的芬芳。这无疑是不利于他健康成长的。正如俄国作家谢德林所说："如果在儿童与大自然之间没有任何直接而生动的联系，那么，最鲜明、最绚丽的图景也不能使他动心。"

尚德已经会跑会跳了，但母亲仍不让他走出庭院一步，深恐他在外面发生意外；只让仅比他年长两岁的哥哥俊德带着他在院子里玩摆人家家、捏泥人人之类的游戏。即使这样，母亲仍然放心不下，不一会儿，就要大声提醒一下俊德：

“小心点，可要看好弟弟呀!”

母亲是一位地道的贤妻良母。高尚德的胞弟高全德老人在一篇文章中这样回忆道：“母亲是静乐县西大树村一个赵姓农民的女儿，没有读过书，不识字。她性情温和，为人憨厚，一生勤俭朴素，省吃俭用，农忙时断不了下地劳动。家人、媳妇敬重她，邻里们也都跟她很要好。她善于料理家务，是父亲得力的助手……当时，无论母亲还是外祖父母以及其他家人，对我们颇为抚爱。”而在高尚德幼年时，她只有两个孩子，而且由于长子俊德从小体弱多病，她和丈夫只把一腔希望寄托在次子尚德的身上，因此，她对尚德的溺爱就是很自然的事情了。

高佩天对孩子的爱从不溢于言表，但有时也会自觉不自觉地对尚德流露出来。譬如，他从外面经商归来，便把小尚德抱在怀里，然后从口袋里掏出一些糖果之类的食品来，任尚德用小手抓着吃。当他看到尚德那胖胖的脸蛋上漾出深深的酒窝时，他便会情不自禁地露出舒心的微笑来：他多么希望这个儿子能茁壮成长，成为一个能继承父业、有所作为的人!

至于外祖父母对尚德的溺爱似乎更甚于尚德的父母。他们对这个小外孙，真有点“含在嘴里怕化了，握在手里怕掉了”的味道。

按理说，像这样在溺爱中成长起来的孩子总是十分嫩弱的。但是后来人们渐渐地发现，在尚德这个孩子身上不但没有丝毫的娇嫩气，相反有的是一种倔强、好胜、勇敢的“野性”。如果要寻找原因的话，那恐怕得去了解他后来走出庭院，与那些光屁股的农家孩子玩耍、交友的情况。否则，是很难找到正确的答案的。

“野孩子”

峰岭底村是一个依山傍水、风景秀丽的村庄。村后的峰岭山上，除了人们开垦出来的一块块黄色耕地外，便是丛生的灌木、荆棘，以及满山遍野的山花、野草。而在草木深处，不时会响起鸟雀那婉转悦耳的啼叫声。村前，汾水长流，昼夜不舍，“哗啦啦”地似乎在吟唱着一首永不终止的田园诗。

然而，从小一直生活于庭院之内的高尚德却从未步入这幅“画图”之中。因此，当他第一次走出黑漆大门时，就立即被眼前的世界吸引住了。在年幼的高尚德的眼睛里，无论是山、水、树木、田野，还是蓝天上的一缕云霞，草丛中跳出的一只蟋蟀，一切都是那么美好，富有光彩！他觉得，外面的世界要比庭院有趣得多。从此，小小的庭院再也系不住他那颗渴望自由的心了。他常常趁大人不注意的时候，悄悄地溜出去玩耍。但是过不了一会儿，就会听到母亲焦急的喊叫声：

“尚德——尚德——你在哪儿玩呢？”

他很调皮，每当这时，他便藏在树丛中或大石后，一声不吭。直到大人喊急了，他才跳出来答应一声。

回到院里，母亲便让俊德带他一起玩。但是，身体羸弱的俊德是个郁郁寡欢的孩子，他不爱动，也不爱说，只是喜欢孤独。和他一起玩，尚德总感到乏味得很。每每玩上一会儿，尚德就又偷偷跑了出去。父亲常常经商在外，母亲和外祖父母又管不了他，常常为之叹息：

“这真是一个‘野孩子’啊！”

尚德确实“野性”十足，与高家的门第很不相符。他经常混迹于那群光屁股的农家孩子中间，带着一种充满天真与蒙昧的野性，在大自然中嬉戏、玩耍。春天，他们上山捉蚂蚱，上树掏雀蛋。山上满是荆棘、草丛。他的双手常被划破而鲜血直流，但他毫不在意，顺手摘一片树叶按在伤口上，就又玩去了。夏天来了，他们就跑到汾河岸边，脱光衣服，“扑通”、“扑通”地跳进河里，扎猛子、打水仗……累了，就跳出水面，浑身抹上一层泥，然后仰卧在沙滩上，眯起眼睛，静静地仰望着天上的蓝天、白云、飞鸟……或者用手指在沙滩上画出纵横交错的“渠道”，看着那“渠道”里渐渐渗出水来……每当秋收季节，他们就拾柴燃火“烧山药”，待青烟消尽，山药也就烧熟了，那混杂着草木芬芳的香味，直令他们淌口水……

童年时代的高尚德富于幻想：时而随着山雀儿飞翔在碧空之上，时而随着小鱼儿嬉戏于清澈的流水之中，时而让不羁的思想伴着放牛娃的“信天游”在山水间飘荡……他在嬉戏和打闹中发泄着幼小生命里过剩的精力。

正因为生活在这群农家孩子中间，呼吸着浓郁的泥土芬芳，小时候的高尚德没有小少爷的威风、公子哥儿的习气，有的只是农家孩子那种纯朴、憨厚、勇敢、顽强的性格。除此之外，他的机智、大胆尤为乡人所称道。

高家大院由上、下两院组成，下院正窑之顶即上院之院落，一侧有台阶通道可供人上下。但高尚德却常常“另辟蹊径”，他凭着出色的攀登本领，从上院攀墙而上，沿墙而至下院。这当然是在父亲不在家里时才这样做的。一次，他和外祖母出门，外祖母从上院先行，刚至下院，就见尚德在大门口恭候了。外祖母得知他是沿墙而至时，不禁惊骇得大叫了起来：“贼胆子，要是从那高墙上摔下来可怎么办?”于是，将他责备了一通。但是，高尚德哪听劝阻，依然我行我素。

然而，最能体现高尚德机智、胆略的则是上树、攀崖、掏麻雀、拆鹊巢了。一次，高尚德和小伙伴们在一处土崖上发现住了一窝红嘴雏鸦，尚德便提议说：“咱们来掏了吧!”

小伙伴们仰首向红嘴鸦筑巢的地方望去，只见土崖不仅很高，而且陡如刀削，难以攀登，便诧异地问道："这能攀上去吗?"

"能!"高尚德颇为自信地说："咱在崖上挖上许多脚蹬的坑，不就可以沿着攀上去了吗?"

于是，他们立即动手，由下往上挖土坑。两三天后，终于挖至离鸦巢很近的地方。别的孩子不敢攀登，尚德将鞋一脱，赤着脚就攀登上去了，其敏捷的样子就像猴子一般。等尚德将一窝雏鸦用帽子端下来后，小伙伴们立即围住了他，一边看小鸦，一边高兴地议论："哈哈，快全毛了!"最后，尚德将雏鸦分给了小伙伴们。

还有一件事更令人赞叹。高家大院坐落在村中一条沟里，因沟里有一条涓涓细流，人们便把这条沟叫做"泉水沟"。尚德小时候，沟里长着许多高大挺拔的杨树，有的树高达数丈，鸟雀就在树冠稠密处筑巢、下蛋、孵小雀儿。

一天，尚德和小伙伴们在树下玩耍。突然，树上的一只老鸹"哇哇哇"地叫起来。老鸹在当地被视为不祥之鸟，因此，人们对它的叫声极为反感。恰在这时，一位老农正从树下走过。一听到老鸹凄厉的叫声，老农就愤愤地骂道："狗日的，你还嫌穷人的苦难不够吗？啥时除灭了你就好啦!"

老农走后，高尚德对着老鸹窝痴痴地看了半晌，然后对小伙伴们说："咱们把这老鸹窝除掉吧!"

小伙伴们仰起头朝树杈间的老鸹窝望去，啊！那么高，那么高，简直就要挂住那悠悠白云了。一个小伙伴爬树了，可是只爬了半截，就有点胆怯下来了。尚德说声"我来"，就将小褂子一甩，脱掉鞋，两臂抱住树干，然后用两只小脚丫子一蹬一蹬地就爬了上去，小圆脸涨得通红，两只大眼睛闪着兴奋的光芒。恰在这时，从高家大门里出来的哥哥俊德看到这一情景，吓得直叫喊：

“快下来呀，尚德！”

尚德没理会哥哥，一直爬近老鸹窝，然后就划根火柴，点燃了老鸹巢……

“快往下爬，小心火掉下来烫着你！”俊德在树下急得团团转。

“我知道。”高尚德说完，就“哧溜哧溜”地从树上爬了下来。

这时，老鸹见窝变成了一个红火球，急得绕树而飞，“哇哇哇”地直叫……

尚德和小伙伴们见此情景，都禁不住拍着小手欢呼起来，仿佛战士打了胜仗似的。然而回到家里，尚德却遭到家人严厉的斥责。向来以温柔著称的母亲也一反常态，气得直叫喊：

“你不想想，要是从那么高的树上摔下来，那该有多怕呀！”

“我才不怕呢！”浑身充满“野性”的高尚德回答说。

然而，可怕的事情终于被高尚德撞上了。那是一年盛夏的一个晌午，烈日炎炎，酷暑难当，就连村头的狗也禁不住伸长舌头直喘气。

“咱们到河里耍水去！”

尚德的提议，立即得到小伙伴们热烈的响应。于是，这群“野孩子”像脱缰的野马，径直飞奔到汾河岸边。脱光衣服后，一个个争先恐后地“扑通、扑通”跳进河水里。打了一阵水仗之后，小伙伴们陆续回到岸上。尚德似乎余兴犹浓，仍然在河里玩耍：时而仰泳，时而蛙泳，时而又一头扎进水里……

时值农历六月，天气变化莫测。这里还是晴晴朗朗的天，说不定那里已暴雨如注，山洪暴发。就在尚德还在河里尽情游玩的时候，一场浊浪滚滚的洪水已汹涌而至。岸上的小伙伴们急忙惊呼：

“尚德，发洪水了！”

话音刚落，一个巨涛就像野兽似的吞没了尚德。小伙伴们被这可怕的情景吓呆了，随即又哭又喊地顺着河岸向下游跑去……

高尚德被洪水冲了十几米远后，一个巨浪将他推到岸边，他急中生智，慌忙抱住一块大石头，才脱离险境。他上岸后一连吐了几口黄水，见小伙伴们眼里噙着泪水，便打趣地说："哭什么？我不是还活着吗？"在回家的路上，尚德向小伙伴们下了一道"命令"："回家后，谁也不准提今天的事。"后来此事还是被他母亲知道了，但并不是小伙伴们泄的密，而是他那条猪尾巴似的辫子里面的沙子给暴露了。

高尚德在这群"野孩子"中间，论个头、论年龄都是最小的，但是他的机智、大胆却是很令小伙伴们钦佩的。加之他从不与人打架斗殴，又很讲道理，因此，所有的孩子都喜欢跟着他玩耍，并愿听从他的指挥。他说上树就上树，他说下水就下水，他简直就是一个"孩子王"！

就在高尚德用泥土的清香、汾河的浪花滋润着生命的早晨的时候，一场轰轰烈烈的义和团运动在充满血泪和耻辱的中国大地上爆发了。

年幼的高尚德常常怀着好奇心，观看乡民们练拳、念咒。他虽然闹不清这是怎么回事，但有一点却是非常明确的：洋人是坏蛋，义和团是英雄。

一天，高佩天外出经商而归，正和乡民谈论义和团斗争的事儿。高尚德匆匆跑来，拉住父亲的手说："给我做大刀和长矛！"

父亲不解其意，问："要那些干啥？"

"杀洋人呀！"尚德一本正经地回答。

父亲这才恍然大悟，禁不住哈哈大笑起来。于是，父亲让人用木头给尚德做了一把大刀和一枝长矛。

尚德欢喜不尽，手持大刀、长矛满村乱跑。小伙伴见了，无不羡慕。没几天，村子里的儿童都有了大刀、长矛。在他这个"孩子王"的率领下，这群孩子整日聚在一起，做着"义和团痛打洋鬼子"的游戏。他们还经常排着整齐的队伍，雄赳赳、气昂昂地穿街过巷，齐声喊着："杀洋人，保中华！"清脆的声音回荡在村子的上空。

私塾内外

1903 年，高尚德已经 7 岁了。

出生于耕读世家的高佩天自然没有忘记朱柏庐《治家格言》中的两句话："祖宗虽远，祭祀不可不诚；子孙虽愚，经书不可不读。"多少年来，他一直有一个心愿，就是要让儿子出人头地，踏入仕途。他虽捐了一个"监生"，但常常为自己功名低微，不足以显赫门庭，深以为憾。在两个儿子中，他希望最大的就是高尚德。春节过后不久，他便将尚德和大儿子俊德叫到跟前，神情庄重而严肃地说了一番话：

"你兄弟俩已经不小了，俊德 9 岁，尚德也已 7 岁，该是入塾读书的时候了。咱高家是耕读世家，你祖父是个秀才；父亲学业未成，只捐了个'监生'；到你们这一代自应发愤读书，争取名登高科，以光宗耀祖。明日一早，就送你们到段化行先生那里入塾读书。"

读书是高尚德颇感兴趣的事情。在此之前，他和哥哥就开始接受中国古典诗歌的启蒙教育。而第一个启蒙老师就是他的父亲。每当父亲有暇，就把小兄弟俩叫在一盏昏黄的油灯下，一字一句地教他们读一些浅显易懂的古典诗词，诸如"鹅，鹅，鹅，曲项向天歌。白毛浮绿水，红掌拨清波"；"朝辞白帝彩云间，千里江陵一日还。两岸猿声啼不住，轻舟已过万重山"；"春眠不觉晓，处处闻啼鸟。夜来风雨声，花落知多少"。这些优美的诗篇，不仅读起来朗朗上口，音韵和谐，而且所创造的各不相同的意境是那么美妙，常令高尚德陶醉于其中。因此，一听父亲说到"读书"二字，高尚德便由衷地笑了。

高佩天接着训导道："从明日起，你俩就是读书人，再不能像以前那样调皮捣蛋了！"说到这里，他特意看了看眼前充满"野性"的尚德。最后，又说了一番"学乃身之宝，诗书不负人"，"两耳不闻窗外事，一心只读圣贤书”之类的话，方才让两个儿子准备经书以及“文房四宝”等事宜去了。

翌日一早，高尚德和哥哥俊德梳洗一番，穿上母亲早已准备好的新长袍、新鞋、新袜，每人还在留着长辫的头上戴了一顶崭新的“帽壳子”，便跟着父亲向本村段化行先生家里走去。父子三人手里拿着“文房四宝”、经书，以及给先生送的礼物。

当时读书的学堂形形色色，大致可分作三类：高级的是省城或县公立的书院，中级的是一些秀才、举人自设的经馆，低级的是蒙馆。此外还有一种就是有钱人家延聘教师专教自己子女的家学，亦称“家塾”。段化行开设的是蒙馆，馆址在他家的一间空房子里。这位先生是晚清秀才，颇有学问，据说能背半部《康熙字典》，这就是高佩天让两个儿子拜师于他门下的主要原因。

在清朝时，开蒙是读书人的一件大事，礼仪甚为隆重。因此，高佩天今日神情似乎更加庄重严肃，一路上除了嘱咐儿子一些关于开蒙礼仪的话之外，别无言谈。

来到蒙馆时，早见段化行已恭候于门外。这位老先生身着长袍马褂，头上也是戴一顶黑色“帽壳子”，面带笑容，显得十分和善可亲。一见高佩天父子三人，照例一番寒暄。进门后，高佩天对两个儿子说：

“快给先生磕头！”

高氏兄弟俩双手一拱，刚刚作了一揖，就被段化行拉住了：“不必如此多礼了，还是先拜孔圣人吧。”说完，就领着高家父子三人来到孔子牌位前。只见那上面贴着一张长约二尺有余的红纸，上面端端正正地写着 10 个楷体字：“大成至圣孔子先师神位”。前面摆一香案，案上置有蜡烛、香炉等。段化行就站在香案一侧，神情颇为严肃、庄重。于是，高氏兄弟俩焚香、磕头。开蒙仪式结束后，段化行说：“拜过孔圣人，就会文思发达，连中三元。”并嘱咐小兄弟俩从今日起，每日早晨上学都要先来此拜孔圣人。临走时，高佩天对段化行说：

“孩子要是日后不听话，你就替我严加管教，好好打。俊德从小生性懦弱，倒不至于捣蛋；只是尚德这个孩子，就像一只野山羊似的，叫人不放心。”

段化行微笑着说：“我看你这是多虑了。尚德这孩子相貌不俗，聪明伶俐，断然不会辜负你的期望，忘掉高家书香传家之风。依我看，这孩子日后必成大器，光宗耀祖。”

当时，读书人读书的程序大约是这样的：开始读的是押韵的三字对句的儿童启蒙必读之物《三字经》，接着就是《百家姓》《千字文》、《幼学琼林》《孝经》等，然后就是“四书”、“五经”。高氏兄弟俩初入蒙馆，读的自然就是《三字经》了。

一开始，高尚德对蒙馆读书生活还颇感兴趣，可是没过多久，就越来越感到乏味了。他每天来到蒙馆，就坐在板凳上摇头晃脑、咿咿呀呀地反复念那本《三字经》：

人之初，性本善。性相近，习相远。
苟不教，性乃迁。……
玉不琢，不成器。人不学，不知义。
……

念完一遍，再开始从头念。如此反复，就像拉磨的毛驴一样，转了一圈又一圈，永远也走不到一个尽头。再者，段化行从不讲解意思，蒙童们只能照字读音，一直念到每一个字都铭刻在记忆里，也不知其所以然。这对于思想活跃、天真烂漫的高尚德来说，简直就是一种苦刑，实在是难以接受的。因此，他经常偷偷地溜出蒙馆和那些“野孩子”一起嬉戏、打闹。段化行虽然能背半部《康熙字典》，但不善于管理学生，因此对于高尚德无可奈何。但有一点令他欣慰的是，高尚德脑子快，记性好，让他背书，准能熟背如流。

在蒙馆，高尚德还做了一件惊世骇俗的事情。一次，段化行发现高尚德“逃学”的事后，又拿出他惩罚学童的唯一“高招”来，让高尚德背书。这一次，尚德没背书，反倒提出一个问题来：“读书有什么用呢?”

段化行一听，哈哈大笑起来，接着便滔滔不绝地讲起“万般皆下品，唯有读书高”，“扬名声，显父母；光于前，裕于后”之类的道理来，最后又加了一句：“只要你发愤读书，将来就会进学、中举、中进士、点翰林。”

高尚德眨眨眼睛，问：“翰林是啥?”

“嗨！就是大官么!”

“那做官又有什么好处呢?”

“做了翰林，就有享不尽的荣华富贵，受不尽的皇家恩泽。”

谁知，高尚德竟从牙缝间迸出这样一句话来：“那我就不读书了!”

段化行一听，惊讶地睁大了眼睛，继而苦笑一声，拉长声音开导说：“傻孩子，你难道没听说过‘三代不读书会变牛’这句话吗?”

高尚德反问道：“那祖祖辈辈种地的人为什么没有变成牛呢?”

一句话，把段化行问得张口结舌，气得胡须乱抖，半天说不出话来……

后来，高佩天知道这件事后，将高尚德严厉地斥责了一番。他知道，照此下去，势必会荒废儿子的学业。当他听说静游村有一位老秀才对学童管教颇为严厉时，便将他请到家里设起私塾来。这位老秀才名叫冯善达。他整治学童很有一套：打手板、打屁股、罚站、罚跪、揪耳朵、扯头发……花样真多，简直把学童当作囚犯一般。他还为他的肉刑、体罚找出许多理论根据，什么“教不严，师之惰”啦，“不打不成才”啦，等等。他来到高家私塾后，经常绷着一张脸，怪怕人的。但他有一长处是能给蒙童讲解课文。高尚德虽然不喜欢他，但对功课还是有兴趣的。因此学业大有长进，很令高佩天欣慰。

但是，最令高尚德感兴趣的则是听故事。第一个给他讲故事的是外祖母。还在尚德很小的时候，这位出身农家的老妇就给他讲一些神鬼故事、民间传说。

后来，高尚德又找到了听故事的新场所——打谷场和“长工屋”。当时，高家雇有不少长工，他们的栖身之处就在高家大院东侧作坊小院的平房里。在那里，劳累了一整天的人们总喜欢手拿旱烟袋，凑在一起讲讲闲书，说说古话。其中一位被人们戏称为“李谝子”的老长工肚子里装的故事最多，只要他一开口，故事就像泉水一样滚滚流出，似乎永无枯竭之时。他讲得最多的则是一些历史故事，例如，桃园三结义啦，梁山泊英雄聚义啦，李闯王揭竿起义啦，太平天国啦……这些在民间流传甚广的故事，常常激动着高尚德幼小、童稚的心，引起他一串串奇想！他多么希望自己将来也能成为一个行侠仗义、杀富济贫的英雄啊！

可以这样说，高尚德小时候的启蒙教师，与其说是蒙馆、私塾里的老秀才，不如说是劳动人民。在“长工屋”这些“启蒙教师”的熏陶下，他学到了许许多多经书上所没有的东西。而这些“经书上所没有的东西”，对于他日后那反封建思想和救国救民抱负的形成，无疑具有一定的影响。

1907 年，望子成龙心切的高佩天将尚德和俊德送到娄烦镇闻名全县的大财主尹家私塾里读书，因为在尹家执教的塾师冯乐善是位颇有名望的老秀才，不仅资高德重，而且治学有方，为人所重。高尚德到娄烦读书后，自然不能再在“长工屋”里听故事了。但他每逢回到家里时，总要在晚间抽暇到“长工屋”待上一段时光，但他这时已不仅仅是个“热心听众”了，有时候他还就自己的理解发表一些看法。而这些看法常令“长工屋”里的人们大为惊愕和赞叹：

“高家二少爷将来必定会大有出息!”

“鹅城”求学

光阴，似汾河水一样滚滚流淌而去……

1909 年，高尚德和其兄高俊德在私塾读书的生涯结束了。这时科举制早已废除，这使期望儿子走仕途道路的高佩天颇为失望，幸而有学堂听说与科举异途而同归，这总算对他来说是一种安慰。于是，他将两个儿子带到静乐县城，送入县立高等小学堂读书。

当时，高佩天在县城里开一面铺。高尚德和其兄高俊德就住在面铺里的一间房子里。每天兄弟俩上高等学堂去读书，放学后就在这里温习功课和休息。

时隔不久，高尚德便对学堂里保留的“书院遗风”颇感乏味、无聊。这里与他原先想象得多么不同啊！他曾听人说，学堂与私塾、书院不同，学堂里不仅有新课程，而且还有许许多多的新鲜事，可是来到这里一看，除了名称更换之外，一切都是外甥打灯笼——照旧（舅）。为了汲取新知识的甘霖，高尚德在课业之余，便经常出入于书肆，以购买新的书刊。但是，由于这个县城当时极为闭塞落后，在书肆里极少能看到新书刊。这不免使高尚德深以为憾。在这种沉闷的环境中，高尚德只能苦读经书了。

作为面铺东家的高佩天免不了十天半月要来县城看看面铺经营的情况。每次来，他总要询问两个儿子的学业。当他得知尚德成绩优秀、学业大增时，脸上便会浮现出满意的笑容。他哪里知道，这个聪慧、好学的儿子的心情正像汾河的波涛一样动荡不安。

为了排遣心中的苦闷，高尚德常常利用假日与同学结伴游览县城附近的名胜古迹：天锡楼、思武楼、西山寺……然而，他最喜爱的则是城南的天柱山。这座山并不巍峨雄伟，但却幽美秀丽，堪为全县群山之冠。满山松柏郁郁葱葱，而庙宇以及亭、台、楼、阁则掩映于其间，景色之秀丽，令人陶醉。高尚德第一次游览天柱山，就被深深地吸引住了，他感到这座山要比故乡的峰岭山美得多！半山间有一大寺院，寺院西侧为惠王祠，祠旁有泉名“天龙”，再往西侧是一幽谷，幽谷间有水阁凉亭一座。

沿惠王祠而上，即静乐八景之冠的“天柱龙泉”，泉水从石壁浮雕金龙口中涓涓而出，清澄而甘甜，雨不盈，旱不竭，碧莹莹的宛然一颗明媚灿烂的明珠。传说，此泉因神龙舔之而出。山巅有一座雄伟壮丽的玉皇庙，庙前楹柱上有一木刻楹联，系本县名贤耕石老农李銮宣撰并书，不仅联语绝妙，而且字体遒劲有力、气韵生动：

汾碾舄前流，城郭人烟都入画
云霞天外绮，山林泉石总怡情

高尚德十分喜爱这副楹联，因为此联不仅形象地描述了天柱山绝妙的景致，而且撰写楹联者李銮宣是一位令人仰慕的乡贤。他虽居高位而不忘民间疾苦，所作的《卖子谣》、《推车谣》等不少诗篇无不表达了忧国忧民之思想。而这些诗，高尚德不仅在他父亲珍藏的那部《坚白石斋诗集》中读到过，而且还能背诵出来。

在玉皇庙西侧，有一巨岩，古藤缠绕，上刻“仙床”二字，岩顶平坦如砥，上有几处奇异痕迹，传说是瑶池王母脚印和尉迟恭马蹄印。但是高尚德感兴趣的并不是这些，而是站在此处可以纵目远眺，放宽胸怀。每当云雾像波涛一样汹涌而至，将他淹没了的时候，他就会激动地狂呼起来。

高尚德那仿佛与生俱来的酷爱大自然的天性又复活了！在假日，游览山水、名胜、古迹，成了他不可或缺的一项重要内容，使他获得了不少有益的知识。而诗词、楹联、碑文之搜集，就是其中之一。

然而不久，冷酷的现实便将他从这一美好的境界中抛到充满苦难、血泪和不幸的土地上。那年，十年九旱的静乐又遭受到了极为严重的旱灾。粮田歉收，民不聊生。他家开的面铺里，常有乞丐“光临”。一天，面铺里来了一老一小两个乞丐：老的已年届古稀，驼着背，须发皆白，满脸皱纹像打碎了的玻璃片，深陷的眼睛混浊而无神，从破裤子里露出的那双瘦腿上青筋暴露，像许多条蚯蚓扭结在一起，分不出哪是头、哪是尾，而扶着拐杖的手简直就像干枯的木柴。小的只是一个四五岁的孩子，满脸污秽，还拖着长长的鼻涕。他一手抱着老人的大腿，两只眼睛惊恐地望着人们。老人口里不停地诉说着苦难和不幸：

“老伴活活饿死了，儿子得了痨症也死了，媳妇改嫁了，现在就剩下我这老不死的和这无爹无娘的小孙子了……要不是为了这独根苗，我……我……早就寻那老伴去了……”

老人说着说着，便呜呜地哭了起来。

高佩天素来乐施好善，便让店里的小伙计给老人拿了一些粮食。老人双手颤颤抖抖地张开布袋口，让小伙计将粮食倒了进去。然后，“扑通”的一声跪了下去，连连磕起头来，嘴里还喃喃地念叨着：“真是救命的活菩萨啊！……”

看着眼前情景，高尚德不禁潸然泪下。

老人携着孙子颤颤巍巍地走出门外。高尚德便随后追了出去，将他平时积蓄的几枚铜钱塞到老人手里……

这幕惨景，从此就深深地铭刻在高尚德的幼小心灵里。

后来，高尚德曾跟随父亲到过一次衙门。在那阴森可怕的衙门大院里，他看到一块清康熙年间竖的《赈饥碑》，碑文中充满血泪之词：

“在静邑，实于晋民中有苦中之苦。……迭被灾祲，民不聊生……”从衙门里出来，高尚德问父亲道：“康熙年间遭灾，官府还救济穷人，怎么现在遭了灾竟无人过问呢？”

高佩天一听，脸色顿变，急忙低声制止道：

“小孩子家不要乱说！”

但是，心灵曾被老百姓苦难情景震撼过的高尚德怎能沉默不语呢？在学堂里，他经常和同学们谈论着民间的疾苦。每当他听到那些卖儿鬻女、流离失所的故事，他的心就变得像铅一样沉重。有时，他还悲痛地吟诵他搜集到的当地古人的诗篇：

> 万峰西走郁纵横，汾碾分流试火耕。
> 一径寒烟通古戌，几株衰柳带孤城。
> ……
> 井里久承凋敝后，临风无策起苍生。

这时候，高尚德已经开始关注劳苦大众的疾苦了，虽然他还没有认识到封建社会制度是造成人民苦难的真正根源，但他的心中已萌生了拯救劳苦大众的强烈愿望。

剪掉“猪尾巴”

当历史跨入1911年门槛的时候，中国很快就要在辉煌5000年的史册上写下震古烁今、惊天动地的一笔。

这时，莽莽神州正值“山雨欲来风满楼”之际。伟大的革命先行者孙中山领导的资产阶级革命运动更加如火如荼，蓬勃发展。为了推翻腐败无能的清王朝的统治，革命党人以不屈不挠的精神，先后发动了10

多次武装起义。这些起义尽管都失败了，但是革命党人赴汤蹈火、英勇顽强的斗争精神，却更加激发了人民群众旺盛的革命斗志。纵观神州大地，全国人民的斗争犹如大江怒涛，一泻千里，势不可挡，猛烈地冲击着清王朝这只即将沉没的破船。正如孙中山先生高瞻远瞩地指出的那样，“清王朝可以比作一座即将倒塌的房屋，整个结构已从根本上彻底地腐朽了”；“中国现今正处在一个伟大的民族运动的前夕”。一个全国性的革命斗争高潮就要到来了。

然而，对于这场即将到来的革命暴风雨，此时的高尚德还无法感受到它的风云变幻。他每天在学堂背诵“诗云”、“子曰”、“唐诗”、“宋词”，或者悬腕挥毫，练习书法，依然过着一种平静而乏味的读书生活。直到后来的一天，他才从父亲那里隐约地知道了一些关于“天下要变”的信息。

入夏以来，高佩天就经常往县城里跑，很少到娄烦镇和岚县东村的店铺里去了。而他一来县城，就和段馨兰、武植林、冯毓兰、王谢堂等当地知名人士频频相聚于那间专供他使用的屋子里，并吩咐面铺的伙计不要让人来打扰。高尚德以为是父亲谈生意上的事，也不放在心上。一天，他因受风寒而患感冒，浑身时冷时热，父亲让他服一帖草药后，就让他睡在自己那间屋子里，并将一床厚棉被盖在他的身上。他便迷迷糊糊地睡着了。不知睡了多久，醒来时已是黑夜了。他感到浑身是汗，疲倦无力，睁眼一看，只见屋里亮着灯光，父亲正和几个人谈论着什么。他便有意无意地听了起来。

原来，高佩天他们谈论的是前不久刚刚发生的黄花岗起义，什么孙文啦、黄兴啦、七十二烈士啦、革命党啦……这一切对高尚德来说，是那么新鲜而陌生。他听了半天也不知他们谈话的内容是什么，直到后来父亲说了一番话之后，他才茅塞顿开，恍然大悟。高佩天压低声音说：

“清王朝气数已尽了。前几天，我祖上老家陕西米脂县来了一位客人，他说陕西民间盛传这样一首歌谣，‘不用掐，不用算，宣统不过二年半。今年猪吃羊，明年种田不纳粮。’你们看看，今年是辛亥年，是猪年，而‘羊’与‘洋’同音，是指洋人，这首歌谣就是说，清王朝要完蛋了，列强也要滚蛋了。自古民谣就是社会大变革的先兆，这首民谣不也预示着清王朝就要完蛋了吗？”

这一夜，高佩天他们谈了很久、很久。直到夜深人静，客人们方才散去。

这一夜，高尚德失眠了，他辗转反侧，思潮汹涌……

从此之后，聪明的高尚德一放学后就抓紧完成功课，一看到父亲屋里有客人，他就颇有心计地找一些托词往父亲屋里跑，这样就可以听父亲他们议论国事了。渐渐地，高尚德知道了许多他从未听说过的事情，诸如清人入关、扬州十日、嘉定三屠，诸如甲午海战、戊戌变法、慈禧用海军经费修造颐和园、八国联军进北京，诸如林则徐、康有为、梁启超、谭嗣同、秋瑾……然而，最牵动他心扉的则是孙中山和同盟会、革命党了。因为这是高佩天他们每一次聚会的主要话题。

于是，一个久久埋藏在高尚德内心深处的谜团解开了：腐败无能的清王朝是造成国家衰败、人民苦难的根源。不推翻它，国不能强，民不能富，甚至亡国的大难就会降临在5000年来先圣列贤所创造的文明之邦的身上。而今，清室已日薄西山，气息奄奄，而革命党和全国人民的反清斗争正方兴未艾、风起云涌。天下就要大变了！

但是，另一个谜团又出现在高尚德的心上：为什么父亲他们要频频聚会，如此热情地谈论国事和革命呢？莫非他们也是同盟会、革命党吗？

一次，高尚德向父亲提出了这个问题。高佩天用一种惊奇的目光将儿子看了半晌，然后答非所问地说：

“你还小，等你长大了就知道了。”

虽然父亲没有明确的回答，但聪明的高尚德从父亲的神色和话语中已推测出：父亲他们是同盟会里的人。

高尚德的推测是对的，高佩天他们正是同盟会会员。早在1906年，同盟会会员谷思慎、南桂馨等人就编唱反清唱词，深入静乐城乡进行宣传活动。在他们的影响和鼓动下，静乐有十几个进步人士加入了同盟会，其中有段馨兰、高佩天、武植霖、郭正、王谢堂等。他们填写了志愿书，歃血为誓，其誓言是："当天发誓：驱除鞑虏，恢复中华，创立民国，平均地权，矢信矢志，有始有卒，如或渝此，任众处罚。"从此，高佩天他们就与同盟会山西分会的谷思慎、南桂馨建立了联系。而关于孙中山和同盟会反清斗争等信息即由此而来。随着全国反清斗争高潮的出现，高佩天他们便频频聚会，以期届时响应。

历史，终于迈出了举世瞩目的一步：

1911年10月10日，震惊中外的辛亥革命爆发了！武昌起义的枪声，伴着革命党人的呼喊，伴着全国人民难以遏制的怒吼，向全世界宣告：一个新的时代就要开始了！

于是，全国各地纷纷响应。山西也于同年10月29日宣告独立，并成立了军政府。

大清帝国的黄色大龙旗，终于在革命风暴中倒下了！

中国2000多年的封建帝制政体，终于在冲天的革命怒火中像冰山一样，倒塌了，崩溃了，融化了！

当辛亥革命胜利的消息传到静乐县时，昔日光威能照透三尺厚地皮的清朝知事胡运昌（浙江人），像惊弓之鸟，闻风而逃了。高佩天、武植霖、王谢堂等同盟会员立即组织地方武装，并成立八都公所，暂时维持社会秩序，保卫民商。一时间，无论街头巷尾，到处都有人们在议论纷纷：

"大清帝国完蛋了！"

“革命成功了！”

整个县城沉浸在辛亥革命胜利的喜悦之中。高尚德更为振奋，他像一只活蹦乱跳的小鹿一样，到处乱跑，一会儿和哥哥跑上街头看热闹，一会儿跑到设于旧衙门的八都公所里听父亲他们议论辛亥革命的事情。因此，他在同学们当中知道的新鲜事最多，譬如孙中山要建立民国啦，国家要实行共和体制啦，要选举总统啦等等。但是，他也有许多事情弄不明白。于是，一有机会，他就向父亲问这问那。一天晚上，高佩天从八都公所回到面铺里，高尚德就跑过去，问道：

“民国是什么呢？”

“‘民国’就是与‘帝国’相对的，”高佩天一边倒了一杯茶慢慢喝着，一边给他讲述起来，“‘帝’字是一个人的尊号，而‘民’字则是老百姓的统称。从前的中国是帝国，是皇帝主政，无论什么事都是一人说了算，皇帝拥有至高无上的权力；而民国，顾名思义，就是人民的国家，政府和总统都得由全国人民选举产生……”

听了父亲的讲述后，高尚德高兴得叫了起来：“民国万岁！”

回到学堂里，高尚德总要将他所知道的事情讲给同学们听。因此，在他周围经常聚集着一群同学，就连学堂里的一些“老学究”们也都要凑过来，问这问那：

“国不可一日无君，皇帝没有了，谁来治理国家？”

“顾名思义，民国者乃民之国家也。如果人人都去管理国家，那岂不是乱了套吗？”

随着辛亥革命的成功，社会风气发生了深刻的变化：“大人”“老爷”这类不平等的称呼，以及磕头、作揖等旧礼节统统匿迹了，取而代之的则是握手、脱帽与鞠躬。然而，最惊世骇俗的自然是剪辫子和放天足了。

脑后垂辫，是清朝统治者强加于人民的一种耻辱。当剪辫子的风气传到静乐后，人们都不敢剪掉脑后那根猪尾巴似的辫子，有的怕清朝复辟，有的怕对不起祖宗。因此，不少人都将辫子盘在脑门上，用一顶大帽子遮盖起来。

但是，八都公所的同盟会会员都带头纷纷剪掉了辫子。当高尚德来到八都公所，看到父亲的“和尚头”时，不禁大为惊异，他瞪着一双迷惑不解的大眼睛，问道：“大（静乐方言，即“爹”的意思），你的辫子呢？”

高佩天漫不经心地说：“剪去了！”

“为什么要剪去呢？”

高佩天解释道：“男人留辫子是清朝皇帝入关后强加给我们的耻辱。现在革命成功了，自然要剪掉它，以示革故鼎新，移风易俗。”

高尚德听后，说声“我知道了”，便跑回面铺的书房里，急急找了一把剪刀，然后对着镜子，“咔嚓”一声，就将那条小“猪尾巴”剪掉了。恰在这时，哥哥高俊德从外面回来了，一见这情景，不禁惊叫起来：“你怎么把辫子给剪掉呢？”

高尚德顽皮地笑了，狡黠地眨了眨眼，说：“你先不要问我，你看看你头上长了个什么东西吧！”

俊德摸了摸头和辫子，说：“什么也没有呀！”

“你来自个儿照照镜子看看。”

高俊德拿过镜子仔细端详起来。趁着这当儿，高尚德麻利地一手拿起剪刀一手抓住哥哥的辫子，没等哥哥回过神来，辫子已随着一声“咔嚓”，掉落下来。高尚德将辫子递到哥哥面前，嘻嘻地笑着说：“不要照了，就是这条‘猪尾巴’呀！”

高俊德生性温和，平时，不管有理没理，凡事都让着弟弟三分，今天可被弟弟这种做法给惹火了，气得直骂：“你这贼胆子，怎么将我的辫子给剪了？等咱大回来，看不打死你！……”

高尚德仍然嘻嘻地笑着，说：“咱大才不会打我呢！等他回来你看看吧，他也是‘和尚’头。”接着，他将父亲给他说的话说了一遍，高俊德这才转怒为喜，也呵呵地笑了。

这时，阎锡山以同盟会会员的身份和两面派手法，攫取了山西都督的职位。民国县长米廷帧上任来到静乐，以县政府取代了八部公所。不久，高佩天被推为县商会会长。县府大力倡导剪辫子和放天足，每逢集会、唱戏等群众集会的场合，县府即派男女工作人员剪蓄辫男子之辫，放缠足妇女之脚。高尚德和同学们也时常参与此事，并宣传剪辫子、放天足的意义。

这年腊月，高佩天和两个儿子回到峰岭底村。由于远离县城，消息闭塞，村民们没有一个剪掉辫子的。他们见到这父子三人的“和尚头”，无不惊异。不久，从外面传来“清朝皇帝要复辟”的谣言。一时间，人心惶惶。村民们深为高佩天父子三人剪掉辫子而担心，关切地问：

“要是朝廷复辟了，你们父子三人可怎么办？”

没等父亲开口，高尚德就反问道：

“要是革命党来了，你们没剪掉辫子的人又该怎么办？”

村民们听了，深为高尚德的话所叹服。这个故事至今仍在峰岭底村流传着。与这个故事同时流传的还有一个关于放天足的故事：

女人缠脚，自古而然。因此，高尚德的妹妹志娴小时，母亲便要为她缠脚，并用“小时不缠脚，长大人要笑；脚板缠不小，婆家不好找”的古训来劝导她。但是，缠脚之痛苦，特别是对身心健康之摧残是人们所难忍受的。因此，小志娴绝难从命，她跪在母亲面前，哽哽咽咽地央求，但是长期被封建礼教思想束缚的母亲，怎能允许自己的女儿让人一辈子耻笑呢？终于，志娴的一双脚被两条长长的带子紧紧地缠裹住了。她疼痛难忍，夜不能寝。母亲怕她偷偷松开带子，便日夜监守在她身边。

看到妹妹如此痛苦，高尚德心里难受至极。他便挺身而出，据理力争，他对母亲说：“这种几千年来对中国妇女的摧残，早该结束了！做母亲的怎能让自己的女儿受此摧残呢？”

母亲眼里噙着泪珠说：“你的话是对的。但是你不想想，自古以来家家如此，我又有什么办法呢？”

高尚德见很难说服母亲，急得没有办法。恰在这时，院子里传来一声鸡鸣，使他想到一个好办法。于是，他来到院子里，抓住一只母亲平常最喜爱的母鸡，便用石头狠砸鸡爪，母鸡疼得“呱呱”直叫。母亲听到后，赶紧走出门来，一把将那只母鸡从儿子手中夺过来，一边抚鸡一边骂。谁知，高尚德根本不理睬母亲的骂，转身回屋，将妹妹的裹脚布解开。母亲看到后，更是怒不可遏，大骂不止。

这时，高尚德反倒心平气和起来，他对母亲说：

“砸坏鸡脚，你就心疼，给自己亲生女儿缠坏了脚，难道你就忍心做吗？”

几句话，说得母亲张口结舌了。恰在这时，高佩天从外面走了进来，他问明情况后，说：“尚德说得有理，就不要给志娴缠脚了。”

母亲无可奈何，只好说：“往后人家取笑女儿，可不要怪我。”

从此，高志娴的脚“解放”了。

高尚德之弟高全德后来谈起这件事情时说：“这件事，在我们家乡首开一例，当时被人们传为美谈。”

就在高尚德及其兄高俊德即将在县立高等学堂卒业之际，父亲说：“你俩读书已差不多10年时光了，如今就要在县学堂结业。常言说：‘男人十五夺父志’，下一步该干什么，你俩自己拿拿主意吧。”

高俊德因体弱多病，早就不愿寒窗苦读了。因此当即表示，愿在社会上找个差事干。

而高尚德则不然。他认为，自己学业未成，若现在就到社会上做事，未免有点儿太稚嫩了。因此，他那求学的欲望，犹如被春风煽旺的野火一样，早在胸中熊熊燃烧，且愈烧愈旺。于是，他向父亲表明了自己的心愿：继续深造！

高尚德的回答颇令父亲欣慰。对于这个儿子，高佩天是深有了解的：不仅聪慧好学，而且有胆、有略、有抱负，颇有一种积极向上的精神。若能继续深造，将来必能出人头地，成为一个既能光耀家门，又能有益于社会的人。于是，高佩天微笑着点了点头。

高尚德见父亲同意他继续深造，他那久久蕴藏在心中的欲望，犹如一泓在四面石崖中间回旋、激荡的激流，到今天终于冲出山崖，一泻千里了。

第二章　在省立一中

希望，在闪光……

路，一条坎坷不平的路，从晋西北山区的万山丛中，蜿蜒曲折地伸向地势平坦的晋中盆地……

沿着这条路，满怀求学深造之热望的高尚德风尘仆仆地来到坐落在晋中盆地北端、汾河岸边的北方古城——太原。

这是在1912年（民国元年）春。

这时，曾以雷霆万钧之力掀翻了清王朝的辛亥革命风暴渐趋平息。但是，这场风暴在高尚德心上激起的希望依然是那么灿烂夺目。他决心继续深造，发愤读书，力争成为一个有济世之才的人物，以为用无数革命志士的生命和鲜血建造起来的“中华民国”的大厦添砖加瓦。

于是，高尚德以优异的成绩考入了山西省立模范中学堂。这是山西最早的一所公立中学。该校最初是清代山西科举考试的贡院，1906年（光绪三十二年）在此创建了山西公立中学堂，1910年（宣统二年）改名为“晋阳中学堂”，1912年（民国元年）3月，改名为“山西省立模范中学堂”。高尚德入学的第二年8月，该学堂改名为“山西省立第一中学校”。

这所学校坐落在碧波粼粼的文瀛湖畔。文瀛湖因景色秀丽成为太原八景之一的“巽水烟波”。之后，人们陆续在湖畔兴建了影翠亭、劝工楼（即劝工陈列所）等建筑，与湖水相映生辉。1911 年辛亥革命胜利后，始辟为文瀛公园。

然而，高尚德所以对这所省立模范中学堂颇感兴趣，并不仅仅因为这里风景秀丽，环境优美，而是因为这所学堂与故乡那座死气沉沉的县立高等小学堂相比，一切都是那么新鲜而充满勃勃生机：学习的内容丰富多彩，除了“三皇五帝”外，还有“大洲大洋”；除了“天地玄黄”外，还有声、光、电、化；除了临摹法帖外，还有音乐、图画；此外，在这里还可以了解到许许多多科技知识，诸如火车、汽车、飞机、轮船等方面的知识。而教师则大多毕业于名牌大学，如北京师范大学、上海圣约翰大学、燕京大学、日本早稻田大学等。这些教师大都有新思想、新知识、新观念，在他们身上绝没有那种“老学究”的沉沉暮气。有的教师还著书立说，如英语教员李汉成和崔孟宇两人合作的《英语十讲》一书，就是其中之一。学校的设施设备较为齐备，除了教室、宿舍外，还有礼堂、游艺楼、图书馆、博物室、操场……再如体育器材和活动项目，除了足球、网球、篮球外，还有天桥、秋千、单杠、双杠……此外，还聘请武术教师向学生教授武术。为了激励学生修身、苦学，这所“以增进学生之智慧技能，预备研究高深学术及从事各种职业为宗旨”的学校，不仅制定了“勤俭自立，诚毅有为”的校训，而且还编了校歌，歌词中融进了校训内容：“须知道勤补拙、俭养廉……及早回头莫迟延，忍教纷华靡丽累我性天”；“须知道诚无伪、毅不挠……希贤希圣励前程，与我第一中校大放光明”。这一切，对于高尚德来说是那么新鲜、有趣、醉心。他仿佛从一个幽暗的山洞里，一下子来到了广阔的原野上，只觉得满眼都是花草和阳光！

置身于这样一个新鲜的环境里，立志深造的高尚德自然更加勤苦力学。他对各门功课都有浓厚的兴趣，而且刻苦钻研。学校里设有自习院，无论朝夕，他总是来得最早、去得最晚的同学中的一个。课业之余，他常常埋头于图书馆里的书籍之中，从先秦诸子到楚辞、汉赋、《史记》、《汉书》、唐宋散文，无不涉猎。有时，他还和师友一起切磋学问。一位管理图书馆的老先生勉励他说："根深然后叶茂，源远方能流长。只有博览群书、潜心研究，将来才能为国家建功立业，有所作为。"

后来，读新书的风气渐渐在校园里盛行起来。一些宣传新思想、新文化的书报刊，开始在学生中间传阅。当高尚德第一次接触到这些书刊和报纸时，就像铁屑遇到了磁石一样，被深深地吸引住了。他觉得，读这些内容新颖的书籍、报刊要比读《古文观止》《御批通鉴》等更有兴趣。于是，他订阅了京、沪不少影响较大的报刊，如《晨报》、《申报》、《新闻报》等，还购买了《康梁文钞》《章太炎文集》《西欧漫记》等倾向进步、蕴含变革思想的书籍。这些书籍和报刊犹如一把神奇的钥匙，渐渐地启开了他的心扉；而他的思想则如一叶扁舟，在浩瀚的知识海洋里被那来自远方的清新而强劲的春风摇曳着、荡漾着……

于是，人们开始对这位温文尔雅中蕴含刚毅、庄重稳健中流溢聪慧的青年学子正视乃至羡慕了。一位教授语文的老先生对高尚德尤为青睐，常常发出由衷的赞叹：

"尚德聪颖好学，识见不凡，日后必成大器。"

老先生姓石名铭，字鼎臣，号"山岳髯生一石"，出生于素有"科名辉煌无双地，冠盖洪范第一州"之誉的"文献名邦"——山西平定县，系清末举人。朝廷原拟放任清河县正堂，因他性格耿直，不善趋炎附势，所以一直滞留在家。为了生计，他先开经馆教书，后被荐为赵城教谕。辛亥革命后，先后任职于山西省立图书馆、山西省立一中。他个子不高，身体较胖，讲起课来有声有色，虽经封建文化之熏陶，但思想并不守旧，因此深受高尚德和同学们仰慕、钦佩。高尚德经常到石铭先生那里请教学问上的事情，石铭见这位学生勤奋好学，成绩优秀，识见不凡，谈吐文雅，便渐渐地喜爱上了高尚德。他觉得，这位学生不像那几个“圣人府”（同学们对七班高才生住的那个宿舍窑洞的戏称）的学生一样，每日钻在故纸堆里而跳不出来。这个青年富有新颖的思想，浑身充满一种积极向上的勇于追求真理的勃勃朝气。有一次，石铭与同校另一位语文教师、三晋著名书法家常赞春在闲聊中说：

“尚德这孩子，举动轩昂，言谈卓荦不凡，所作诗文，多有奇气，我若能有这样一个儿子，则终身无憾矣！”

蓄有长髯的常赞春知道石铭有一女儿，名叫评梅，十分聪慧，酷爱读书，便开玩笑地说：

“让尚德做你的儿子已不可能，若将来能作您的乘龙快婿倒是很合适的。”

石铭听后，不禁沉吟半晌，然后说：“这要看老天怎样安排了。”

不想，他们的这一席闲聊，竟被后来发生的事应验了：10 年后，在高尚德与石评梅之间果真产生了一种冰清玉洁的爱情。可惜，两人均英年早逝，未能结合，诚为憾事！

这些只是后话。这时的高尚德还不到谈情说爱的年龄，他像一株山谷间的白杨树，正吮吸着新知识的甘露，一天天地茁壮成长……

高尚德在钻研学问、学习知识上有一个显著特点：他不仅知识面很广，如文、史、哲、数、理、化等无不刻苦钻研，而且善于将所学到的知识运用于日常生活之中。他的胞弟高全德在《生如闪电，死如彗星》一文中这样回忆道：“君宇每年假期回家，他在哪里，哪里就围着一堆人，尤其旧时伙伴更是跟在他身边形影不离。大家都爱听他谈论古今，介绍外地风光，也喜欢看他玩的新奇玩意。他买了照相机、胶卷，给村里人照相，还让我帮他洗印。他根据固体传声比空气中速度快的原理，拿棉线和硬纸盒制造了‘电话筒’。又用竹笔杆蘸肥皂水，吐出大大小小、五颜六色的肥皂泡。还给人们讲述刮风、下雨、雷电、彩虹等自然常识……”这些现在看起来当然算不了什么，可是在百年前的旧中国农村却是人们闻所未闻的，因此，很令村民们惊叹不已!然而，更令村民们大为惊愕、难以置信的是，高尚德竟然作出这样的预言：“将来的世界，必定是科学的世界，等我们科学发达起来，到那时，‘龙王’‘土地’还要向我们献宝呢!”

在读书期间，高尚德还十分关心穷苦百姓的教育问题。其胞弟高全德回忆说：“邻村东六度的齐根林、齐里林弟兄俩，从小就在我们家里揽工放羊，君宇跟他俩成了好朋友，有空就教他俩认些‘庄稼字’，他俩也经常带些山鸡野果之类的东西给君宇，彼此建立了深厚的感情。临到他开学返校时，还再三叮嘱我要继续给他俩当小教师，不要忘了教他俩认字。”

就在高尚德考入省立模范中学堂读书的那年秋天，有一件事情轰动了整个太原城。9 月 18 日，孙中山先生应邀离京抵晋，以考察山西的铁路，调查山西的矿产，鼓励山西人民振兴实业。此时，孙中山先生早已卸去了临时大总统职务，他为自己的政治主张未能贯彻颇感惆怅，但他依然满腔热情地为了祖国的兴旺、发达、昌盛而辛勤奔波。他表示要“舍政事，而专心致志于铁路之建筑，于十年之中，筑二十万里之线”。对于这样一位倡导革命，奔走海外 20 余年，为推翻清廷、建立民国而立了丰功伟绩的革命先行者，人们自然十分敬仰和爱戴。因此，当孙中山先生莅临太原、视察山西的消息传到省立模范中学堂的时候，整个校园里顿时一片欢腾!

然而，孙中山先生莅临太原后，由山西当局以及军政要员举办的欢迎会一个接一个，平民百姓很难一睹这位伟人的风采。这未免令人们深感遗憾。人们在企盼着孙中山先生能在平民百姓面前哪怕只露上一面也好……

人们的这一愿望没有落空。孙中山先生决定出席9月20日下午山西各界人士在文瀛湖北岸劝工楼前举行的欢迎会。

当高尚德从王骧校长办公室获悉这一消息后，立即飞跑到他所在的第七班教室里，向同学们高声宣布道：

"我现在向大家宣布一个大好消息：孙中山先生明天就要出席各界人士在劝工楼前举行的欢迎会了！"

他的话音刚落，同学们立即报以热烈的掌声。

瘦小而又显得颇为精明的苗培成处处爱出风头，他见同学们情绪如此高昂，便跳上课桌，大声说道："大家静一静！大家静一静！静乐才子，不，我们省立模范中学堂的才子尚德君还有话要对大家讲。"

矮个儿、方脸盘的韩克温向来与苗培成意气相投，两人经常形影不离，仿佛一对孪生兄弟。听了苗培成的话，韩克温便附和道："孙中山先生历来是尚德君敬慕的一代伟人。对于孙先生此次莅晋视察，尚德君必然颇有感想。现在，让我们用掌声欢迎尚德君讲话！"

教室里顿时掌声爆响……

向来性格文静、沉稳刚毅的高尚德，因事先没有讲话的思想准备而显得有点儿惊慌，但他很快就镇定下来了。只见他微微一笑，便讲演起来。他说，孙中山先生是推翻清廷的第一功臣，是中华民国的缔造者。为了使民生充裕，国势不摇，孙先生虽然卸任大总统之职，但他一直致力于发展我国的铁路建筑事业，以振兴我国之实业。如此之伟人，自然深受四万万同胞之敬爱。此次孙先生莅临太原，视察山西，作为中华国民的我们这些学子，自有责任来支持孙先生这一宏图大业之实现……讲到最后，他满怀激情地说："为了表示我们对孙先生的敬慕之意，我提议，在劝工楼前的欢迎会上，我们每人应手执一旗！"

高尚德的提议，自然得到了同学们的赞同和响应。于是，这群青年学子便忙碌开了。他们在欢笑声中赶制着各色旗帜……

天蓝。日丽。9月20日下午，龙城太原的天气格外晴朗。在略带几分凉意的徐徐秋风中，文瀛湖碧波粼粼，岸柳婆娑起舞。矗立在文瀛湖北岸的劝工楼陈列所楼上彩帜飘扬，欢迎孙中山莅晋视察的巨幅标语格外醒目。而在“太原公会”广场上，来自军警界、实业界，以及各党派、各学校等近两万名群众，汇成一片人的海洋。人们手执各色旗帜，期待着一睹伟人的风采。

将近4时，孙中山先生在山西省军政要员的陪同下，出现在劝工楼陈列所的二楼上。孙中山先生面庞方正，天庭饱满，浓黑的宽叶眉下，一双眼睛炯炯有神，两撇短须微微翘着，更显得与众不同。他气宇轩昂，神采焕发，频频向楼下的各界人士及学生挥手致意。顿时，广场上的人群欢声雷动。和同学们站在一起的高尚德，热血沸腾，情绪高昂，激动得直摇三角旗，大声欢呼。他终于看到了日夜倾慕的这位革命先行者的风采，终于听到了一代伟人那极富感染力的演说。在他那对世界充满好奇的心目中，孙中山先生仿佛是屹立在天地之间的巍巍昆仑！

高尚德此时自然不会想到，在10年之后，在建立以国共合作为基础的第一次革命统一战线中，他会以共产党员的身份协助以孙中山先生为首的国民党进行改组；他会一度成为孙中山先生的秘书；他会率领工团军协助孙中山先生在广州平息反动商团叛乱；他会在北京政变后，偕随孙中山先生北上共商国是……

然而，此时的高尚德只是孙中山先生的一名崇拜者。他全神贯注地仰望着孙中山，聆听着各界代表的欢迎词。当他听到一位代表在欢迎词中讲到“一生不愿做高官，但愿一识孙逸仙”的话时，禁不住疯狂地拍起手来。这话恰如其分地道出了他此时此刻的心声!此后，他用自己的行动实践了这两句话的意旨。

孙中山先生离并后，《民立报》等报纸对孙中山莅晋视察作了详尽的报道。凡是关于这方面的报道，高尚德无不搜寻阅读。他还将孙中山先生 9 月 19 日在山西大学举行的山西各界欢迎会上的演说词工工整整地抄录于笔记本上，以激励自己。

幻　灭

然而，残酷的现实很快就打破了高尚德对辛亥革命的幻想。

曾经像惊雷似的震撼过神州大地的辛亥革命虽然结束了几千年封建帝国的统治，使久受专制奴役的中国人民在精神上得到一次解放，但是由于领导这场革命的资产阶级的软弱，又没有得到中国革命的主要力量农民的支持，这次革命的首要果实——国家政权落入了以袁世凯为首的北洋军阀手中。

黑沉沉的阴霾依然笼罩着祖国的大好河山！

而在山西，曾经对莅晋视察的孙中山先生执礼殷勤的阎锡山，摇身一变，已经投到了袁世凯的怀抱之中，逐步走上了军阀的道路。而袁世凯的心腹金永自 1914 年出任山西巡使后，在监视阎锡山言行的同时，疯狂镇压革命，残杀志士，勒索民财，摧残教育，将三晋人民推到了更加水深火热的苦难之中。《晋阳公报》因传闻祁县富商渠兴周瘐死狱中，登了一则消息，竟触怒了金永，被指为蛊惑人心，扰乱治安，勒令停刊 20 日，而主笔梁硕光则被扣押 8 日才释放出来。祁县、太谷、平遥、介休等县爱练拳术的青年，被冠以莫须有的“乱党”罪名而惨遭杀害者不计其数。在饭馆、剧院、澡堂等公共场所，常有便衣、密探出入其间，一言不慎，即有遭到拘捕的危险。因此，凡公共场所无不贴有“免谈国事”的纸条……

面对如此黑暗、严酷的社会现实，有谁能不为之而忧心如焚、痛心疾首呢？富有正义感和坚信真理、追求进步的高尚德更是悲愤万分。他心事重重，胸中充满了烦闷和忧愁。特别是想到祖国的沉沦、民族的危亡时，他的心中就仿佛有团烈火在燃烧。但他不愿说，只是在夜深人静时，独自徘徊于文瀛湖畔，望着暗夜中渺茫、寂寥的星光，仰天长叹：

“这就是我们曾寄予莫大希望的中华民国吗？……”

终于，高尚德从美丽而虚无缥缈的梦境中惊醒过来。他怀着因被欺骗、嘲弄而愤慨的心情，开始发泄对现实的不满了！他常和一些进步同学聚在一起，议论时事，抨击时弊，还告诫同学：那种长剑戛然一挥、乌云即刻驱散的情景，只存在于天真的梦幻之中。他常常不无激愤地说：“民国，只是一块美丽的招牌！外不能御列强，内不能兴民主，这叫什么共和国家？照这样下去，我们的祖国兴盛无期，亡国有日了！”

在同班同学中，有一个高尚德的同乡名叫李灵同。他见高尚德如此言词激烈地针砭时弊，抨击现实，常常为之捏着一把汗。他经常规劝高尚德免谈国事，不要惹来祸端。但是，高尚德怎能将这位同乡的劝告放在心上，依然我行我素，毫无顾忌。

1914 年，山西教育界发生了一件令人震惊的事情：山西巡按使金永淫威大发，滥用权力，竟无端勒令停办了山西工业专门学校和山西商业专门学校！听到这一消息后，高尚德在同学中间多次痛斥这个思想顽固、反对新学、把教育视同敝屣、把学生看作仇敌的巡按使，并激愤地说：“在山西这块土地上，就连一张安稳的课桌也保不住了！”

在悲愤中，他想起了石铭老先生讲析最为精当的一篇课文——屈原的《离骚》。对于这位我国古代最伟大的诗人在长期的放逐中写下的这篇感情真挚的诗篇，高尚德格外喜爱，并早已烂熟于心。他经常徘徊于文瀛湖畔，面对湖光亭影，慷慨悲诵这一千古名作，每至“仆夫悲余马怀兮，蜷局顾而不行”处，便欷歔浩叹，热泪盈眶。有时，他还将唐代诗人戴叔伦的那首绝句佳作《过三闾庙》反复低吟，以泻一腔忧郁、悲愤之情：

沅湘流不尽，屈子怨何深。

日暮秋风起，萧萧枫树林。

在沉沉暮色中，他那吟咏之声调显得更加凄楚，更加沉痛，更加激愤了，就连文瀛湖中的一泓绿波，也仿佛因之而微微地颤动起来，萦绕着惨淡的雾气。

希望的失落给他留下了痛苦的伤痕。但是，痛苦的人眼里必定有火花闪烁，而在火花中则蕴藏着希望。

就在高尚德从严酷的现实中看到了祖国之沉沦，民众之疾苦，并为之而感慨、忧郁和悲愤的时候，一场即将成为他此后10年沉重精神枷锁的人生悲剧，已开始悄悄地拉开了帷幕。

那是1914年冬天。北风凛冽，天寒地冻。紧张的期末考试尚未完毕，高尚德就接到父亲托人捎来的一封信，信文很短，主要内容是要他期末考试一结束就急速回家，准备完婚。

这封寥寥数语的短信，不啻是一声晴天霹雳，将高尚德"轰"得六神无主了！他怎么也想不到父亲的这一决定竟然来得这么突然，简直没有回旋余地！

还在高尚德很小的时候，父母就给他在本县神峪沟村定下一门亲事：那女的名叫李寒心，比高尚德还大两岁。李寒心的父亲李存祥系一农民，通情达理，很讲礼义，是那个时代人们所推崇的那类人。因此，抱有"有其父必有其女"思想的高佩天，对这门亲事十分满意。至于儿子满意不满意，他就不予考虑了。高尚德后来也曾听大人说起过这件事，但却从未见过这个长大要做自己妻子的女孩子的面。自1912年考入省立模范中学堂（1913年8月改名为"山西省立第一中学"）后，他渐通人事，对这门婚事也由淡漠而变为不满了。他认为：抽掉爱情的灵魂，婚姻只是一个空壳。因此，曾多次大胆地向父亲提出退婚一事。但是，他得到的回答却是严厉的呵责：

“什么？你要退亲？你这不孝之子，竟然连大（静乐方言，意即父亲）的话你都不听了！你要想退掉这门婚事，除非我闭上眼睛……”

高佩天虽然在县里有“开明绅士”之誉，又是同盟会会员，但由于长期受封建思想文化的熏陶，在儿子的婚事上，他绝不超越封建婚姻制度这一“雷池”半步。他认为，“无故退婚，有辱门楣”。

高尚德是知道父亲的脾气的：凡是他认定的事，就是九头牛也休想把他拉回来。但是，高尚德又不甘心做封建礼教的“殉葬品”。因此，自从接到父亲的来信之后，他的心上就笼罩了一团愁云惨雾。

怎么办？是回家完婚，还是离家拒婚？高尚德苦苦地思索着。

这时，父亲又托人捎来一封信，口气变得更加严厉：要是再不回家，他就要亲自到太原。这无疑是最后“通牒”！看来不回家是不行了。高尚德最后只得作出这样的决定：回家说服父亲，解除婚约！

但是，高尚德想错了！回到家里，任凭他列举种种理由，他父亲就是不听他那一套，就连推迟婚期的要求也不答应。他无力进行反抗，因为从父亲牙缝里蹦出来的那句话是那么坚定有力，绝无回旋之余地：

“吉日已定，就是天王老爷来了，也不能变！”

筹办婚礼的事情，严格按照高佩天规定的程序有条不紊地向前推进着……

吉日那天，高家大院张灯结彩，旺火熊熊。悬挂着县府授予的“咸与维新”“热忱国事”和民众敬赠的“公正廉明”等牌匾的大门上，贴着大红“喜”字，洞房门上贴着一副喜联：

鱼水千年合
芝兰百世荣

横批是“天作之合”。

整个高家大院，人来人往，熙熙攘攘，一派吉祥、喜庆的景象。

中午时分，大门外爆竹骤响。清脆的爆竹声告诉人们：娶亲的队伍回来了！接着，一顶花轿便在唢呐声中进了院。院子里站满了看新娘的人们。花轿落地后，有两个女人将新娘从花轿里扶了出来，只见新娘穿新衣，系新裙，戴凤冠，披霞帔，头上还罩一块红盖头，在人们的簇拥下进入一间窑洞里。高尚德的母亲笑容满面，将一碗麻油浇到旺火上，只听得“轰”的一声，火焰立即向上窜了几尺高。——这是当地企盼吉庆兴旺的习俗。吹鼓手们更加卖力地吹起喜庆的花调来……

快拜花堂了，看热闹的人们还不见高尚德的影子，不禁诧异起来。人群中有人悄悄地问道：

“新郎官呢?”

新郎官正和他的父亲高佩天在布置一新的洞房里进行着一场“短兵相接”的战斗……

此刻，一场雷鸣电闪的“风暴”似乎刚刚平息，窑洞里出奇得平静，就连细微的呼吸声都能听得见，然而在空气中却似乎弥漫着一种紧张的气氛。像一堆泥团似的瘫坐在椅子上的高尚德面色苍白，痴痴地望着放在炕角上的一叠崭新的丝绸结婚礼服而愤然泪下。那种没有爱的悲哀，和对于爱的剥夺者——封建礼教的憎恨，交织在他的心中。坐在一旁椅子上的高佩天手拿旱烟袋，正在“吱吱”地抽着烟，那缕缕烟雾仿佛是从他胸中喷出的怒气，袅袅萦绕在他周围。

这时，主持婚礼的那位蓄着胡须的账房先生匆匆走了进来，一看这情景，心里就明白了七八分，赶忙来劝说：“尚德，你也是知书达理的人，今日是你的大喜之日，千万不能生气呀！再说，你父亲一片苦心，全为你好哩！马上就要拜天地了，你快穿好婚礼服……”他一边劝说，一边将那套结婚礼服塞到高尚德手中。

谁知高尚德往起一站，将新婚礼服摔在地上，冷冷地说：“我不穿！”

一听这话，高佩天就像被黄蜂蜇了一下，忽地站起来，声色俱厉地吼道：“你到底要怎么办？”

高尚德只用沉默反抗着他的父亲。

那位账房先生劝说道：“现在已是生米做成熟饭了，你这样做，岂不是给你们高家丢脸面吗？”

“我不管！”高尚德愤愤地说完，就要往门外走，账房先生赶紧将高尚德拉住，推坐在椅子上。

“什么？”高佩天被激怒了，只见额头青筋直暴，胡须乱抖，气急败坏地叫道，“难道我们高家祖祖辈辈换来的好名声就要毁在你的手里吗？”话刚说完，就一下子气得昏倒在地上。

账房先生立即跑了过去，用指甲死死掐住高佩天鼻下的人中穴位。这时，几个亲友闻声而至，将高佩天抬到炕上。

见此情景，高尚德忽然对父亲产生了一种怜悯之情，心里默默地说：父亲啊，为了您只好牺牲我了！此念一萌，他便心乱如麻，神思恍惚，仿佛置身于梦幻之中，听任人们摆布了。

那天夜里，洞房里的长明灯久久地燃烧着。在灯光下，两颗年轻的心在滴着血……

这次婚姻使高尚德的心灵受到了极大的创伤。婚后，高尚德突患咯血症，大病一场。在他的病渐渐痊愈的时候，母亲含着眼泪说：

“尚德，你究竟为什么不满意你的婚事呢？你媳妇可是一个又贤惠、又漂亮的女人啊！”

听了母亲的话后，高尚德这才开始注意端详起自己的女人来。这女子是一位纯朴、善良、美丽的农村姑娘，她身体健壮而不失袅娜之态，容貌端正而又带有几分秀气，说起话来细声细气，见了生人还似乎有点羞怯。然而，在她的脸上看不到一丝笑容，眼睛里时时流露出一种忧虑、哀怨的神情。

对于这位姑娘，高尚德除了同情、怜悯之外，就什么感情也没有了，自然也就没有爱情可言。他觉得，在他们之间仿佛有一条深沟横着，永无沟通之日。因此，他趁她端来汤药的机会，表述了自己的这一心志。

可是，这位姑娘却神情木然地站在桌前，默无一语。

高尚德见无回声，又说："不管怎样，你总得开口说话呀！"

姑娘忧伤地开口了，声音是那么细、那么弱，仿佛是从心底飞出的一缕游丝："我只能连累你一辈子了。"

这话使高尚德大失所望，他沉吟半晌后说："要是那样，你的一生就更加悲惨了！"

"这也许就是我的命吧，我能怨谁呢？"懦弱的姑娘说完，就呜呜咽咽、凄凄楚楚地低泣起来。

这还有什么话可说呢？高尚德痛苦地闭上了眼睛……他是个富有良知的人，即使在此刻，他也认为这个姑娘是无辜的，令人同情的。他恨的只有一个，那就是几千年来的吃人的封建制度，它是毁灭无数青春的悲剧制造者！

病痊愈后，高尚德便托词移地静养。父母亲见他心情烦闷，深恐再生疾病，便也只得答应了。

高尚德返回省立第一中学后，曾数次致函父亲，请求父亲让他离婚。但是，父亲在回信中严词拒绝了他的请求，并说："你这样做，不是要了结她的生命吗？"

高尚德绝望了。他知道，他的婚姻悲剧只是几千年封建社会旧账中的一页。他在1924年给女友石评梅的信中叙述了他婚姻的悲惨故事，并说"我此后数次生病，常觉如有桎梏附身"。由此不难看出，这次婚姻在高尚德心灵上留下的创伤是何等之深！

反袁救国

日益恶化的时局，越来越使高尚德感到忧虑和不安了，以至使他暂时忘却了那场噩梦似的婚姻悲剧在他心上留下的伤痛。

一次，同学们议论起这样一件事情：袁世凯不仅恢复了封建时代县知事考试制度和封建皇帝的“陛见”制度，而且还恢复了封建时代的各种官职，如将辛亥革命以来各省的都督、民政长改称为“将军”“巡按使”，各地区观察使改称为“道尹”，又将文官分为卿、大夫、士（各又分上、中、下）九等，总统府秘书也改称为“内吏”等。高尚德感慨之余，便将针砭时弊的激情化为嬉笑怒骂的冷嘲：“如果再将总统改称为‘皇帝’，那不就是一个地地道道的袁氏王朝了吗？”

一句话，引得同学们哄堂大笑起来。

“你们不要以为这是笑话，”高尚德的神情变得严峻起来，他说，“过不了多久，我这话就会变成现实。咱们骑着毛驴看唱本——走着瞧吧！”

此后，高尚德和同学们更加密切地注视着时局的发展变化。

1915 年 5 月中旬，一个令举国四万万同胞痛心疾首的消息，通过新闻媒介传到了太原：袁世凯悍然出卖国家主权，于 5 月 9 日接受了日本提出的旨在灭亡中国的“二十一条”！这犹若一块天外陨石落于文瀛湖中，昔日平静的省立一中校园里顿时掀起轩然大波。被爱国热情燃烧的进步师生，对袁世凯这一卖国行径表现了极大的愤慨。他们在课堂上、宿舍里、操场上，议论着、叹息着、怒骂着……

被同学们称之为“忧国志士”的高尚德更是怒火中烧，愤不欲生。他早在年初，就从报刊上获悉日本驻华公使向袁世凯提出了旨在灭亡中国的“二十一条”。他满以为袁世凯不敢公然违背人民的意愿，没想到仅仅过了4个月，这个窃国大盗为了求得日本支持其复辟帝制就如此胆大妄为地出卖国家的主权。国家兴亡，匹夫有责！高尚德感到不能再坐而论道了，必须发动人民群众起而抗争！于是，他立即在同学中间奔走呼号，泣血陈词。有时，他便在文瀛湖畔徘徊着，沉思默想，思考着斗争的方式。一天薄暮时分，他来到北岸劝工陈列所楼前，禁不住回忆起当年孙中山先生登楼凭栏演说那激动人心的情景。那时，他对刚刚诞生不久的中华民国抱有多么美好的希望啊！而今，人去楼空，希望幻灭。被袁世凯专制统治下的中华民国像清王朝统治时期一样又要被洋人蚕食了！多灾多难的祖国啊，你就这样沉沦下去吗？高尚德不禁沉浸在无比悲愤之中。

“尚德君！”

突然，从远处传来一声呼唤，将他从沉思中唤醒。抬头望去，只见从岸柳朦胧的湖畔小径上匆匆跑来一人，待走近一看，原来是韩克温。

韩克温是一个思想活跃、热忱国事的青年，他常和高尚德一起纵论古今，抨击时事，但在他眼睛里常常似乎闪烁着一种令人捉摸不透的神色。他见到高尚德后，气喘吁吁地说：“你让我好找哇，幸亏有人看见你往这边走来，我才找到你。”

高尚德问：“克温君来得如此急促，恐怕是有什么要事吧？”

“刚才找不到你，我们几个人商量了一下，想今晚上邀集一些热血青年秘密聚会，声讨袁世凯的卖国行径。培成君已经召集人去了，你平时最留心时事，大家都想听听你的意见。”

“邀集同学起而奋争自然是很有必要的，”高尚德说到这里，慨然长叹一声，“不过，我这两天思来想去，总觉得光靠我们几个学生是无济于事的。”

“那照你的意思，我们现在该怎么办呢？”韩克温迷惑不解地问道。

高尚德说："此事不是一时半会儿能说清楚的，等到会上我再说吧！"

来到第七班教室里，只见同学们差不多都到齐了。除了本班的同学外，还有第六班的王怀奇、邱仰濬、赵一峰（这3个人后来都投靠了阎锡山）等同学，而一位热血青年正站在讲台上异常激愤地演说：

"……这二十一条是彻头彻尾的卖国条约，是一张中国的卖身契！如果我们听任袁大总统如此出卖国家主权，那我堂堂中华不是要亡国了吗？那我们不是要当亡国奴了吗？……"

接着，又有几个同学纷纷登台发表慷慨激昂的讲话。轮到高尚德讲话时，同学们都将目光集中到他身上：这位看似文弱实质刚毅勇猛的热血青年，向来以忧国忧民、关心时事而著称全校，他思想敏锐，识见不凡，堪为同学中的出类拔萃者。他今天的讲演又会有什么真知灼见呢？

高尚德的讲演，不仅言辞锋利，声情并茂，而且引用的事实有很多是同学们闻所未闻的，特别是他提出的斗争策略更为同学们所惊叹。他一开头讲得较为平和，但到后来时就越来越慷慨激昂起来：

"日本亡我之心由来已久，早在今年1月日本驻华公使就向袁世凯提出了'二十一条'。当这一消息被一些报纸披露后，就立即遭到全国各地的反对。我国留日学生总会还于2月21日在东京集会，强烈反对'二十一条'谈判，并在报纸上发表了《警告全国父老书》。让我们听听这泣血的言词，喷火的字句吧：'……万一横逆之来，迫我于绝境，则当率我四万万之忠义勇健之同胞，出其丹心碧血，染吾黄帝以降列祖列宗光荣历史之末页……'"

讲到这里，高尚德热泪盈眶了，他略略停顿了一下，便愤然说道："但是，视帝若神明、视民为草芥的袁世凯，却不顾全国人民的反对，公然接受了这丧权辱国的'二十一条'。眼看着我国大好河山就要丧失，四万万同胞就要变成亡国之奴，我们能坐视不理吗？"

“不能！不能!!!”同学们群情激奋，大声吼道。

“但是,”高尚德继续讲演道，“这场斗争只靠我们几个学生不行。只有将四万万同胞都动员起来，斗争才能取得胜利。因此，我们现在最要紧的是把救国的道理告诉民众，发动民众起而斗争！因此，我提议，我们从明天起，走上街头发表演说，唤醒民众!”

恰在这时，身材高大、神情严峻的校长王骧闻讯而来了。他略略喘了口气，便声色俱厉地说：“同学们，当今世事纷纭多变，你们不要误入歧途，误信浮言，以致荒废学业，断送前程。国家大事绝不是同学们所能管了的。你们现在的任务是埋头读书，以便将来为国效力。你们如果这样意气行事，不仅会有损于我们一中‘模范中学’的声誉，而且更会给你们带来祸端。金巡按使最近已通告全省各地，要严查乱党分子。你们如果轻举妄动，岂不是自找倒霉吗？因此，我郑重宣布：从即日起，未经本校长批准，严禁参加任何政治活动，如有违抗者，一律开除学籍，并报当局惩处。”在校长威严的目光下，一些学生便乖乖地回宿舍去了。

王骧校长走后，苗培成叹口气说：“上街演讲不行，难道我们就这样罢手不成?”

“不!”高尚德沉静中透出几分刚毅，口气异常坚定，“我们绝不放弃斗争!”

于是，高尚德和一些思想激进的同学又秘密聚会，商定改用散发传单进行反袁宣传。然后，便分头准备去了。

没过两天，在钟楼街、柳巷等繁华闹市出现了反对“二十一条”的传单。山西巡按使金永责令警备司令部查缉，但终未捕获传单的编印者和散发者。气得金永大声咆哮：“你们都是一群无用之物!”

这年秋天，袁世凯导演的一幕幕复辟帝制的丑剧在紧锣密鼓声中上演了：先是袁世凯的两个“政治顾问”抛出了两篇鼓吹帝制、反对共和的黑文；接着是筹安会的蛙鸣鸦噪，然后就是“劝进”之风的兴起、弥漫……这一切通过新闻媒介传来的消息，使高尚德更加忧心如焚，日夜不安。他无心读书，只关注着报刊上的时事新闻。当他从报纸上发现一篇阎锡山致袁世凯的电文后，不禁勃然大怒，拍案而起，大声骂道，“无耻！卑鄙！这个阎锡山也来拥戴袁世凯当皇帝了！”同学们立即围了过来，他说“奇文共赏析，我来给大家读读这篇电文吧：‘……我大总统为四万万人所托命，以大有为之才，乘大有为之势，毅然以救国民自任，无所用其谦让……锡山忝列军人，苟利于国，艰险不避，誓当精忠报国，以仰副我大总统救国救民之意，谨冒昧以请，伏乞鉴纳，不胜惶恐迫切之至……”

高尚德刚刚念完，报纸就被同学们抢去传阅开了。一时间，校园里到处流传着这样一句话：

“阎锡山又拍袁世凯的马屁了！”

一番紧锣密鼓之后，连在梦中都想做皇帝的袁世凯终于撕掉伪装，粉墨登场了。1915 年 12 月 12 日，这个窃国大盗终于身着龙袍登上了“中华帝国”的御座。

为了庆贺袁世凯登基，向主子表示自己的一片忠诚，山西巡按使金永迫令学生在文瀛湖畔举行提灯游行大会，并要求学生们高呼“洪宪万岁”口号。高尚德和各校学生代表串联后，便将这一口号中的“万”字改为“半”字。于是，学生们在提灯游行中高呼：

“洪宪半岁！”

这一口号，喊出了全国人民痛恨窃国大盗的心声！

不久，金永指令在太原举行全省中学生国文会考，试题为《汤武革命顺乎天而应乎人》。高尚德面对考卷，不禁思绪翻腾，回想起民国以来，国家的沉沦，民族的灾难……这样一来，他心如乱麻，久久难以下笔。在省立一中，他素以文思敏捷、识见不凡著称，“所作诗文，多有奇气”，因此，老师在他的作文本上经常用朱笔批以“识解俱超”“起笔命意，涵盖一切”“似黄河之水，一泻千里”等评语，并批给同学们“传观”，或“贴堂”。省立一中曾刊印过一本学生优秀作文集，其中收有高尚德的多篇佳作。但是在这次会考中，高尚德却似乎文思枯竭了。他硬着头皮草草作了一篇，便匆匆走出了考场。会考完毕后，当局张榜公布成绩，伯兴中学的常乃惠（燕生）名列第一，而高尚德却是名列榜末。这可使省立一中的师生们大惑不解，石铭先生见到高尚德，便问道：“尚德，这次会考你怎么如此之糟?”

高尚德回答说：“袁氏窃国，人神共怒，我怎能违心作歌功颂德的文章呢?”

1916 年春，高尚德毕业于省立一中。在毕业考试中，作文试题是《各述尔志》。高尚德这次作文与前次会考迥然不同，他文思滔滔，奋笔疾书，一气呵成一篇“洋洋数千言”的文章。在文中，他写下了祖国的沉沦，写下了人民的苦难，同时也写下了一位爱国青年的爱与憎，血与泪，希望与抱负……

不久，在全国人民的斗争怒涛中，袁世凯只做了 83 天皇帝梦，就随同那昙花一现的“中华帝国”一起滚进历史的垃圾堆里去了。但是，继之而承的依然是代表着大地主大买办阶级的反动势力——北洋军阀各派势力。这些不同派系的军阀继承袁氏衣钵，各自寻找帝国主义作靠山。在帝国主义列强的支持下，他们互相争夺地盘，扩大权势，使中国陷入了军阀混战、分崩离析的政治格局。面对民族的孱弱、祖国的危难、同胞的苦难，作为一个以天下为己任的热血青年怎能不为之忧心忡忡、坐卧不宁呢？高尚德决心走一条改造社会的道路了。他在省立一中卒业后，没有顺从父亲的意愿而到官场谋职或回乡经商，而是毅然作出这样一种抉择：赴京求学，继续深造。他深深地认为，唯有有了真才实学，有了真知灼见，才能对社会上的种种问题作出正确的判断和分析，才能找到改造社会、救国救民的真理。而北京则是政治脉搏最敏感，思想文化最活跃的理想之地。当父亲问他报考北京什么学校时，他将早已考虑成熟的想法说了出来，语调里充满自信和希望：

“全国最高学府——北京大学！”

第三章　求索之路

北大涌来新思潮

秋天，是北京最美好的季节。在这个季节里，没有春之风沙，没有夏之酷暑，也没有冬之严寒；有的只是令人赏心悦目、心旷神怡的诗情画意：天高、云淡、风清、气爽，且不说像翡翠似的散落于京城各处的园林里处处菊花争艳、丹桂飘香，你只看看那西山的红叶喷火，昆明湖畔的稻浪起伏，八达岭上的绚丽秋色，十三陵的苍郁古意，北海白塔下的寒波凝碧……就会情不自禁地发出一声由衷的赞叹：啊，北京的秋天，多美！

就在这样一个美好的季节里，高尚德负笈抵京，来到北京大学马神庙第一院理预科读书。——这是在 1916 年 9 月上旬。

然而，有着酷爱大自然天性的高尚德自从来到北京大学后，却无心外出去观赏、去领略这国都的绚丽秋色。每逢假日，同学们结伴外出游览时，他常常是一个人躲在宿舍里埋头读书。读书、深造，无疑是他赴京的一大心愿，但是他现在读书却不仅仅是为了这一点，他还想借此来排遣内心的苦闷、惆怅和忧郁啊！

北京，曾经是高尚德梦魂萦绕而强烈向往的地方。当他小时候听大人们用极其羡慕的口吻谈及“国都”的时候，当他在山西省立一中听地理老师讲述这个民国首都的时候，当他决定报考北京大学而阅读关于北京的书籍的时候，他那易于激动的心弦曾多少次弹响过迷恋、憧憬的乐章。然而，当他踏上这块土地时，他不禁大失所望了——他所耳闻目睹的情景与他想象中的北京是何等之不同！

高尚德永远也不会忘记他和父亲第一次来到北京时所见到的那一幕幕催人泪下的情景。那是夏天他报考北大的时候。

当他和父亲在那“轰隆、轰隆”的列车与铁轨撞击声中度过漫长而枯燥的旅途生活，带着一身疲倦走出前门车站的时候，就碰到这样一件事：在出站口，车警抓住一个衣衫褴褛的乞丐，原因是这个乞丐“抢劫”了一个外国人的一个面包。只见这个乞丐可怜兮兮地跪在地上直哀求：“饶了我吧！饶了我吧……”不料，回答他的却是几个车警的一阵拳脚。看到乞丐满面是血的情景，站在旁边的一对美国男女开心地用生硬的中国话连连叫好。直到乞丐被打得昏迷过去，车警们才停止了殴打，然后毕恭毕敬地将那一对美国男女送出站口。那种点头哈腰的媚态，实在令人作呕！这件事，深深地刺伤了高尚德那颗富有正义感的心。

高尚德报考北京大学的事结束之后，父子俩在这京华之地游逛了一番。京城自然要比省城太原繁华热闹得多了，特别是他们所住的山西会馆所在地大栅栏，以及王府井一带，商场林立，热闹非凡。但是，在街道上，除了骡车、马车外，就是人力车，有时还有一两只骆驼懒洋洋地走过。趾高气扬的黄头发、蓝眼睛的外国人和拖着长辫子，身着长袍马褂的清王朝的“遗老遗少”，时有所见，显得那么不协调。而街道两旁的饭馆、茶馆、酒楼、客栈里都贴着“免谈国事”的小纸条。

北京的名胜古迹不少，高尚德和父亲租乘骡车也游览了几处，诸如天坛、颐和园、景山、北海等，而那被人誉之为“万园之园”的皇家园林——圆明园因只剩一个废墟、几块残碑，则不在游览之列而只能梦游了。在游览之处，他们看到，有珠光宝气的贵妇人；手提鸟笼迈着方字步，慢悠悠地溜达的贵族老爷；还有将污黑的手伸向游客的行乞者，可怜兮兮地叫卖香烟糖果的小女孩，以及卖艺的、说书的、算命的、卖小吃的穷苦人……最使高尚德难以忍受的则是天安门前的情景了。位于大栅栏的山西会馆距离天安门不远，因此高尚德看到天安门的机会自然很多。天安门城楼巍然屹立于金水桥之北，通过天安门城楼大门就可进入紫禁城了。然而，天安门城楼的大门却紧闭着，而且有一群荷枪实弹的北洋兵严密守卫在大门前，其森严、威风，与清朝别无二致！而每当此时，高尚德就会想起在山西会馆里听人们议论过的一件事：在紫禁城里还住着已被推翻了的宣统小皇帝，宣统每天还要“升殿”，接受“百官朝拜”。而北洋政府则每年要奉送大量的银两，供其继续享受。

啊，这就是中华民国的国都吗？一种悲愤、忧郁、痛苦的感情，时时像潮水一样涌上了高尚德的心头。

然而，令高尚德失望的不仅仅是这一些，还有北京大学那种种腐败的现象。北京大学的前身是晚清时期的京师大学堂。这所学堂是 1898 年资产阶级改良派创办的，但是随着戊戌变法的失败而成为一个地地道道的旧式书院。教学内容分诗、书、易、礼四堂以及春秋两堂。学生则是希图晋升的五品至八品的官吏和举人、监生等。辛亥革命后，京师大学堂改为北京大学，尽管首任校长严复在课程设置上增设了一些具有西方资产阶级思想内容的新科目，多少冲淡了校园里令人窒息的封建气息，但在高尚德刚刚跨入校门时，该校旧衙门的作风、科举时代的习气依然十分浓厚。在这所全国最高学府，由于封建势力十分强大，原来那股很微弱的新思潮受到严重压抑。教员中，不少人思想陈腐，有的还拖着长辫子大谈尊孔复古，讲课是陈陈相因，敷衍塞责；而学生中，除读死书的外，打麻将牌、捧戏子、吃花酒、逛八大胡同（即青楼之地）成了风气。高尚德到校不久，就多次看到过一些在外面胡混的高年级学生酒醉醺醺地归来的狼狈情景。

一天夜里，一个从八大胡同归来的同学竟酒醉醺醺地唱起小调来。高尚德就像吞进一只苍蝇似的直想呕吐，他啐了一口，便愤愤地走出宿舍。外面一片漆黑，只有天际几颗渺茫的星星闪烁着微弱的光芒……高尚德不禁仰天长叹：

“就连全国最高学府的校风都是这样腐败，中国还有希望吗？”

就在高尚德苦闷、彷徨之际，他被一篇题为《青春》的文章吸引住了，文中那充满战斗激情和磅礴大气的字句，像火花一样闪烁在他的心上：

> 吾族青年所当信誓旦旦，以昭示于世者，不在龈龈辩证白首中国之不死，乃在汲汲孕育青春中国之再生。吾族今后之能否立足于世界，不在白首中国之苟延残喘，而在青春中国之投胎复活……
>
> 进前而勿顾后，背黑暗而向光明，为世界进文明，为人类造幸福，以青春之我，创造青春之家庭，青春之国家，青春之民族，青春之人类，青春之地球，青春之宇宙，资以乐其无涯之生……

啊，这是轰响在祖国沉寂的暗夜里的如黄钟大吕般的声音！

读着这篇署名“李大钊”，发表在《新青年》二卷一号上的文章，高尚德异常惊喜、振奋！这篇文章的思想是那样深刻、那样新颖，是他平生闻所未闻的啊！他那濒于熄灭的希望之火又熊熊燃烧起来。从此，他将《新青年》视为良师益友，每期必读。他觉得，这一刊物犹如黑夜之钟声，暗海之灯塔，令人鼓舞、令人振奋！

《新青年》开启了高尚德的心扉。他如饥似渴地读着《新青年》上那一篇篇充满大胆的叛逆思想的文章，一颗炽热的心仿佛变成脱了缆绳的小舟，在这知识的海洋里追觅着真理的灯塔……

就在这时，北京大学校长易人了。1917 年 1 月，曾经出任过民国临时政府教育总长的蔡元培先生由欧美归来后就任北京大学校长。蔡元培先生是我国著名的民主革命家和杰出的教育家，是现代中国知识界的卓越先驱者。他的到来，是北京大学历史上的一个大转折。他使北大一改过去腐败的风气，成为新文化运动的中心和五四运动的策源地。其历史功绩是永不磨灭的。因此，1940 年 3 月 5 日蔡元培在香港逝世后，中共中央和毛泽东发出唁电，毛泽东称他为“学界泰斗，人世楷模”。延安各界隆重举行了追悼大会，周恩来为他撰写了挽联：“从排满到抗日战争，先生之志在民族革命；从五四到人权同盟，先生之行在民主自由。”

然而，这位“学界泰斗”到北大后，首先轰动一时的却是这样一件小事：他从上任第一天起，就向给他行礼的校役鞠躬还礼。这事在北大还是破天荒第一次，因此被人们传为美谈。

蔡元培先生不愧是一位民主革命家和杰出的教育家。他一进北大校门，就采取贯彻“循思想自由原则，取兼容并包主义”的治校方针，聘请了各派学者，倡导学术思想自由之风，容纳各个学派，譬如在聘请的教师中，既有新文化人陈独秀、李大钊、刘半农、钱玄同、胡适等，又有“拖长辫而持复辟论”的辜鸿铭、“筹安会之发起人”刘师培等。一时间，各派学者云集一校，学术思想自由之风极为浓厚。历来死气沉沉的北京大学出现了百家争鸣的局面。关于这种百家争鸣的景象，当时由山西大学转入北京大学的学生、高尚德的学友川岛在后来写的一篇《五四回忆》文章中有一段颇为精彩的文字：“进入北大，首先感到的是：它并非仅仅是一个纯粹学术的温床，诸凡耳所闻，目所见，一切都是新鲜、异样，心里感到畅畅。要是让我打比方，那就像一个满身被绳索捆紧了的，一向被关在铁屋子里感到窒息的人，乍松了绑，释放出来，到了一个充满阳光，充满新鲜空气的大花园里，嫩风拂过，遍体感到轻松。”

在这百家争鸣的形势下，古老的北大校园里，涌现出一股汹涌澎湃的新潮流……而在这股新潮流中，什么普鲁东、巴枯宁，什么尼采、叔本华，什么托尔斯泰……形形色色，宛如一个令人眼花缭乱的万花筒。据高尚德的一位同学后来在一篇《回忆五四》中所说，当时不乏这样的戏剧性场面，“有人在灯窗下把鼻子贴在《文选》上看李善的小字注，同时就有人在窗外高歌拜伦的诗。在屋子的一角上有人摇头晃脑、抑扬顿挫地念着桐城派古文，在另一角上是几个人在讨论着娜拉走出‘傀儡之家’以后，她的生活怎么办”？

在这股新旧掺杂、泥沙俱下的潮流中，高尚德异常振奋、欢欣，就像一条鱼儿似的畅游于江河之中。他觉得，在这股潮流中，似乎一切都很陌生，又很新鲜。他热切地希望知道更多更多的知识。在这种热情的驱使下，他经常在课业之余把时间花费在图书馆里，广泛接触和研究各种新思想，如饥似渴地读着介绍各种新学说的报刊和书籍。于是，他那纯真的爱国思想变得更加热烈了。为了寻求改造社会的真理，他经常与进步同学一起讨论艰难的国事，研究新学。每谈及国事，则声泪俱下，忧国赤心，宛然可见。这同那些浑浑噩噩、意志消沉，或置国家前途于脑后，专谋个人“发迹”的青年，形成鲜明的对照。同学们渐渐地发现，在这个眉清目秀、温文尔雅的文弱书生身上，蕴藏着一股滚滚不竭的力量，散发着火热的激情。高尚德这个时期的生活，正如他所喜爱的一副对联所说的那样：

风声、雨声、读书声，声声入耳

家事、国事、天下事，事事关心

在形形色色、令人炫目的各种新思潮中，他的目光突破了过去的狭小范围，看到了一片广阔的新天地。他的内心世界正在经历着一种深刻的、从未体验过的奇异变化。一个时期，他竟在不知不觉之中对无政府主义产生了兴趣。

然而，正如许多早期共产主义者的思想历程一样，当俄国十月社会主义革命取得胜利之后，随着马克思主义在中国的深入传播，在李大钊先生的帮助下，高尚德很快就从无政府主义的圈子里跳了出来，一头投入到马克思主义真理的怀抱之中，并逐步成为一个坚定的马克思主义者。

总统府请愿

一天下午，高尚德和同学们刚刚习唱完北大成立 20 周年“纪念歌”，在教室外的一棵枝条上挂满冰雪的柳树下散步时，就听到不远处有人高叫：

“尚德君！尚德君！”

高尚德抬头一看，原来是与他同时考入北大理预科的江西萍乡青年学子张国焘。张国焘比高尚德小一岁，天资聪慧，思想激进，事事争强好胜，处处爱出风头，是北大学生中颇为活跃的人物。他的性格与高尚德的温文尔雅、稳健刚毅形成一个鲜明的对照，但他们有一个共同之处就是都有一腔爱国热情。他们经常在一起议论国事，抨击时弊，探求变革社会的真理。因此，两人关系颇为密切。

高尚德见张国焘呼唤，便迎了上去。

张国焘情绪格外高昂，只见他将手中的报纸一扬，高声说：

“密斯脱尔高，你看看这张报纸吧，俄国发生政变啦!”

“我来看看!”高尚德颇感兴趣地说着，便接过报纸，阅读起来。这是一张《民国日报》，上面“要闻”栏目中有一标题格外醒目：《突如其来之俄国大政变》。这则消息只有寥寥数百字，主要内容是沙皇政府已被推翻，“主谋者为里林（即列宁）氏”；至于这次革命的性质，新政权的情况只字未提。尽管如此，高尚德的精神还是为之而一振，因为那个曾经疯狂地参与瓜分中国的沙皇俄国政权完蛋了。他和张国焘议论一番后，欣然说道：

“沙皇倒台，这可是个好消息。邓中夏、许德珩他们知道这个消息吗?”

“我现在就去找他们!”张国焘说完，便拿上报纸急匆匆地走了。

这是一场什么性质的政变呢？这场政变是否和法国大革命一样呢？里林是何许人也？……这一个个问号，从此便开始萦绕于高尚德的脑际。

为了找到准确的答案，高尚德几乎日日跑北大图书馆“藏书楼”，翻阅报纸。这时，那篇曾经点燃他希望之火的《青春》的作者李大钊先生已出任北大图书馆主任。在报刊阅览室里，高尚德有几次看到过正在翻阅报刊的李大钊先生，虽未有机会交谈，但他觉得这位留着平顶头、架着眼镜、蓄着浓黑八字胡的李大钊先生，是一位和蔼可亲、颇有长者风度的人。他希望能结识这位先生，但他此时的注意力却专注在报纸新闻上。在《民国日报》11 月 11 日“要闻”栏上，高尚德又看到一篇关于俄国政变的报道，标题赫然醒目：《俄国大政变之情形——新政府似已得海陆军多数赞助，克伦斯基氏已逃逸，冬军奉命搜逮之》，内容较前一篇详细，但高尚德所关心的革命性质和新政权情况依然介绍得不多。此后一连几天，高尚德继续搜寻这方面的消息，但所见到的报道极为混乱，忽而是“里林（列宁）党失败”，“克伦斯基氏已恢复势力”；

忽而是“极端派似未失败”。真叫人难辨真伪，就连有些报纸也不得不承认“真消息难以传出”。高尚德茫然了，仿佛坠入五里雾中……

这次俄国政变就是开创人类历史新纪元的俄国十月社会主义革命。这次革命在列宁为首的布尔什维克党的领导下，打碎了资产阶级的国家机器，建立了世界上第一个无产阶级专政的国家。毛泽东同志指出：“十月革命一声炮响，给我们送来了马克思列宁主义。十月革命帮助了全世界的也帮助了中国的先进分子，用无产阶级的宇宙观作为观察国家命运的工具，重新考虑自己的问题。”对于这一改变人类历史命运的革命，国际上的帝国主义和国内封建军阀自然恨得要死，怕得要命，他们就像防“洪水猛兽”一样严密封锁俄国十月革命的消息。但是半年之后，这一革命的真相还是通过爱国留日学生反对《中日共同防敌军事协定》的斗争而传到国内。

1918 年上半年，英、法、美、日等国开始了对苏俄的武装干涉，英法还纠合一群俄国白匪组织了“北俄政府”。为了参与扼杀刚刚诞生的苏维埃红色政权，北洋军阀政府和日本政府签订了《中日共同防敌军事协定》。就在这一协定要办理换文手续时，消息被留日学生获悉。他们满怀爱国热情在日本举行集会，反对这一对日本而言旨在干涉苏俄政权、并借此以进一步控制中国，特别是巩固其在北满统治的协定。但是，这一爱国行动遭到了日本警察的干涉和侮辱，这就更加激起留日学生的义愤。留日学生毅然罢学归国，以示抗议。

当留日学生李达等 4 人来到北京大学联系时，邓中夏、高尚德、许德珩、张国焘等热血青年正在一起议论校内新派教授与旧派教授的尖锐斗争。他们从文科教授会上关于课程设置的争论，谈到目前新旧双方利用学术讲演进行的思想交锋；从那个拖着长辫子的辜鸿铭在课堂上破口大骂新文化，谈到新派学生罗家伦要求停止辜鸿铭讲课的《给教务长的信》；从《新青年》提倡的“德赛二先生”，谈到北大雄辩会举行的以

"科学与宗教之消长"为中心内容的第一次辩论会……当他们议论到如何与校内顽固的封建势力进行斗争时，忽然听得有人轻轻叩门：

"邓中夏先生在这里吗?"

邓中夏立即开门将客人迎了进来，原来是四个身着西装的年纪仅20出头的青年，其中一个青年，很有礼貌地用湖南口音自我介绍说：

"我叫李达，我们四人是留日学生，现在有一件十分紧迫的事情与你们商谈。"

高尚德急忙给这四位远来的客人每人斟了一杯茶。李达呷了一口茶后，就情绪激昂地将《中日共同防敌军事协定》的情况以及为反对这一协定留日学生的遭遇叙述了一遍。邓中夏他们听后，无不义愤填膺、怒火中烧。素以沉静稳健著称的高尚德按捺不住内心的愤怒，将茶杯重重地往桌上一放，高声说道：

"这是地地道道的丧权辱国的条约！我堂堂中华民族子孙，怎能容忍北洋军阀政府干这如此卑鄙的勾当！我们应从现在起，串联北京各校学生，一起与北洋军阀政府进行抗争！"

第二天，邓中夏、高尚德他们来到李达他们所住的湖南会馆，共同商讨了行动纲领。

接着，他们按照行动纲领开始四处奔波，积极串联高等师范、高等工业专门学校、法政专门学校……

在这些日子里，高尚德频频与李达等4名留日学生接触，还了解到日本帝国主义所以要签订这一协约，其罪恶目的是除了想借此进一步控制中国外，就是企图扼杀新生的苏维埃政权，因为苏俄是无产阶级专政的国家，苏俄政府是农工政府……啊，这是何等新鲜的事情！他的眼前仿佛闪现出一片红光。

5月19日，北京《大中华报》披露了《中日共同防敌军事协定》的内容。翌日，京城各报纷纷予以转载。这犹如在燃烧的干柴上又泼了一桶汽油，学生们爱国斗争的热情更加高涨了。邓中夏、高尚德等北大爱国学生与李达等留日学生商定：事不宜迟，趁热打铁，赶快起而抗争！

20日晚，北大西斋饭厅灯火明亮，人声鼎沸。北大学生和其他各校学生代表正在举行群众大会。在会上，留日学生代表以沉痛的语调发表了演说，不少人闻而痛哭流涕。平常沉睡在人们忧郁的胸中的愤怒，这时爆发了！高尚德在邓中夏讲演之后也登台慷慨陈词。在灯光下，他那白皙的面庞因激动而微微泛红；两眼炯炯有神，射出剑一样犀利的目光来；眉宇间透出一股刚毅、稳健的气质。他的演说，充分展示了满腔爱国激情。他讲到日本的狼子野心和北洋政府的丧权辱国，讲到祖国的孱弱、民族的危亡，讲到誓死抗争的必要，最后慷慨激昂地呼喊起来：

“我们的祖国绝不能受制于小小的东瀛岛国，我们的同胞绝不能受压于北洋军阀政府，我们现在唯一的出路就是同日本帝国主义、北洋军阀政府拼死抗争……”

偌大一个饭厅里人山人海。人们一边听着，一边小声议论：

“这个同学是谁呢？”

“他叫高尚德，是理预科的学生，平时人很儒雅，想不到今日竟如此慷慨激昂，真是个热血男儿！”

“我在藏书楼里多次见过他，他读起书来是那样痴迷，我还以为他是个‘书虫’呢！”

最后，大会决议翌日各校学生齐集新华门前，向冯国璋总统请愿。

临散会时，一位留日学生将设立于上海的救亡团总部印发的《泣告同胞书》塞给高尚德一份。回到寝室，高尚德在灯下细细读了起来：

“……我同胞乎，速起反对密约，头可断，血可溅，此约不可认也。士农工商，其各奋起协力……”

读到伤心处，高尚德不禁潸然泪下，叹息不止。这一夜，他失眠了……

5月21日，迎着晨风，北大学生请愿队伍便脚步匆匆地出发了。在队伍最前头那写有“国立北京大学”的横幅下，邓中夏、高尚德、许德珩、张国焘以及留日学生代表李达一边走，一边商谈着什么。高尚德虽然彻夜未眠，眼圈微呈黑色，但他依然精神饱满，情绪高昂。在他脸上，没有一丝忧郁和哀戚，而只有像战士奔赴疆场那样的刚毅和沉着。

北大请愿队伍到达新华门不久，高等师范、工专、法政等校的请愿学生队伍陆续汇集而来。2000多名爱国学生围在总统府门前，群情激昂。

总统府内的大员们恐慌了，急忙增派一队全副武装的军警严密防守于新华门外。

面对荷枪实弹的军警，学生们毫不畏缩，纷纷斥责北洋政府丧权辱国的行径，强烈要求废除《中日共同防敌军事协定》，情绪十分激昂。有一学生还断左手中指血书：“条件取消之日，为我辈生还之时”。这一举动，更加激发了学生们的斗争热情。一时间，学生们呼喊声声，倾吐着一腔爱国热忱。

这时，一个官员模样的人带着几个侍从，匆匆从总统府里走出来与学生们交涉，说：“冯总统让你们派代表，他要亲自接见。”

一听总统要接见代表，同学们都情绪活跃起来。邓中夏、高尚德、许德珩、张国焘以及高师、法政、工专等校学生代表当即商定：派代表去见总统。于是，从各校推选出几位学生代表，其中北大3人：许德珩、易克嶷、段锡朋。他们携带请愿书满怀希望地到总统府去了。望着这情景，高尚德忽然想起了清末康有为组织1300多名应考学子公车上书的事来，不禁感慨万端：今日之民国与当年之清廷又有什么区别呢？中华民国何时才能强盛起来？……这时，一位女学生忽然痛哭流涕起来，闻者无不感动。高尚德问：“这位女生是哪个学校的？”

站在身旁的张国焘说：“她是天津来的学生代表，名叫郭隆真。”

“中国的女子要是都像这位热血女子，中国就有救了！”高尚德以钦佩的口吻说道。

张国焘说：“可惜，就连我们的许多男子都是些冷血动物！”

正议论间，只见那几位学生代表已从总统府里走了出来。学生们急不可待地纷纷发问：“情况怎么样？”

“请愿的事有希望了！”一个学生代表欣然地说，“冯国璋总统说，政府将认真考虑学生们的请求。并一再嘱咐我们学生不要因此而荒废学业，现在要埋头读书，勤苦力学，努力成为国家的栋梁之材。”

一听这话，学生们都高兴地议论起来：

“我们的请愿成功了！”

“国家有救了！”

经过协商，各校学生代表决定：明日复课！

于是，各校学生纷纷离开总统府，各自回校去了。一场请愿斗争便这样偃旗息鼓了。

回到北大校园，高尚德和同学们一起又兴高采烈地议论起请愿之事来。他们心中弥漫的阴霾没有了，有的只是彩霞般艳丽的希望……

然而，缺乏政治斗争经验的学生们上当了，受骗了，被老奸巨猾的冯国璋愚弄了！

6 月 19 日，北洋军阀政府悍然不顾全国人民的反对，与日本帝国主义签订了《中日海军共同防敌军事协定》。

8 月 18 日，北洋军阀政府派兵参与帝国主义对红色苏俄的武装干涉。

……

这一个个消息犹如迎面泼来的冷水，使高尚德从幻想中清醒过来。被骗者看透了骗局之后，其愤怒必然比旁观者更甚。心灵无时不在燃烧着对中华民族的热爱的高尚德此时已到了义愤填膺的地步，就像一头被激怒了的雄狮……

从救国会到《国民》

京华七月，骄阳似火，炎热难熬。至傍晚时分，其暑气亦不稍减一二，而屋子里则仿佛是一个大蒸笼似的，纵有一杯凉茶，一把蒲扇，也很难驱散闷热的空气和人们烦躁不安的心绪。然而今晚，令高尚德烦躁不安的却不仅仅是这难耐的酷暑。

晚饭后，同学们都三三两两地离开寝室，到花园里、操场上纳凉、散步去了。刚才还喧闹的寝室里顿时静寂下来。一灯荧然，映照着高尚德白皙的面庞，他明显地消瘦了，颧骨高高隆起，棱角分明，显得更加英气勃勃。浓眉下，一双深邃的眼睛里似乎闪射着几星愤怒的火花。此时，他正在读一篇刊登在《北京大学日刊》上的文章，那是北京政府教育部下达给北大的一份训令：

> ……该生等此种行为实属轶出教育范围，各该校主管职员对于校内生徒等务各严切诰诫……

看到这里，高尚德不禁愤然将拳头击在桌上：爱国有罪，卖国有理，这就是卖国政府的强盗逻辑吗？

原来，北京政府教育部的这份训令是针对高尚德他们组织的学生救国会而发的。

自 5 月下旬发生的总统府请愿失败后，高尚德悲愤极了，他一度食无味，睡不眠，情绪异常激动。无论是在教室里或是在寝室里，他到处发泄着他的一腔愤怒：

“北京政府的反动本质、丑恶嘴脸已经暴露无遗了！我们再不要对这个政府抱任何希望了！摆在我们面前的道路只有一条，这就是同这些恶魔进行抗争！”

然而，如何抗争呢？实践已经证明，请愿这条路是行不通的。然而除此而外，对于手无寸铁的学生来说还有什么救国的办法呢？围绕这一问题，高尚德与邓中夏、许德珩、张国焘等爱国学生在课业之余经常讨论着。有的主张开展竞选活动，争取人民支持，以跻身于国会，掌握政权，改造国家；有的认为只有加强新文化运动，高举“民主”、“科学”的旗帜去奋斗，才是救国的正当途径；而张国焘等思想激进的同学则希望进行彻底革命，推翻亲日的北洋军阀政府的统治。后来，他们的讨论渐渐集中到一点上，即第一步必须组织起来，然后再筹议抵抗运动。在这一思想的指导下，邓中夏、高尚德、黄日葵、许德珩、张国焘等学生骨干几经串联，终于组织了以北大学生为主的学生爱国会。不久，易名为“学生救国会”。之后，又派代表许德珩、易克嶷先后奔赴天津、济南、南京、上海等地联络爱国学生团结奋斗，很快使学生救国会发展成为一个近乎全国性的学生团体。正当高尚德为之而振奋之际，北京政府竟然下令要来摧残这一爱国组织了。这怎能不使高尚德愤慨万分呢？一腔悲愤无以排遣，他便吟起一首诗来，声调悲壮而激昂：

英雄淘尽大江流，歌舞依然上画楼。
一代声华空醉梦，十年潦倒剩穷愁。
竹帘半卷江天雨，蕉扇初迎海外秋。
忆到万山无语句，只应共泛五湖舟。

恰在这时，有人推门进来。高尚德抬头一看，原来是邓中夏、黄日葵、张国焘等五六位意气相投的同学。没等开口，眉目清秀、左眉心边有一颗黑痣的邓中夏便笑着开玩笑道：“清夜吟诗，真乃骚人之雅致。不知尚德君吟的是何人之诗？”

“是守常（李大钊）先生最近发表在《言治》刊物上的一首七律。从这首诗中可以看到守常先生虽然寄身于竹帘半卷的阁楼，却时刻关心政局变幻和斗争风雨的爱国精神。”

黄日葵接口说道：“守常先生的道德文章确实令人钦佩！”这位留日学生罢学归国后，便转来北京大学读书了。

高尚德从桌上拿起一本最近出版的《言治》，说：“上面还有一篇《法俄革命之比较观》，也是守常先生写的。不知诸君读过没有？文中那思想、那见解、那言辞，都是我闻所未闻的。你们看这一段何等精彩。”接着他便朗声念了起来：

“俄罗斯之革命，非独俄罗斯人心变动之显兆，实二十世纪全世界人类普遍的心理变动之先兆。……吾人对于俄罗斯今日事变，惟有翘首以迎其世界新文明之曙光，倾耳以迎其建于自由、人道之上新俄罗斯之消息，而求所以适应此世界的新潮流，勿徒以其目前一时之乱象遂遽为之抱悲观也……”

众人听了，无不为这中国革命知识分子认识十月革命的伟大意义，并肯定其革命一定会成功的第一篇文章而赞叹。黄日葵连忙从高尚德手中抢过《言治》，匆匆地读了起来。张国焘说：“守常先生这篇文章还是留待以后再好好读吧。现在我们急需办的事情是面对北洋军阀政府的压力，我们救国会如何开展活动。许德珩、易克嶷如今正在上海串联，咱们先来商量一下吧！”

邓中夏擦了擦脸上渗出的细细的汗珠，提议说：“屋里太闷热了，咱们还是到外面边走边谈吧！”

众人这时才感到浑身是汗，沾腻腻的怪难受。

一出寝室，就感到习习晚风中的几分凉意。他们一边走，一边商谈着，不觉来到图书馆楼前。据说，此楼原是一位清朝“四公主”的梳妆楼，后改为北大图书馆藏书楼。楼上藏存着许多线装古籍，楼下除有中外新书外，还陈列着众多的报刊。每次来到藏书楼前，高尚德就会想到一个人，这就是李大钊先生。他因经常来此楼借阅新书刊而渐渐与李大钊相识，虽无深谈，但他对李大钊颇为崇敬、仰慕。这当然不仅仅是因为李大钊和蔼可亲、学识渊博、道德高尚，更重要的原因是李大钊在他的文章中所体现出来的卓越的思想和大胆探索真理、追求进步的精神。而此时，在图书馆主任办公室的窗口还闪烁着灯光。高尚德不禁默想道：今夜，守常先生是在伏案写作，还是凝神沉思呢？如能去叩门请教他关于救国会的事该多好啊！

然而，他没有这样去做。他觉得，假如守常先生正专心写作，如果叩门请教，岂不是太唐突、太冒失了吗？于是，他心里暗自说道：“待日后有机会时，再来请教先生吧。”

“尚德君，你快过来呀！”是邓中夏的声音。

高尚德闻声一看，只见众人都已走到离藏书楼约有二三十米的一棵大柳树下去了。他便急急地走了过去。

头上，柳丝轻拂。他们席地而坐，便围绕救国会目前所处的境地及如何开展活动讨论起来。他们各抒己见，畅所欲言，气氛颇为热烈。他们认为，鉴于北洋军阀政府对救国会之摧残，救国会今后若再开展活动必然阻力很大。为了便于开展活动，便于和全国各地爱国学生联系，并通过宣传，以唤醒民众，创办一份刊物则是目前最好的办法。最后决定，大家分头串联救国会的其他会员，为创办刊物作好必要的思想准备。

之后，许德珩、易克嶷返京。邓中夏、高尚德、许德珩他们几经商讨研究，决定成立《国民》杂志社，并确定办刊宗旨为：“一、增进国民人格，二、灌输国民常识，三、研究学术，四、提倡国货。”接着，他们从京、津、沪等地爱国学生中集资1500元，并在北池子骑河楼路南租了一所房子，作为通信、开会、讨论问题的地点，准备10月正式出版《国民》杂志。不料，就在筹备就绪之际发生了一件事，一位管理会费的学生鲁学祺竟挪用了会费五六百元，使刊物的出版受到了影响。为了不使筹办中的《国民》夭折，高尚德不仅慷慨解囊，而且四处奔波筹集资金，其热忱之精神给人们留下了极深的影响。60多年后，作为全国人大常委会副委员长的许德珩先生回忆说，在筹办和编辑《国民》杂志上，高尚德“起过很大的作用”。

在一切准备就绪后，邓中夏、高尚德、黄日葵、许德珩、张国焘、易克嶷等骨干分子又召开了一次会议。谈到聘请导师一事时，他们列出了一串名字：蔡元培、李大钊、陈独秀、邵飘萍……易克嶷还提出了胡适。经过认真讨论，最后决定聘请李大钊先生为导师。李大钊先生任北大图书馆主任虽然还不到一年，但他却以其道德、文章，特别是卓越的思想和勇敢追求真理的精神获得了爱国学生的崇敬和爱戴，被人誉之为青年的“良师益友”。因此，《国民》杂志的导师自然非他莫属了。此外，《国民》杂志社还决定聘请《京报》主笔邵飘萍、画家徐悲鸿做顾问。会议最后议定，派人分头去拜见《国民》社聘请的导师、顾问，以征求意见，约写稿件。

第二天，邓中夏、高尚德、许德珩、张国焘等青年兴致勃勃地径直来到北大图书馆。当他们走进图书馆主任办公室时，李大钊先生正坐在办公桌前，认真地翻阅一本新近出版的《新青年》。桌上堆放着一沓沓新书刊。李大钊先生30多岁，身着灰色布长夹袍，平顶头，椭圆脸，蓄着八字浓密乌黑的胡须，眼镜后是一双真诚和蔼的眼睛。他见来者是几名青年学生，便热情地站了起来，以示欢迎。

张国焘在向李大钊先生问候之后，便自我介绍说：“我叫张国焘，理预科学生，江西萍乡人。”接着他又一一介绍一起来的同学：“这位是邓中夏，又叫中夏，文科学生，湖南宜章人；这位是许德珩，字楚僧，文科学生，江西九江人；这位是高尚德，同我一样也是理预科学生，山西静乐人。”听毕介绍，李大钊先生笑着说：“你们几位我都在阅览室多次见过，只是叫不来名字，你们随便搬个凳子坐吧！”

等众人坐好后，李大钊便以亲切的口吻和大家聊了起来。

张国焘说：“我们今天是想和您谈谈筹办《国民》杂志的事。”接着，便将学生救国会受到北洋军阀政府干涉的情况和筹办《国民》杂志的宗旨讲述了一番。接着，许德珩谈了南下串联的情况，高尚德谈了筹办《国民》杂志的经过，最后，邓中夏提出聘请李大钊先生为《国民》导师的事来。

李大钊很认真地听着这几位热血青年的讲述，不时点点头，脸上浮现出一种和蔼可亲的微笑。等众人讲完之后，他开口说话了，声音低沉，但却充满了热情和力量，话音里夹带着河北乐亭浓重的乡音。他首先高度赞扬了学生热忱的爱国精神和以天下为己任的宏伟抱负。接着，他强调指出，《国民》不应只是学术研究刊物，而应是一个政治色彩浓厚的刊物。要揭露列强之横暴，要针砭现实之弊端，要用真理的号角唤醒民众。最后，他透露了一个信息：他正和王光祈、曾琦等人筹建了一个旨在本科学的精神，为社会的活动，以创造“少年中国”的少年中国学会。他信心十足地说：“我深信，只要我们共同努力奋斗，我们中华古国就一定会焕发青春，繁荣昌盛！我尽管事务繁杂，但我愿与诸君以及所有的爱国青年站在一起，为拯救劳苦大众、振兴中华民族而奋斗！”

李大钊的话音刚落，就激起一阵热烈的掌声。深受鼓舞的这几个青年学子禁不住精神振奋、激情澎湃，恨不得即刻抽出青春之长剑，斩断中外反动势力的魔爪！临告辞时，李大钊热情地一再嘱咐：“有事常来！”

啊，一次多么令人难以忘怀的会见！从这次的会见中，高尚德他们更加清晰地窥见了李大钊先生那颗真诚、高尚而又追求真理的伟大心灵。从此，在这颗伟大心灵的周围便聚集了一批爱国青年。他们经常在李大钊先生的指导和帮助下，探讨救国救民的真理。而在这批爱国青年中，有不少人后来成为坚定的马克思主义者，如邓中夏、高尚德、黄日葵等。

不久，一个紧密配合当时正在酝酿之中的反帝爱国斗争的政治色彩鲜明的刊物——《国民》杂志，在这群激进的爱国青年的努力下诞生了……

就在《国民》杂志社成立的同时，“专以介绍西洋近代思潮，批评中国现代学术上、社会上各问题为职司”的新潮社，在《新青年》的影响下成立了；以蔡元培为会长，《京报》主笔、进步记者邵飘萍为导师的新闻学研究会也成立了。不久，热衷于新思潮、立志改造社会的高尚德经过认真思考之后，毅然参加了这两个团体。加入新潮社后，高尚德很快崭露头角，成为该社的骨干分子。并连续两次被推为该社领导机构成员之一，先后与罗家伦、孟寿椿、周作人、顾颉刚、孙伏园、郭绍虞一起领导与组织新潮社社员，利用《新潮》杂志这一宣传阵地，大力开展新文化运动。而在新闻学研究会里，高尚德结识了不少新潮人物，譬如陈公博、谭鸣谦（平山）、罗章龙等，至于毛泽东则是初识于北大红楼图书馆。然而，在这里对高尚德影响最大的则是该会导师邵飘萍和北大中文系教授徐宝璜。每逢星期日、休假日，他们便给会员们讲解新闻知识。从这里，高尚德学到了不少新闻学理论和新闻采访技术，为他后来编辑中共中央机关刊物《向导》、中共北方区委机关刊物《政治生活》、中国社会主义青年团中央机关刊物《先驱》，以及《工人周刊》《北京大学学生周刊》等打下了坚实的基础。

在这一时期，高尚德积极参加社团活动，犹如一只羽翼欲丰的雏鹰，正在试飞中锻炼着一双矫健有力的翅膀，期待着扶摇直上，搏击长空，昂然冲向革命斗争的风暴。

红楼星火

一座用红砖砌筑的四层大楼巍然矗立在北京东城沙滩大街 29 号，这就是著名的北京大学的红楼。然而人们所以将此楼亲切地称之为“红楼”，最主要的是因为这里曾是我国第一位马克思主义传播者李大钊先生和中华人民共和国的缔造者毛泽东同志工作和战斗过的地方。在这座红楼里，李大钊先生不仅写下了一系列宣扬马克思主义和俄国十月革命的光辉篇章，而且团结了一批后来成为马克思主义者的热血青年。而这座红楼则成为我国最早传播马克思主义的圣地之一。因此，吴玉章老人在五四运动 31 周年时为红楼李大钊工作室写下了这样的题词：

欣看星星之火
已成燎原之焰

郭沫若参观红楼后，也禁不住诗情勃发，欣然命笔：

星火燎大原，滥觞成瀛海。
红楼弦歌处，毛李笔砚在。
力量看方生，勋勤垂后代。
寿与人民齐，春风永不改。

这座红楼 1918 年 8 月建成后，北大图书馆于同年 10 月由马神庙搬迁到这里的一层。该馆主任李大钊先生的办公室即在一层的东南角上一套分里外间的房子里。李大钊先生自任北大图书馆主任后，特别注意扩充和介绍有关民族解放和马克思列宁主义的书籍（包括外文原著）。因此，北大红楼里的马克思列宁主义的书籍渐渐地多了起来。而这些书籍则是寻求救国真理的爱国青年们所渴望能够读到的。

像一块巨大的磁石，李大钊先生紧紧地吸引着邓中夏、高尚德、黄日葵、许德珩、张国焘、罗章龙等一批追求光明、追求真理，血液中蕴藏“铁质”的爱国青年。他们经常聚集在红楼图书馆，或阅读革命书刊；或聆听李大钊的教诲；或议论国事，探讨中国的出路问题……当高尚德第一次从李大钊先生那里了解到马克思学说时，他仿佛长期被囚禁于暗室而突然见到一缕阳光，又仿佛在茫茫无际的夜海中航行，蓦然间看到一盏灯塔，惊喜得几乎叫了起来。他只觉得眼前出现了一种前所未有的壮阔境界。他要不顾一切地奔向这个壮阔的境界，去寻觅拯斯民于水火，扶大厦之将倾的真理……晚上回到学生公寓里，他竟激动得思绪翻腾，彻夜难眠。是啊，在探求真理的道路上经历了无数艰辛、曲折的高尚德，一经接触到马克思主义伟大真理时，怎能不欣喜若狂呢？但是，此时的高尚德对马克思主义的了解还是极为肤浅的。他只知道，俄国十月革命发源于马克思主义，至于马克思主义博大精深的内涵，他就知之甚少了。为了探讨这一伟大学说，他不时从李大钊先生那里借一些介绍马克思主义和俄国十月革命的小册子，回到寝室里认真阅读，精心研究。

在红楼图书馆第二阅览室里，高尚德还结识了一位眉清目秀、气宇轩昂的青年图书助理员。他身穿一件蓝布大褂，讲一口湖南湘潭土话，但谈吐不凡，举止大方，儒雅中含有几分勃勃英气，沉稳中透出一股不屈不挠的刚毅。高尚德在借阅书刊时，总要和他聊一聊。从闲聊中了解到，这位图书管理员名叫毛泽东，字润之，湖南湘潭韶山人。他在湖南第一师范读书时，就和蔡和森等进步青年组织了一个青年革命团体——新民学会，仅仅几个月时间，这个革命团体的会员就发展到数十人之多。1918 年 8 月 19 日，为了组织湖南青年勤工俭学，他第一次来到北京。经他在湖南第一师范读书时的老师，现任北大伦理学和伦理学史的教授杨昌济先生介绍，被李大钊聘为第二阅览室助理员。他决心利用北大图书馆这个十分理想的学习环境，钻研各种新学说，以寻求救国之真理。

因志趣相同，高尚德和毛泽东的交往渐渐地多了起来。他们一起聆听李大钊的教诲，一起讨论中国的出路问题，还一起在以北大校长蔡元培为会长、《京报》主笔邵飘萍为导师的新闻学研究会里学习，并同时获得“听讲半年之证书”。毛泽东同志后来回忆这段生活时说：“我担任的工作是登记来图书馆读报纸的人们的名字……在这些来看报的人们当中，我认识了许多有名的新文化运动领袖们的名字，像傅斯年、罗家伦，和一些别的人，对于他们我是特别感兴趣的。我打算去和他们开始交谈政治和文化问题，可是他们都是大忙人。他们没有时间去倾听一个图书馆助理员说南方土话。”（引自斯诺《西行漫记》）可是高尚德却不是这样，因此给毛泽东留下的印象较为深刻。毛泽东在数十年后，接受美国作家斯诺采访，谈到中共“一大”召开时的党员时，他用湖南湘潭口音说：“在山西的党员有高君宇”（斯诺在翻译时，因译音之误，将“高君宇”译为“高崇武”）。其实，高尚德在建党时是北京共产主义小组的成员，毛泽东同志所以这样说，是因为对高尚德是山西人这一点的印象太深了。

就在高尚德和李大钊、毛泽东、邓中夏、黄日葵、许德珩、张国焘等良师益友一起阅读和研究马克思主义著作，探讨中国的出路问题之际，第一次世界大战结束的消息于 1918 年 11 月中旬传来了。一时间，到处都在议论纷纷：

“德国被协约国打败了！”

“公理战胜强权了！”

这一消息，无疑令举国上下欢欣鼓舞，振奋异常。为了庆祝这一伟大胜利，北京各校于11月14日至16日连续放假3天。北京街头一派节日景象。15、16两日，北京大学在天安门举行讲演大会。蔡元培、李大钊、胡适等名流登台作了演说。然而，最使高尚德赞赏的则是李大钊先生题为《庶民的胜利》的演说。那天，李大钊还是穿着平素穿的那件深灰色夹长袍，还是留着平顶头，蓄着浓密的八字胡，还是那么和蔼可亲，唯一不同的是他演说的声音比平时要高昂得多，这恐怕是由于他兴奋异常的缘故。

回到校园里，同学们三五成群地议论起演说的事来。高尚德看到在操场上围着一群人，便急急地走了过去。原来是那个极为活跃的学生罗家伦正在口若悬河地大肆吹捧美国总统威尔逊，并用英语背诵威尔逊的"十四条宣言"，还说这"十四条宣言"是国民的福音。最后，他神气地说："胡适先生在讲演中所说的'解决武力'，就是威尔逊总统在美国国会演说中所提出的'十四条'中的主要内容。因此，在今天天安门前的讲演中，最精彩的就是胡适先生的讲演了！"

高尚德平素性格文静，宛若一位儒雅之士，但听了罗家伦这一席话不禁激动起来，他不禁上前责问道：

"照家伦君的意思，这次欧战胜利是威尔逊的功业。事实上，这次胜利是列宁的功业，是马客士（即马克思）的功业，是世界劳工阶级的功业……"

罗家伦自然不肯轻易认输，反驳道：

"你这话完全是守常先生的'庶民的胜利'的翻版！守常先生的讲演只是一家之言，你总不能强行让人们去接受吧？大家想想，没有威尔逊，没有美国政府，只靠庶民就可以胜利了吗？那只是痴人说梦，异想天开！"罗家伦说完，脸上闪出一缕得意的神色。

高尚德也不客气地反驳道："如果家伦君不健忘的话，还该记得蔡校长今天讲演的题目吗？是《劳工神圣》。他在讲演中说：‘此后的世界，全是劳工的世界呵！’这能说守常先生的‘庶民的胜利’是一家之言吗？照家伦君的意思，这次欧战胜利是威尔逊的功业，是美国的功业。但是不要忘记这个事实，假如没有苏俄劳工政府和人民，没有全世界无产阶级，这次欧战能胜利吗？”

几句话问得罗家伦这位素以善辩著称全校的风云人物张口结舌。支吾半晌，他才说出这样一句话来：“谁是谁非，自有后人评说。”说完，便急匆匆地走了。

庆祝活动越来越热闹。北京政府也以战胜国资格在北京举行了三日大庆（从11月28日至30日），还在故宫太和殿前举行了四五个小时的阅兵典礼。检阅后，又在总统府会宾客大宴，酒绿灯红，轻歌曼舞，好不热闹！在这三日内，北大师生每天下午都要到中央公园去演说。高尚德自然不会落后于他人，也积极参加了演说活动。在中央公园演说结束后，高尚德和同学们还特意来到那易名为“公理战胜”碑的克林德碑前。他久久地凝视着这个白身（汉白玉）蓝顶（琉璃瓦），雕刻着飞禽走兽的石头牌坊，忆起那段义和团被镇压、清政府卑躬屈节的血泪历史……高尚德愤然对身旁同学说道：“克林德碑是中华民族莫大耻辱的象征，是中国战败、中国反帝运动被镇压下去的血的记录。现在改名为‘公理战胜’碑，中国从此就不会被外国列强欺压了吗？”

他的心里弥漫着一团凄云惨雾。

回到校园里，同学们正在议论北京政府为庆祝欧战胜利而举行阅兵典礼的盛况。高尚德轻蔑地说道：

“此次欧战，中国未派一兵一卒，政府如此自我炫耀，岂不令人可笑？”

“尚德君所言极是。”说话的是高尚德的好友、《国民》杂志社编辑员孟寿椿，他说，“我还听到这样一首讽刺政府的诗。”接着，就念了起来：

自家面目自家知，粉饰徒能炫一时；
漫说邻家西子色，效颦总不掩东施。

同学们听了无不叫绝。高尚德说："对于这个政府只怕靠诗讽刺是无济于事的了！"

然而，同学中有不少人对威尔逊的"十四条"还存在着幻想。11月30日晚，一些提灯游行的北大学生，竟然跑到段祺瑞住宅前表示祝贺。北京各校有些学生还跑到美国使馆，高呼："威尔逊大总统万岁！"

高尚德不禁为之而大惑不解了。

他想去红楼图书馆请教李大钊先生，可李大钊正忙于和陈独秀筹办《每周评论》，而且还要抽暇为《新青年》、《国民》等报刊撰稿，忙得不可开交，他只好来到《国民》杂志社租赁的那间办公室里，在筹划《国民》出版之余发发牢骚，一吐胸中之闷气。

1919年1月1日，《国民》正式出版了。高尚德和邓中夏、许德珩、黄日葵、张国焘、易克嶷等骨干社员一起，忙着将还散发着油墨气味的《国民》分送给校内外的名流学者。作为该社导师的李大钊先生看了高尚德他们送来的《国民》创刊号后颇为满意，并答应抽暇给《国民》写一篇关于"大亚细亚主义"和"新亚细亚主义"的文章。他还说，他最近倒写了不少文章，但都已给了《新青年》和刚创刊不久的《每周评论》。

不久，高尚德便陆续在《新青年》、《每周评论》等报刊上读到李大钊先生的两篇闪烁着思想光辉的文章，一篇是发表于《新青年》第5卷第5号的《布尔什维克的胜利》，另一篇是发表于《每周评论》第3号的《新纪元》。

高尚德在如饥似渴地阅读、研究这些文章的同时，还经常和邓中夏、黄日葵、许德珩、张国焘等同学聚集于红楼图书馆里，在李大钊先生的指导和帮助下，探讨马克思主义学说。他的思想随之而发生着深刻的变化……

1919 年 1 月，举世瞩目的巴黎和会开幕了。对这一会议抱有幻想的人们无不为之欣喜若狂。然而，正当他们还沉浸在“公理战胜”狂热之中的时候，一个冷酷的消息犹如一阵寒气袭人的冰雹骤然间从天而降：中国代表提出的希望条件和废除二十一条的正当要求，竟然被“和会”拒绝讨论！

幻想，像美丽的肥皂泡一样破灭了！而悲愤、失望像凄云惨雾一样笼罩在每一个中国人的心上。

啊，世界上还有比祖国的尊严遭受侮辱更令人忧伤、沉痛的吗？一时间，愤怒、屈辱、悲痛一起猛烈地在高尚德的心上燃烧起来。他有时独自一人跑到校外荒郊，仰望长空，只见乌云滚滚，似骇浪，如惊涛。他不禁喟然长叹：曾经在抵御外来侵略中写下过辉煌历史的中华古国，难道就这样任人瓜分、任人宰割、任人欺凌吗？曾经具有同外来敌人血战到底英雄气概的中国人民，难道就这样甘心俯首帖耳、束手待毙吗？

不！高尚德像被激怒的雄狮一样狂啸起来。而在他的心中，狂飙突起了！他要和全国的爱国者们一起起而抗争！他用心默喊道：总有一天，中国人民会有足够的勇气和力量来“回敬”这种野蛮的歧视和凌辱的！

在校园里，高尚德在奔走呼号，在泣血陈词。

北大处在动荡之中。面对帝国主义列强咄咄逼人的气焰，北洋军阀政府的腐败无能，民族危机的日益紧迫和严重，北大爱国学生们纷纷行动起来了。2 月 5 日晚间，北大 2000 余名学生聚集于第三院（法科）礼堂召开全体大会。在会上，高尚德等 10 余名热血青年被推为干事。

会后，高尚德他们分头联合各校学生，并致电巴黎和会中国专使，要求拒绝日本的无理要求。

后来，在高尚德他们的串联下，北京大学、女子师范学校等 13 个学校代表再次致电巴黎和会中国专使。

但是，这些反帝爱国电文却遭到北洋军阀政府的查禁和扣留，犹如泥牛入海，杳无音信。

为了压制学生的爱国行动，这年 3 月，政府总统徐世昌令教育总长傅增湘致函北大校长蔡元培，对高尚德等所参加的新潮社的学生进行恫吓和打击。

高尚德等《新潮》社骨干从蔡元培校长那里得知这一情况后，不禁愤然大骂：外不能御列强，内不能兴民主，如此政府还能寄什么希望吗？

恰在这时，李大钊先生在《晨报副刊》上发表了《现代青年活动的方向》。这篇号召青年投入实际斗争的文章，像一股春风，将高尚德胸中的爱国热情之火吹燃得更加热烈了！

“是的，我们要打起精神来，一齐来消灭痛苦的原因！”高尚德激动地攥紧了拳头。

于是，他和邓中夏、黄日葵、许德珩、张国焘等同学在密切注视着时局发展变化的同时，更加频繁地聚集在红楼李大钊先生办公室里商讨斗争策略。高尚德此时身上已没有中国传统文人的那种斯文儒雅了，他常常在讨论中大声叫喊：

“仅仅靠宣传教育出版等手段解决不了中国的问题，必须改变斗争手段！”

后来，他们的讨论在李大钊先生的指点下渐渐地统一到这样一点上：直接行动！这是李大钊先生在介绍国际工人运动时多次提出的问题：就是不经当局批准，发动群众，直接采取反动政府制定的“法律”

范围之外的行动，以达到革命的目的。

啊！“直接行动”，这就是行动的纲领，斗争的号角！而这号角、这纲领，是从北大红楼里传出来的。

第四章　在“五四”风暴中

激战前夜

校园里似乎没有风，然而，在北大礼堂前面的几株垂柳那缕缕柔嫩的柳条却不时地拂来拂去，轻轻飘舞，仿佛要拂去积郁于人们心头的焦虑、忧郁和沉闷。

这些日子里，整个北大校园里一直被郁闷的空气所笼罩。学生们三个一群、五个一伙地聚在一起，议论着、商谈着、怒骂着……主题似乎只有一个，就是“巴黎和会”。

在一株垂柳下，高尚德正在全神贯注地阅读邓中夏刚刚送给他的一份《晨报》副刊“劳动节纪念专号”，这一专号是在李大钊先生帮助下编辑出版的。他将上面所有的文章匆匆地浏览了一遍，最后将目光盯在了李大钊先生写的《“五一节”MayDay杂感》一文上面。这篇文章指出五一劳动节是工人阶级的“直接行动”取得成功的日子，是工人的祝典日。“直接行动”这四个字在高尚德的眼中是那样赫然醒目！渐渐地，这四个铅印的字仿佛愈变愈大，愈变愈大，骤然变成一队队愤怒的人群。人们手执火把，狂奔着、呐喊着、奋勇前进。这一队队人群犹如一条条火龙，最后汇合在一起，变成一片烈焰腾空的火海。在火海中，北洋军阀政府的殿堂、外国列强的侵略魔爪正在被焚烧……高尚德想到这里，不禁振奋异常，紧握拳头说道：

“对，直接行动！这就是我们的行动纲领和战斗旗帜。只有用这一思想来统一爱国学生的行动，反帝爱国斗争才能取得胜利！”

于是，他和邓中夏（即邓康）、黄日葵、许德珩、张国焘等热血青年一起，将李大钊先生一再提出的“直接行动”的战斗口号，迅速地传播到广大爱国学生中去，为正在酝酿的反帝爱国的革命大风暴注入了巨大的热能。

“收回山东、青岛主权！”

“拒绝在和约上签字！”

在北大校园的每一个角落里，都在回荡着爱国的声音；在北大学生们的胸膛里，都洋溢着爱国的热情。爱国！爱国！这种崇高而伟大的情感，这种世世代代在中华民族血脉中积淀起来的因素，是使中华古国虽历经无数次外患而依旧巍然屹立于世界东方的强大思想武器。而今，这一强大的思想武器正激励着人们冲向反帝斗争的疆场。

高尚德就是这些反帝爱国志士中的一员骁将。这些天来，他为了串联，为了鼓动，为了传播“直接行动”的战斗口号，日夜奔波，几乎到了废寝忘食的地步。人累瘦了，眼熬红了，就连嗓音都略带沙哑了，但他依然奔波不息。这天，正当高尚德在理科教室前和几位同学议论“直接行动”时，许德珩急匆匆地走过来，高声叫道：

“失败了！彻彻底底失败了！”

“什么？”高尚德不禁为之一怔，见许德珩的神情异常严峻，知道事情极为严重，便急不可待地问：“到底是怎么回事呢？你快说呀！”

许德珩愤怒地说道：“我国外交失败了！失败得一塌糊涂！巴黎和会是一个彻头彻尾的强盗分赃会议！”接着，他讲述了关于巴黎和会的消息：4 月 30 日，巴黎和会决定把德国强占我国山东的“权利”判给日本帝国主义继承；同时，还拒绝了我国专使关于取消袁世凯与日本所签订的“二十一条”卖国条约的提议。

高尚德惊愕得睁大了两眼，连声发问：“这是真的吗？这是真的吗？”

“这是我刚从蔡校长那里听到的，怎能不是真的呢？”

真是晴天霹雳！高尚德为之而震惊了。他的双眼顿时燃烧起愤怒的火焰，不禁仰天大叫：“亡国之难就要降临了！”

站在旁边的新潮社社员俞平伯说道：“国家兴亡，匹夫有责，我们不能坐以待毙！”

周围的几个同学也纷纷议论，愤然抨击“巴黎和会”。高尚德的盛怒渐渐地平息下来，他口气坚定地说：“时局如此紧迫和严重，我们现在已经到了‘直接行动’的时候了！唯有如此，才能挽救沉沦的祖国。”

许德珩立即表示赞同，并说：“咱们现在赶快去串联校内外的国民社的同学，一起商讨斗争的策略！”

于是，他们又开始四处奔波，进行串联。

当日下午，国民杂志社的北大社员及各校社员代表聚集于北大西斋饭厅召开紧急会议。会议气氛严肃悲壮，有的社员竟咬破手指以示斗争之决心。会议最后决定5月3日（星期六）晚在北河沿北大法科（即北大三院）礼堂召开北大全体学生和各校学生代表大会。会后，国民杂志社的参会人员都积极行动起来了。高尚德、邓中夏、黄日葵、许德珩等更是奔走呼号，积极串联各校学生代表，筹备5月3日晚的大会。凡是在他们走过的地方，学生们都在热烈地议论着“直接行动”的话题。

一经串联，学生们立即组织起来了。反帝爱国的革命风雷滚动在每一位爱国学生的胸中。

1919年5月3日夜晚，当北大法科大礼堂的灯火燃亮了的时候，北大全体学生陆续而来了，清华、高等师范、中国大学等13个学校的学生代表陆续赶来了，邵飘萍等社会名流也应邀而来了。滚滚的人流从四面八方涌来，在宽敞的法科礼堂里汇成一个喧闹而又沸腾的海洋。

作为这次大会组织者之一的高尚德，虽然在近一个时期一直奔波不息，又为筹备这个会议紧张忙碌了一天，身体不用说是疲惫不堪的；但在今晚，在这反帝爱国斗争的序幕将要揭开的时刻，他却显得是那样精神抖擞，情绪高昂。他一会儿热情接待兄弟学校学生代表，一会儿和大会的其他主要成员商谈什么，忙得就像走马灯似的团团打转。由于参会人员太多，他在走动时常被拥挤的人群挡住了去路，望着那一张张陌生而充满激情的面孔，听着那嘈杂而饱含愤怒的声音，他的整个身心仿佛被周围的热情燃烧着了！蓦然间，他觉得自己像一粒火星，每一个参会者也都像一粒火星，而这许许多多的火星汇在一起很快就会燃起冲天烈焰！这烈焰，就要烧毁卖国政府和帝国主义列强们的黄粱美梦……

会议开始后，鼎沸的人声渐渐地平息下来；至《京报》主笔、进步记者邵飘萍讲话时，会场里竟寂然无声了。这位后来被毛泽东同志称之为“充满了热烈的理想和良好性格的人”，这位后来被军阀张作霖杀害的时贤，在以极其沉痛的语调报告了在巴黎和会上中国外交失败的经过和原因后，便慷慨激昂地大声疾呼起来：

“现在民族命运系于一发，如果我们再缄默等待，民族就无从挽救，而只有沦亡了。北大是全国最高学府，应当挺身而出，把各校同学发动起来，救亡图存，奋起抗争！”

这一声声话语，如号角，似战鼓，在每一位爱国学生的心上轰然震响了！会场里顿时一阵骚动。人们悲愤交加，甚至捶胸顿足，失声痛哭。但是，他们没有绝望，每一个人的眼睛都喷射着愤怒的火焰，每一个人的胸中都充满着“誓死抗争”的豪情……在爱国热情驱使下，学生代表们一个个地走上主席台，慷慨陈词：丁肇青、张国焘、许德珩、谢绍敏、夏秀峰……会议开到很紧张的时候，只见十七八岁的刘仁静，愤不欲生，突然拿出一把菜刀要当场自杀以激励学生们。学生们刚刚将他手中的菜刀夺下，义愤填膺的北大法科学生谢绍敏已将中指咬破，撕断衣襟，血书“还我青岛”四个字，揭之于众。会场上更加骚动起来，许多声音同时从人们口中飞出，交织在一起，变成了一片大海涨潮的声音。双目喷火的高尚德热血沸腾，激情汹涌，突然振臂高呼：

“我们要外争国权，内惩国贼！”

一呼百应！会场顿时变成了愤怒的大海，惊涛骇浪激荡着，发出撼天动地的海啸。

在讨论斗争行动时，傅斯年、罗家伦等学生界“风云人物”害怕斗争会影响学生们的“学业”，只主张向英、美公使馆递交意见书，以促使列强改变态度。高尚德、邓中夏、许德珩、张国焘等骨干分子则主张采取“直接行动”，进行坚决的反帝爱国斗争。经过热烈讨论，大会通过以下几项决议：

一、五月四日联合各校学生在天安门举行爱国大示威；

二、通电各省一致奋起抗争；

三、通电各省于五月七日举行爱国游行；

四、通电巴黎和会的中国代表，不得在和约上签字。

决议通过之后，大会主席临时提议：为了筹备游行示威和向全国各地发通电，希望大家自愿捐款。他的话音未落。同学们便蜂拥上前，争相捐款，有的捐银圆、铜钱，有的捐钞票，有的甚至将戒指、手表都捐了出来，还有的因身上没带钱，就捐毛巾、帽子和衣服……他们献出的仅仅是财物吗？不！是一片赤诚的爱国之心！

会议散时，夜已经很深了。高尚德掏出怀表看了看，见时针已指向晚 11 点。待绝大部分同学们都各自回寝室里去准备小旗、标语之后，许德珩、邓中夏、黄日葵、高尚德、张国焘、易克嶷、傅斯年、罗家伦等骨干分子则分头准备宣言、电报、文稿、传单以及北大学生游行的大旗。

这一夜，北大校园里几乎所有的教室、学生寝室里都是灯光闪亮，彻夜不熄。这一夜，是不眠之夜，是沸腾之夜，是一场激战前夕的紧张之夜！

在这个黑沉沉的春夜里，地火在静静地运行着，但很快就要奔突出来，燃起漫天大火来了！

当朝霞映红天空的时候，高尚德他们还在紧张地忙碌着。连日来的奔波，使高尚德疲惫不堪，脸色苍白，眼睛里布满血丝。就在他整理还散发着油墨气味的《北京学界全体宣言》传单时，突然感到一阵恶心，随着“哇”的一声，一口殷红的鲜血便吐了出来。

高尚德急忙将这一张血染的传单用手揉成纸球扔在一旁。不料这一切被黄日葵看到了，黄日葵关切地问：“尚德，你怎么了?”

“没什么，”高尚德装作毫不在乎的样子说，“这是老毛病了，过一会儿就会好的。”

高尚德患咯血症由来已久，早在他那场婚姻悲剧后他就患上了此症。后来治愈了，但一劳累过度就会复发。在他此后的革命生涯中，这一病魔一直缠绕着他。在去世之前，还因此病复发而住德国医院治疗。他最后死于急性盲肠炎，但咯血症不能不说是其中一个重要原因。

上午 9 点钟，北大学生们齐集于北大二院（理科），人人手中都拿着小旗帜。黄日葵一眼瞥见站在队伍前的高尚德面色憔悴，忙跑过去劝他回去休息。但高尚德将手中的小旗一扬，说：

“国家已到生死存亡的时候了，我怎能临阵而返？我纵然是死也要死在天安门前！”

北大游行队伍正欲出发时，北洋军阀政府教育部一名次长，在随从人员的陪同下慌慌张张地跑来，企图阻止学生游行。他说了一通诸如“学生应以读书为业，国家大事应由政府来办”之类的话，力劝学生们回到课堂上潜心读书。但是，邓中夏、黄日葵、高尚德、许德珩、张国焘等学生代表哪里听他的鬼话，便你一言、我一语地与之进行了一场唇枪舌剑的战斗：

"我们何尝不想安心读书？只是政府只知卖国，不知爱国，哪一个有血性的学生能安下心来读书？"

"把国家大事交给卖国政府去办，只能做出丧权辱国的丑事来！"

"中华民国是人民的国家，作为人民的一分子，我们有责任关心国家大事！"

这一句句义正词严的话语，犹如一发发炮弹飞向这个教育部次长，轰得他晕头转向，难以招架。他老羞成怒了，气势汹汹地喊道：

"你们不要不知好歹，闯下大祸可吃罪不轻呀！"

高尚德无所畏惧地以戏谑的口吻"回敬"道：

"照次长先生的意思，岂不是爱国有罪，卖国反倒有功了吗？这是十足的强盗逻辑！"

"轰"的一声，学生们大笑起来。

教育部次长瞠目结舌，狼狈不堪，只好灰溜溜地狼狈而逃了。

北大学生队伍终于出发了。他们沿北池子大街向天安门行进。队伍前面，两名壮实的学生举着一个长长的白布横标，上面书写着一副对联：

卖国求荣，早知曹瞒遗种碑无字

倾心媚外，不期章惇余孽死有头

旁边还有一行较小的毛笔字："北京学界同挽。卖国贼曹汝霖、章宗祥遗臭千古"

在这一白布横幅下，走着的是邓中夏、高尚德、黄日葵、许德珩、张国焘、罗章龙、刘仁静、易克嶷、傅斯年、罗家伦等这场反帝爱国斗争中的风云人物。他们一边走着，一边慷慨激昂地商讨着如何游行示威的事情，就像奔赴疆场的英勇战士那样，义无反顾，昂首向前。

高尚德偶尔回头一看，啊！后面是一支浩浩荡荡的游行队伍，如长龙舞动，似大江汹涌。他的心中不禁异常激动：

“中国已不再是睡狮，她已经醒来，就要发出惊天动地的呐喊了！”

火烧曹宅殴国贼

当北大学生队伍匆匆赶到天安门前时，高师、汇文、工专、农专等10余个学校的学生队伍已经聚集在那里了。一见北大学生队伍来了，在场的其他各校学生都情不自禁地欢呼起来。

汇合了！汇合了！3000余名爱国学生在天安门前汇成一个气势磅礴、汹涌澎湃的海洋，而在空中舞动的林林总总的各色旗帜就是翻卷的浪花，学生们的讲演声、口号声，以及风吹旗帜的响声，交织在一起，就像一阵阵拍岸的惊涛。置身于此，高尚德感到心中充满一种从未有过的巨大力量。他不停地挥动手中那书写着“外争国权，内惩国贼”八个字的旗帜，激动地呼喊着。他看到，周围同学们手中挥动的旗帜形形色色，上面书写的内容也各不相同：“还我青岛”，“头可断，青岛不可失”，“宁为玉碎、不作瓦全”；“取消二十一条”；“国民应当判决国贼的运命”；“诛卖国贼曹汝霖、陆宗舆、章宗祥”、“保我主权”、“誓死力争”……有的旗帜上的文字是用英文、法文书写的，还有的旗帜上画着山东地图，或各种讽刺漫画……

俄顷，一位被大家推举为宣读《北京学生界（天安门）宣言》的学生代表纵身一跃，便跳上那张早已摆好的方桌。他的背后是天安门城楼，而他的面前则是3000多名爱国学生。他身着灰袍，手拿《宣言》，显得情绪异常激动，略略镇定之后，便大声地宣读起那篇充满血泪、极富感染力和鼓动性的《宣言》来：

> 呜呼国民！我最亲最爱最敬最有血性之同胞！我等含冤受辱，忍痛被垢于日本人之密约危条，以及朝夕祈祷之山东问题、青岛归还问题，今日已由五国共管，降而为中日直接交涉之提议矣。噩耗传来，天黯无色。……山东亡，是中国亡矣！我国同胞处其大地，有此山河，岂能目睹此强暴之欺凌我，压迫我，奴隶我，牛马我，而不作万死一生之呼救乎？……

这位学生代表情绪愈来愈激昂，音调愈来愈高亢，以至后来就以沙哑的声音呼喊起来：

> ……开国民大会，露天演说，通电坚持，为今日之要着。至有甘心卖国，肆意通奸者，则最后之对付，手枪炸弹是赖矣。危机一发，幸共图之。

话音刚落，人群中就爆响起一声声霹雳似的口号声：

“外争国权，内惩国贼！”

“取消二十一条！”

“宁为玉碎，不为瓦全！”

《宣言》通过后，高尚德他们便将传单散向围观的群众。人们争先恐后地争夺从空中飘飘扬扬落下来的传单。抢到后，有人便出声读了起来：

> ……中国的土地可以征服而不可以断送！中国的人民可以杀戮而不可以低头！国亡了！同胞起来呀！……

旁听的人们，不禁为学生们这种爱国热忱所感动。一位老先生感动得老泪横流，啧啧称赞道：“有如此之多的热血青年，国之幸也！”

按照预定部署，学生队伍就要开始进行游行示威活动了。恰在这时，北大学生队伍中有人高叫一声：“那个教育部次长又来了！”待高尚德举目看时，那位次长已经出现在游行队伍的前面，其声色之严厉，态度之蛮横着实令人切齿：

“我承教育部命令来此，请大家从速解散，有事可推出代表办理。”

然而，烈焰腾空的怒火岂是一瓢冷水所能扑灭的？学生们万众一心，同仇敌忾，齐声高呼：

“我们今天的行动，教育部管不了！”

那位次长还想说点什么，但话音刚出口，就被淹没在学生们愤怒的浪涛声里去了。他无可奈何，就像泄了气的皮球一样扁了，最后，只好溜之大吉。

然而，教育部次长刚走，步军统领李长泰就带一队士兵匆匆赶来了。他似乎不把学生们放在眼里，气势汹汹地吼道：“我是承大总统的命令来的，学生队伍必须解散！”

这种骄横的样子，早把学生们激怒了，他们振臂高呼：

“打倒卖国贼！”

这愤怒的口号声犹如一声惊雷，使李长泰惊慌失措。恰在这时，警察总监吴炳湘也匆匆赶到。他见势不妙，说了几句规劝的话之后便假惺惺地说：“今天天气很热，请诸君赶快回去休息罢！”

但是回答他的却是学生们的口号声、痛斥声。这些北洋军阀政府的军政人员束手无策，只好垂头丧气地跑开了。

这时已是下午两三点钟，天气颇热。学生们因喝不上水，不少人口干舌燥，有的甚至嘴唇都裂开了口子。但是，天气再热也热不过学生们的爱国心肠。他们无所畏惧，决心与帝国主义列强和卖国政府拼死抗争。为了避免反动政府派人再来干涉，学生领袖们当即决定：立即向东交民巷进发，向帝国主义分子们示威！

匆匆的脚步，挥动的旗帜，飘飞的传单，以及惊天动地的口号声，吸引了道路两边的群众。当他们弄清是怎么回事时，有的深表同情，有的招手致敬，还有的自动加入到学生队伍的行列中来。

北洋军阀政府惊慌不安了，他们派出大批武装军警和便衣警察，一路上严密监视学生队伍，不断驱散围观群众，阻挠学生们和市民群众的接触。这种种丑行，使高尚德无比愤慨。当他看到军警用皮带驱逐围观群众时，立即奋不顾身地冲上前去，从军警手中夺下皮带，大声怒斥：

“你们不爱国，还不让别人爱国吗？如果你也是一个中国人的话，你就应当和我们一起外争主权，内惩国贼！”

高尚德这番义正词严的话，立即赢得了围观群众的掌声和赞叹。军警们只得悻悻地退到学生队伍的后面去了。

学生游行队伍终于来到了东交民巷西口。设于东交民巷的外国使馆区，四周筑有高高的围墙，墙上布满炮眼、枪眼。墙内设有美、法、德、英、意、日、俄七国兵营；墙外是操场，竖着“保卫界内，禁止穿行”的木牌。使馆区内自设警察和管理人员，中国人不能入内居住或穿行。在这里，各国驻华公使还组成一个“外交团”。望着巷子里那尖顶的、圆顶的、红色的、绿色的各式各样的外国建筑物，望着星条旗、米字旗、太阳旗、三色旗……高尚德不禁想起《每周评论》第1号上的一篇随感录来。那篇随感录论到中国军阀政治时说，“上自大总统，下至挑粪桶，没有人不怕督军团（由各省督军组成）”；不管“督军团在北京何等威风”，只要“外交团小小的一个劝告，都吓得如鸟兽散”。想到这里，高尚德不禁对“外交团”这一中国政治上的“太上皇”更加痛恨，他双拳紧握，恨不得将使馆区所有的建筑物砸成废墟。

当学生游行队伍准备通过使馆区到日本使馆门前示威时，立即被守卫使馆区的中国军警阻挡住了，一个警官模样的人声色俱厉地说：

“没有大总统的命令，任何人都不准进入使馆区游行！否则……”说到这里，他用眼睛瞟了一眼那一队军警手中的枪。

一边是手无寸铁的爱国学生，一边是荷枪实弹的军警。

一边是一腔沸腾的热血，一边是一排冷酷的枪口。

对峙、碰撞。于是，引发了一场争执。在争执中，高尚德怒火中烧，据理力争：

“现在中国未亡，中国人民还不能在自己的土地上自由行走；若是中国灭亡了，国民的遭遇岂不是更加悲惨了吗?”

几经交涉，最后军警总算同意学生派代表面见各国公使，递交意见书了。于是，罗家伦等 4 名学生，以“学生代表”名义，携带意见书，匆匆步入使馆区去了。

等待，令人心焦的等待。等待而来的是喜，还是忧？是福音，还是噩耗？学生们关切地议论起来。对帝国主义列强有较深了解的高尚德，对面见各国公使并不抱有很大的希望，他告诫同学们说：

“大家还记得欧洲胜利后的情形吧，当时我们不是有很多人高唱‘公理战胜强权’、‘威尔逊是第一大好人’的调子吗？可是现在看看，公理在哪里呢？强权依然是胜利者！前车之鉴，不可忘怀啊！”

不一会儿，到使馆区去的 4 名学生代表回来了。罗家伦介绍说，英国、法国、意大利使馆都以星期日例假为借口，拒绝接收意见书；而只有美国使馆将意见书接受了。还说什么“美国对中国人很同情”。他哪里知道，美国使馆是大耍两面派手法，一面接收意见书，一面又暗中指使北洋军阀政府的军警阻挠学生通过使馆区。结果到日本使馆门前示威的计划落空了。

失望，像毒蛇似的咬着每一位爱国学生的心。在失望中，他们由外侮想到了国贼：使馆区所以不让通过，各大使所以不亲自接见，定与卖国政府暗中勾结有关。于是，学生游行队伍骚动起来，学生们气愤地你一言、我一语地咒骂道：

“民贼不容存，诛夷曹章陆！”

“纵千刀万剐，也难解对国贼的愤恨！”

“国贼不除，国家难兴！”

……

怒火在学生们的胸中燃烧着、燃烧着，终于化作惊天动地的一声霹雳：

“找卖国贼曹汝霖去！”

像冲决堤坝的洪水怒涛，学生游行队伍离开使馆区，浩浩荡荡地直奔赵家楼而去。一路上，口号不断，声震云霄。

军警们恐慌了，像热锅上的蚂蚁似的跑前跑后，跟踪监视着学生队伍；

便衣特务们恐慌了，他们混迹于围观群众中，或左或右，紧盯着学生中的骨干分子；

身为学生游行队伍的指挥之一傅斯年也有点发慌了，他害怕同学们头脑发热，行动过激，惹来大祸，便急匆匆地赶到队伍前面，大声呼叫：

“大家快停下，快停下！”

然而，游行队伍依然如涛似浪地向前涌去。

傅斯年急了，冲着高尚德、黄日葵、许德珩他们直发火：“你们怎么不阻止队伍前进？”

高尚德冷冷地回敬一句：“众意难违，谁能使东流的大江西去？”

傅斯年心急火燎地跳出来阻止学生了，他声嘶力竭地叫道：“你们难道不想想后果吗？这样莽撞用事，后果不堪设想啊！……”

然而，他的话刚出口，就被同学们震耳欲聋的口号声淹没了。

队伍来到赵家楼时，只见曹汝霖住宅的绿漆大门紧紧关闭，门口站着几个腰挂驳壳枪的警察，警惕地注视着学生队伍，如临大敌一般。

“我们要见曹汝霖!”

然而，学生们的交涉毫无结果。于是，学生们高呼：“卖国贼曹汝霖快出来见我们!”高尚德等几位热血青年上前叩击大门，被军警阻拦，因而双方发生争执。学生们的怒气无处发泄，便纷纷将旗帜从墙上扔入院内。有的学生还用旗杆将沿街一排房子上前坡的瓦都给揭了下来；而落在地上的破瓦片则又被学生们拾起一一扔入院内……

口号声时起时落，像一阵阵浊浪排空的海啸，激荡在曹宅上空。

然而，这岂是学生们此行的目的?

不入曹宅，誓不罢休！这时，四五个学生发现大门右侧房墙上有一窗户，便攀人梯而上，破窗而入。不一会儿，大门被打开了。早已守候在大门口的高尚德大喊一声：“我们冲进去吧!”便带领学生们冲入曹宅。

这时，被吓得七魂出窍的曹汝霖早已躲藏起来了。冲入曹宅的高尚德和同学们寻遍曹宅仍不见曹汝霖，便转怒于物了。于是，精致的木屏风被推倒了，华贵的窗幔被撕碎了，古色古香的古玩被砸碎了，大厅壁上挂着的日本天皇画像被撕碎了……曹宅里一片混乱，到处是砸物的声音，到处是狂怒的呼喊。曹宅内的十几名全副武装的卫兵被眼前这场暴风骤雨震骇了，被学生们的勇猛精神感动了，早已退到一边去了。

突然，有人高叫一声：“着火了!”

正以砸物而泄心头之愤的高尚德急忙抬头一看，只见不远处房屋里浓烟滚滚。突然，有一老人和几个内眷在警察的护卫下跑了出来。因不是曹汝霖，学生们便放过去了。接着，几个警察和许多佣人围护着两个西装革履的中年男子也往外逃走。高尚德便和同学们追了上去。一位当时冲入曹宅的学生在后来以“某先生”署名写的文章中写道：“……见他们（即两个西装革履的中年人）逃进一个小杂货店里，就把这二人拖出来推倒在地，用手执的小旗杆子对着他们的头乱打，打得一个人头破血流，另一个人宁愿自己挨打，却拼命保护他。不久大批警察赶到，一齐舞起木棍和指挥刀来驱散群众；我们也恐怕打错了人，到明日报上一看，知道被打得头破血流的正是卖国贼章宗祥。”

章宗祥被警察救走后，天色渐渐暗了下来。这时曹宅里火势愈来愈大，几乎映红了半个天空。望着这壮丽的一幕，高尚德愤然说道：

“谁要卖国，就是这个下场！”

这场熊熊的大火，在中国的漫漫长夜里燃起了希望的光芒。

在北京学联

曹宅起火约半小时后，反动军阀政府警察总监吴炳湘、步军统领李长泰闻讯率领大队警察急急地赶来了。这时，各校学生大都已经离去，只有少数学生尚未来得及动身。

一见到学生，全副武装的军警就如狼似虎地扑了过来。高尚德看到军警在那边抓住了许德珩、易克嶷等同学，正欲上前据理力争时，突然有人抓住了他的臂膀。他回头一看，原来是很要好的同学孟寿椿，“快走！”孟寿椿一边说，一边拉上高尚德便跑。在他们身后立即响起了军警的怒喝声：

“站住！站住！”

他俩头也不回地飞跑着，三转两转，便来到一个偏僻小巷。看看身后没有军警，他俩才长长地出了一口气。这时，高尚德才感到又饿又渴，浑身乏力，疲惫不堪，但他一想到同学们被捕一事，就心急如焚，焦虑万分，他对孟寿椿说：

“咱们赶紧回校和同学们一起商讨营救之事！”

回到北大校园时，已是暮色苍茫时分。不少教室、寝室的窗户上都映出了淡淡灯光。高尚德、孟寿椿径直来到同学们经常聚集的红楼图书馆前的一块草坪上。在那里，有不少同学正聚在一起开心地议论着火烧曹宅的事情。只听一位同学说：“曹汝霖现在的境况一定是悲悲切切、凄凄惨惨吧?”看来，他们还不知道有学友被捕的消息。高尚德急急走进人群中间，大声说道：

“同学们！我来告诉大家一个不好的消息：许德珩他们被捕了!”

这一声话语，使同学们热烈的议论顿时停了下来，不少同学惊愕地问：“这是真的吗?”

“真的，”孟寿椿口气颇为严肃地说：“我俩也差点儿被警察抓了去。”

高尚德接着将他们在曹宅看到捕人的情景叙述了一遍。这时，一位学生匆匆跑来，也报告了这一消息。众人听后，不禁纷纷大骂起反动政府来。

高尚德说：“现在骂也没用，还是赶快把这个消息告诉蔡校长和全校同学们，共同商讨营救的办法吧!”

听了高尚德的话，同学们立即分头传递这一消息去了。

“许德珩等同学被警察逮捕了!”

这一消息，像风一样很快就在北大校园里传开了。

怎么办?邓中夏、高尚德、黄日葵、张国焘、罗家伦、傅斯年、康白清、段锡朋等骨干分子，随即商讨对策。这时，兄弟学校代表也闻讯赶到这里。于是，他们共同议定：连夜召开北大全校学生和兄弟学校学生大会，讨论如何营救被捕的同学，如何继续进行斗争的问题。

当天夜里，大会在北大三院礼堂召开。参会者除北大全体学生外，兄弟学校学生也纷纷来到这里参加会议，到会人数超过了“五三”之夜。

北大校长蔡元培参加了这次大会。他对学生被捕一事虽然颇感震惊，但态度依然安详从容，绝无一丝慌乱之神色。在讲话中，他同情学生的爱国行动，表示现在不是你们学生的问题，是学校的问题；不只是学校的问题，是国家的问题；并保证负责营救被捕的同学。但他劝告同学们不要再继续开会，照常上课，免得节外生枝，增加营救的困难。

蔡元培校长的劝告并没有被全体学生完全接受。邓中夏、高尚德、黄日葵等爱国学生骨干当即在会上指出，没有群众斗争，“保释”被捕同学很难取得成功，因此，必须联合北京各校学生，继续开展斗争。有的学生还提议，应该用集体“自首”的办法来营救被捕同学。最后，大会决定从次日（5月5日）起宣布总罢课。在这次大会上还成立了北京大学学生干事会（简称“学生会”），邓中夏、高尚德、黄日葵均被推为干事会成员。

5月5日，北京各大专学校学生同时罢课。在这些校园里，往日琅琅的读书声变成了愤怒的抗议声。

在罢课的同时，他们还通电社会各界，请求支援。

这天下午，各校的3000多名学生在北大法科召开了联合会议。在会上，学生们群情激昂，纷纷表示要继续斗争。一位学生代表当场血书“杀卖国贼”四个大字，悬挂于会场上，以示斗争决心。为了营救被捕学生，出席大会的14个学校校长组成了以蔡元培先生为团长的校长团。大会决议：坚决要求中国代表拒绝在“和约”上签字，严惩卖国贼，释放被捕学生。

斗争的形势迫切需要学生们进一步组织起来。5月6日，北京中等以上学校学生联合会（简称“北京学联”）宣告成立。会址设于马神庙北大理科（第二院）。会内设负责议决事项的议事部和负责执行议案的干事部。议事部由每校二人组成，干事部则委托北大学生干事会代理。在斗争中一直冲锋在前的邓中夏、高尚德被大家一致推为参加北京学联的北大学生代表。在营救被捕同学、组织学生继续斗争中，高尚德不仅胆识超人，而且显露了卓越的组织领导才能。因此，深为同学所看重。

在北京学联的领导下，北京学生的爱国斗争获得了社会各界的支持，甚至连国会议员也有表示要弹劾政府的。

面对人民群众爱国斗争的怒涛，北洋军阀政府心惊了，胆战了，不得不作出释放被捕学生的决定。5 月 7 日，高尚德等北大干事会负责人，雇了三辆汽车来到户部街步军统领衙门，迎接北大被捕同学出狱。当许德珩、易克嶷等同学从肮脏的监房里走出来时，高尚德他们便情不自禁地迎上前去，与这些光荣的“三日囚犯”紧紧地拥抱在一起，没有话语，有的只是滚滚的热泪……在返回北大的路上，他们一个个心潮激荡，沿街高呼：

“还我青岛！”

在这一口号声中，融进了高尚德他们斗争到底的决心。

当天晚上，高尚德前往许德珩的寝室里探望这位曾经并肩战斗的同学。他们虽然早在牢门前见过面了，但当时因激动万分，难以细细交谈。在寝室里，许德珩脸色憔悴，但情绪很好。他细细讲述了狱中的情形：爱国学生们被捕后，就被囚禁在步军统领衙门的一间监房里，那里只有一个大炕，东西两边各摆着一个大尿桶，其肮脏、拥挤就可想而知了。吃的是大窝头，喝的是白开水。每半小时还要让学生抬一下头，翻一个身，以证明“犯人”还活着。到中午“放风”时才能大便。介绍到这里，许德珩愤然说道：“最令人气恼的是那个狱吏的训话，我们当时编了一个顺口溜：‘天不怕，地不怕，最怕牢头来训话。’当时，我极为愤怒，还写了两首诗，我已抄写在这张稿纸上了。”说着，便从桌上拿起那张稿纸来。

高尚德接过稿纸后，便低声朗读起来：

为雪心头恨，而今作楚囚。
被拘三十二，无一怕杀头。

痛殴卖国贼，火烧赵家楼。
锄奸不惜死，来把中国救。

山东我国土，寸草何能让？
工农兵学商，人民四万万。
为何寡欺众，散沙无力量。
团结今日始，一往无前干。

这是何等感人肺腑、动人心魄的“囚歌”！从这火一样的诗句中，高尚德又一次窥见了这位战友那颗灼热的爱国赤心。他激动得紧握着许德珩的手说：“我们的斗争刚刚开始，今后的斗争必将更加艰难、复杂！因此，我们必须像你诗中所说的那样：‘团结今日始，一往无前干’！”

正如高尚德所预料的那样，国内外反动派已经开始向爱国学生反扑了。日本驻华公使气势汹汹地质问北洋军阀政府怎样处理“闹事”学生，并且跑到京师警察厅，拍桌大叫：“为什么不惩办学生？”“为什么不对学生开枪射击？”历来听命于“东交民巷”的北洋军阀政府自然要为“主子”效劳了。5月7日，就在释放被捕学生的同时，卖国政府实施了破坏北京各界预定在中央公园举行的国耻纪念会（亦称“国民大会”）的罪恶计划。这天上午，中央公园的门被封闭了；天安门左右两三里的交通被断绝了；两千多名警察，成千上万的马队、步兵，在中华门、三座门一带布满了；从四面八方汇集而来开会的群众都被驱散了。于是，国耻纪念会成了泡影。5月9日，卖国政府更加露出狰狞面目，下令传讯被捕学生，追究五四运动的“主使人”，并严禁学生干预政治。与此同时，还密谋解散北大，摧毁这个当时全国学生反帝爱国运动的中心，并扬言要暗杀蔡元培……白色恐怖一时间弥漫于整个北京城。

在这“黑云压城城欲摧”的形势下，蔡元培先生于5月9日愤然辞职出走了。此事在爱国学生中掀起轩然大波！高尚德和爱国学生一起在筹划新的斗争的同时，为开展挽留蔡校长的运动而奔走呐喊。他们一面将蔡元培临走时写下的那个“杀君马者路旁儿”的启事油印后在学生界广为散发，一面根据北京各校代表的会议精神，向全国各界分发通电，请求声援。当他们见反动政府对此无动于衷时，便以破釜沉舟之决心向北洋军阀政府提出最后责问：如无满意答复，则一致罢课！北洋军阀政府不得不让步了。5 月 14 日，徐世昌以总统名义下达了慰留蔡元培的命令。但是与此同时，北洋军阀政府还不失时机地发表了挽留曹、章、陆卖国贼的命令，以及镇压学生运动的两道命令。在后一个命令中，反动军阀政府要求军警“遇到纠众滋事不服弹压者，仍遵前令，依法逮惩”！

这时，一些学生畏缩了，但是由此而进一步认清北洋军阀政府反动本质的高尚德，不顾个人安危，挺身而出，和邓中夏等人一起领导和组织广大爱国学生继续进行殊死的斗争。由于北京学联干事部由北大学生干事会代理，学联会址又设于马神庙北大理科（即北大第二院），作为北大驻北京学联代表的高尚德、邓中夏实际上已成为北京学联具体行动的领导者。

在高尚德、邓中夏等人的努力下，北京学联筹划了一次更大规模的总罢课斗争。经过 16 日、17 日两日的集议，北京学联决定除自 19 日起举行北京各校全体总罢课外，还拟大力开展一系列活动，譬如组织讲演团，抵制日货，出版发行《五七》《五四》两种日刊，组织护鲁义勇队等。为了进一步激发爱国学生的斗争热情，北京学联还筹办了北大学生郭钦光追悼大会。在这些日子里，高尚德紧张忙碌地工作着，经常至深夜而不眠，有时甚至要通宵达旦。因劳累过度，他不时剧烈地咳嗽起来，痰中常有血丝。同学们看到他脸色苍白、虚汗淋漓的样子，深恐他又像“五四”那天那样咯血，常常劝他休息，但他毫不在意，只是微笑着说道：

“比起郭钦光因反帝爱国而挨打咯血致死来，我这点咳嗽又算得了什么？我真想像他那样为国为民咯血而死，以激励国人啊！”

郭钦光是北大文预科学生，五四那天，他冲入曹宅后，被曹宅一家人和两名士兵殴打，当场吐血。在病榻上，他愤怒地对同学们说：“国家到了如此危急的境地，政府还用狮子搏兔之力，去镇压爱国的群众，真叫人难受呀！”5月7日，他的病情加重，终至咯血而死。死时年仅24岁！每谈及此事，高尚德便慷慨泪下。因此，当北京学联决定召开郭钦光追悼会时，高尚德当即表示坚决赞同。5月18日，北京各校5000余名学生齐集北大法科礼堂，举行郭钦光追悼会。

在追悼会举行的同时，北京学联负责人在北大二院召开了紧急会议。会议在商讨了实行总罢课，发表罢课宣言，开展街头活动等事项之后，事前与李大钊商讨过斗争策略的高尚德、许德珩等同学竭力提议派学生代表赴天津、上海、南京等地串联爱国学生，以在全国范围内发动更大规模的斗争。这一提议自然得到了大家的赞同。学联便指定黄日葵、许德珩等四人到全国各地进行串联。许德珩在后来回忆当时的情景时说：“在‘五四’中，我和黄日葵到各地串联，这是李大钊同志的点子，高君宇同志坚决支持。”

会后，高尚德参加了《总罢课宣言》的起草工作。他们用血、用泪、用爱国赤诚写就一篇正气凛然的文章。

5月19日，北京26所大、中学校25000名学生总罢课了！他们纷纷拥向街头，向群众进行宣传鼓动。北京的大街小巷、公共场所，到处都可以看到愤怒的学生，到处都可以听到激昂的演说。学联还派人四处散发了《五七》日刊。而在先农坛，学生们将搜集来的日货集中于此，付之一焚。据当时报纸登载：“日货山积，观者云从，北大用车载往……见者鼓掌称快。”

不久，爱国运动便遭到了北洋军阀政府的镇压。北京警察厅和警备司令部派出大批军警，禁止学生们集会、讲演。24日，正在北大召开的商学界联合会被200余名武装警察包围，捕去6名学生。许多报刊被查禁，学联办的《五七》日刊和《爱国》周刊被勒令停刊，代印该刊的印刷局亦被封闭。北京学联指派到警察厅交涉《五七》《爱国》立案的4名学生代表亦被扣留。各报馆被禁止刊载学生爱国行动的消息。5月25日，北洋军阀政府教育部下令各校校长会同教职员于3日内“督率”学生一律上课。同日，北洋军阀政府以大总统的名义向北京地方及各省的文武官员下达严厉镇压爱国学生运动的命令。命令下达后，荷枪实弹的步兵、马队在北京街道上往来穿梭，耀武扬威……

一时间，乌云滚滚，浊浪滔天……运动渐渐地处于低潮了。但是，广大爱国学生依然坚持罢课。在北京学联的领导下，更大的斗争就像灼热的岩浆一样正在地层下面运行着，奔突着，积聚着，期待着火山爆发的那一日。

“六三”怒涛

设于马神庙北大二院内的北京学联总部似乎不像往日那样门庭若市，热闹非凡。那几位不久前还狂呼“爱国”的风云人物不知躲到哪里去了。然而，高尚德等立场坚定的学联负责人们依然英姿勃勃地战斗在这一运动的指挥中心，导演着一个个更加威武雄壮、波澜壮阔的活报剧。他们就像高尔基笔下的海燕一样，穿云破雾，飞翔于浊浪滚滚的海面上，呼唤着更大的暴风雨的到来！

看，天空中的乌云愈来愈暗了。6月1日，北洋军阀政府以大总统的名义接连下达了两道荒谬之极的命令：一是公然为曹、章、陆卖国贼辩护；二是要求取缔爱国学生运动，并要求学生复课。

高尚德在北京学联总部看到这两篇“奇文”时，不禁义愤填膺，直咬得牙齿“吱吱”响；那双布满血丝的眼睛里仿佛要喷出愤怒的火焰。

高尚德愤愤地骂道：“真是无耻之极！荒谬之极！竟然将爱国说成是有罪，将卖国说成是有功！颠倒黑白，混淆是非，这样的政府能有希望吗?”

站在一旁的张国焘知道高尚德的怒气是针对这两道命令而发的，便接口说道：“这就是卖国政府的反动本质。我还听说，现在步军统领换成了王怀庆，这个人是一个比李长泰更为凶残的屠夫。近来逮捕学生贩售国货的就是这个屠夫和北京警备司令段芝贵干的。他们所以敢这样猖狂，就是因为他们背后有大总统撑腰。”

高尚德说：“反动派如此嚣张，我们必须发动组织一次更大规模的行动，针锋相对地与军阀政府作殊死的斗争。”

“对!”张国焘兴奋地说道，“等一会儿其他学校的代表到齐了，咱们就商讨一下。”

不一会儿，其他学校的学生代表陆续来到北京学联总部。经过一番认真商讨，最后一致决定：自6月3日起，恢复街头讲演。

这一决定，通过各校代表很快传达到了各校爱国学生中间。学生们立即重整旗鼓，准备再显神威了。

6月3日上午，一度沉寂的北京大街小巷、公共场所突然涌现出许许多多的讲演团。这天讲演的两千多名学生来自北京20余个学校。为了避免反动军警的阻挠，他们没有像往日那样整队出发，而是化整为零，三五成群，把旗帜藏在袖口里，陆续走出校门，一到闹市，便抽出小旗，进行讲演。密探发现这一情况后，立即呈报政府。于是，街头的警察很快比平日增加了好几倍。步兵、马队横冲直撞，驱逐群众；侦缉队、保安队则纷纷逮捕学生，街道上一片混乱。

面对北洋军阀政府如此疯狂的镇压，有人畏惧了，动摇了，退缩了。当天晚上，当北京学联商讨下一步行动部署时，胡适的信徒、曾以“学生领袖”自居的罗家伦坚决反对继续组织学生上街讲演，他说：“听说政府要对被捕学生处以极刑。我们如再组织讲演，政府势必会更加凶残地进行镇压，难道我们的头颅能撞断军警手中的枪刺吗？”

一听这话，一向沉稳刚健的高尚德禁不住拍案而起，大声斥责道：“这是什么论调？这是懦夫的哀鸣！请看看我们广大同学吧，他们在反动派黑洞洞的枪口面前表现得是那样大义凛然、威武不屈！”接着，他讲述了一件发生在白天的事情：步军统领王怀庆来到北大后大发淫威，一见学生就骂“混蛋东西”。不料，竟遭到两名学生的责骂。恼怒之下，王怀庆便命令士兵痛打这两名学生。其中一个学生昂首不屈，高声大骂：“我死都不怕，还怕打吗？在我还未被枪毙的前一分钟，我也要骂你是个中华民国的东洋狗！”讲到这里，高尚德用嬉笑怒骂的口吻说道：“听了这个故事，那些胆小鬼们不知又有何感想？我希望我们学联不要辜负广大学生的期望，要挺起腰杆，组织学生们继续同中外反动派进行斗争。”

高尚德的话自然得到众人的赞同。北京学联最后决定：组织更多的同学继续上街讲演！

但是，北洋军阀政府已有防范，6 月 4 日，调集大批军队准备对讲演学生进行镇压。

众多的学生相继被捕，这可使罗家伦等人找到了反击高尚德等人的机会。他们把学生被捕的情景描述得悲惨而可怕，大声嚷道：“我们不能再让学生们作无谓的牺牲了，他们已经荒废了自己的学业，难道还要断送他们的前程、青春和生命吗？”

高尚德当即批驳了这种论调，他说：“是谁荒废了同学们的学业？又是谁要断送他们的前程、青春和生命？谁都知道，不是学生自己，而是丧权辱国的卖国政府！他们将国家弄到将要灭亡的地步了，哪一个有血性的中国人能坐视不理吗！”

罗家伦仍不服输，辩论道：“你的这些话我不反对，但是，单靠我们学生就能挽狂澜之既倒、拯国家于沉沦吗？不能，根本不能！学生不是万能的。”

“是的，单靠我们学生确是不行。但是我们可以通过宣传，来唤醒民众呀！只要民众起而战斗了，就什么事情都好干了。”

“但是，”罗家伦说，“我们学生斗争现在面对的是什么呢？是黑暗的监狱，是血淋淋的屠刀！你没听说军阀政府要对被捕学生下毒手吗？”

“屠刀固然锋利，监狱固然坚固，但它终究敌不过正义人民的力量。从古到今，从中到外，莫不如此。”

罗家伦见和高尚德辩论很难取胜，便说：“我们不必再辩论了。总而言之，我认为，学生不是万能的，现在唯一明智的选择就是：复课！回安徽老家安葬母亲的胡适先生已经回来了，他还准备劝说同学们复课呢。”

6月5日，爱国学生5000多人（北大学生几乎全部都出动了）编成3个纵队，四出讲演，就连警察厅门口也成为他们的活动场所。学生们背着自己的行李，带着衣物，人人抱着坐牢牺牲的态度。高尚德等北京学联的负责人还组织汽车运载各种日用品，准备支援被捕学生。

就在北京学生进行爱国斗争的同时，北京学联派出的代表黄日葵、许德珩等已先后与天津、上海、南京等爱国学生取得联系。于是，全国各地的反帝爱国运动的烈火愈烧愈旺。一个波澜壮阔的全国罢课、罢市、罢工的斗争高潮以其不可阻挡的气势很快到来了！

北洋军阀政府恐慌了！6月5日，上海工人宣布罢工后，北洋军阀政府立即下令撤走包围北大校园的军警，释放被捕学生。

获悉这个消息后，高尚德等北京学联的负责人立即就如何继续斗争作了部署。当反动军警的代表请求被捕学生离开“临时监狱”时，早已在狱中组成被捕学生联合会的被捕学生断然拒绝离开这座监狱。北洋军阀政府没办法，只好派人于7日向被捕学生"道歉"。而被捕学生反拘捕了7名警察，留下两个驻扎军队的帐篷，以作为政府摧残学生爱国行动的人证物证。在被捕学生离开"临时监狱"时，高尚德和各校学生代表与被捕同学一起在狱中举行了隆重的集会。前来迎接的学生们还齐声高唱起欢迎同学出狱之歌。

当北大被捕学生回到校园时，北大工友们还"购红花千余朵，遍赠学生，聊作同情之表示"。

但是，反帝爱国斗争的直接目标尚未实现。6月10日，北京学联毅然作出如下决定：

> ……身背卧具往公府请愿，一、惩办卖国贼；二、青岛不签字；三、不承认胡仁源为大学校长。如不允，即卧以待命，非允后不散……

在北京学生和全国工商学等各界的斗争下，北京政府只好罢免了曹汝霖、章宗祥、陆宗舆三个卖国贼。这次斗争的第一个直接目标实现了，那么如何实现青岛问题这个直接目标呢？

继续斗争！就在高尚德忙于组织爱国学生继续斗争时，北大学生罗章龙跑来告诉高尚德一个不好的消息：

"陈仲甫（独秀）先生被捕了！"

高尚德一听，不禁吃了一惊，忙问："是因为陈仲甫先生编《新青年》和《每周评论》吗？"

"这当然有关，但直接原因是这张传单！"罗章龙说着，便将一份传单递了过去。

高尚德接过一看，是《北京市民宣言》，只见上面印着：

> 中国民族乃酷爱和平之民族，今虽备受内外不可忍受之压迫，仍本斯旨对于政府提出最后最低之要求如下：一、对日外交不抛弃山东经济上之权利，并取消民国四年七年两次密约；……五、市民须有绝对集会、言论自由权。我市民仍希望和平方法达此目的，倘政府不顾和平，不完全听从市民之希望，我等学生商人劳工人等，惟有直接行动以图根本之改造……

原来，这份传单是李大钊、陈独秀等一起拟订的。传单印好后，他们分头去散发。不料，陈独秀于6月11日晚来到北京最著名的游艺场所——“新世界”散发时，被军警和密探抓获。接着，《新青年》编辑部被查禁。

听到这一消息后，高尚德便立即和罗章龙一起赶到北大红楼图书馆，与李大钊先生商讨了营救陈独秀先生的办法。之后，高尚德便以北京学联的名义为营救陈独秀而四处奔波。

然而，高尚德一刻也没有忘记关于力争收回青岛的问题。眼看着巴黎和约签字的日子——6月28日愈来愈逼近了，高尚德心急如焚，日夜不宁。就在这时，山东各界联合会派出80多位代表组成的请愿团抵京，要求政府拒绝在巴黎和约上签字，并表示了“请示不遂，誓不生还”的斗争决心。为了声援山东请愿团，北京学联筹议了新的斗争。6月27日，新华门前汇集了数百名请愿队伍，其中有北京学联代表请愿团、山东代表请愿团，以及京师总商会、天津各界联合会等团体的代表。他们要求总统接见，可是总统徐世昌只派了一个教育部次长敷衍请愿队伍。这更加激怒了请愿的人们。

“誓死保卫山东主权！”

群情激奋的请愿者们齐声高呼，声震云霄！每个请愿者都知道，山东主权能否保住就在此一举了。此举不成，则山东亡矣，中国也将亡矣！因此，他们喊口号不仅是用喉咙，还用一颗赤诚的爱国心啊！听，他们在怒吼，他们在呐喊：

"我们不当亡国奴！"

"一定要拒签和约！"

这是最后的战斗啊！不少人抱定了"不成功，则成仁"的决心。因此，虽然在烈日下暴晒了一天，但他们亦不退散。当天夜里，他们便露宿新华门前。此情此景，颇为悲壮。第二天，高尚德因夜气袭身而咳嗽不止，前来看望请愿队伍的李大钊先生劝他回家休息，被他婉言谢绝了，他说：

"山东代表说：'不达目的，终不返籍'。我的决心也一样：不达目的，终不返校！"

就这样，高尚德和请愿队伍一直坚持着请愿斗争。

看到这一情景，李大钊先生深深地感动了，当天回到红楼就奋笔疾书了一篇《新华门前的血泪》，他在文中泣血陈词：

> 今天（六月二十八日）是和约签字的日子，巴黎的欢声必能送入全世人的耳鼓。可是我们应该常纪念着今日新华门的哭声……这样的炎天酷日，大家又跑到新华门前，一滴血一滴泪的哭。唉！可怜！这斑斑的血泪，只是空湿了新华门前的一片尘土！……

是的，这"斑斑的血泪"只能滴湿土地，而感动不了政府总统徐世昌，他虽然被迫接见了请愿队伍派出的10名代表，但答复却依然是那样含混，令人"颇不满意"。

而此时，山东、上海等许多地区要求拒签和约的斗争正如火如荼。远在巴黎的留法工人、学生也都行动起来了，6月28日，他们包围了参加和会的中国代表团驻地，迫使中国代表不能赴会签字。迫于全国人民的斗争压力，中国代表拒绝了在和约上签字。他们在随后发表的宣言中向帝国主义列强解释说："中国全权之此举，实出于不得已，惟于联合国团结上有所损失，殊觉遗憾。"

就在人们欢呼五四运动终于取得了最后的胜利的时候，高尚德的咯血病复发了。然而在病榻上，他担心的不是自己的病，而是在巴黎和会上未能夺取山东权益的日本帝国主义，他对看望他的同学说："日本绝不会善罢甘休。"他的这种爱国热忱使同学们感动万分，铭记不忘。

高尚德咯血症痊愈后，毅然向同学们宣布：他决定改名了！

改名？改什么名呢？

只见他手持一管毛笔，饱蘸浓墨，在一张稿纸上写下两个楷体字："均宇"。

均宇？为什么要起这样一个名字呢？

高尚德笑而不答。一位同学忽然从中悟出高尚德的用意来："均宇，顾名思义，就是'均分宇宙'。尚德君素来关心国家大事，立意改造社会，而'均分宇宙'不正是他的政治理想和抱负吗？"

然而，北洋军阀政府怎能允许"均分宇宙"呢？同学们纷纷力劝高尚德不要取这个名字，免得引起反动派的嫉恨，自寻烦恼。

高尚德几经考虑，最后说："这个名字取定了，但可换谐音字。"

于是，他将"均宇"，改为"君宇"。

第五章　醒来吧，睡狮

战斗未有穷期

五四运动显示了中国人民政治觉悟的提高，使亲日的卖国政府遭到了沉重的打击，但是整个中国依然为黑暗势力所笼罩，中国人民依然生活在帝国主义列强的压迫和北洋军阀政府的统治之下。一个长久令人们思索的问题依然萦绕在每一个中国人的心头：

中国的出路在哪里？

为了探索这个问题，经过伟大的五四运动战斗洗礼的高君宇将目光盯在了马克思学说和俄国十月革命的经验上。他和邓中夏、黄日葵、张国焘、罗章龙、刘仁静等一批志在寻求真理、改造社会的青年学生，更加频繁地聚集在北大红楼图书馆阅览室或李大钊办公室，与李大钊先生一起学习、研究和探讨伟大的马克思学说，探讨俄国革命的经验，寻求救国的真理。他们常常聚会至深夜而不眠，而红楼的灯光就久久地闪亮在沉寂黑暗的漫漫长夜，燃起人们对祖国未来的希望……

这时，《晨报》副刊在李大钊先生的帮助下，从1919年5月5日马克思诞辰101周年纪念日起开辟了“马克思研究”专栏，并陆续连载了马克思的《劳动与资本》（即《雇佣劳动与资本》）译文，发表了一些关于马克思主义的译文。为配合革命运动的发展，李大钊先生在《新青年》上发表了比较全面、系统地介绍马克思主义唯物史观、政治经济学、科学社会主义基本原理的《我的马克思主义观》，以及《阶级竞争与互助》《真正的解放》等文章。而这些在北洋军阀政府严禁马克思主义传播的情况下而发表的文章和著作，犹如凤毛麟角，自然成为高君宇他们弥足珍贵的学习研究材料。此外，他们还时时翻阅从全国各地邮寄来的进步刊物，如长沙的《湘江评论》、成都的《星期日》、上海的《星期评论》……在学习和研究马克思学说中，如果碰上疑难问题，他们就请教李大钊先生；而李大钊先生则不厌其烦循循善诱地予以指导和帮助。在孜孜不倦的学习、探讨中，高君宇他们对马克思主义的理解和对俄国十月革命的认识一天天地加深，他们的思想境界在一天天地升华。

真理的光芒终于照亮了这群紧紧围绕在李大钊先生周围的青年们那一颗颗渴望光明和追求真理的心灵。他们渐渐地认识到，唯有马克思主义才是拯救中华民族的伟大真理；唯有俄国十月革命的道路，才是中国唯一应该选择的道路！

高君宇，这一柄在反帝反封建斗争中铮铮长鸣的宝剑，这一柄还萦绕着五四运动斗争硝烟的宝剑，一经马克思主义真理之火的冶炼，变得更加锐利、更加坚韧、更加寒气凛然了！这柄宝剑就要在沉沉暗夜中划出一道道闪电，引爆一声声雷霆，迎接一场暴风骤雨的来临。

就在这时，高君宇接到一封寄自太原的信。写信人是山西省立一中学生王振翼。信文不长，大意是说：五四运动使沉寂多年的古城太原受到了很大的震动。“打倒帝国主义”、“打倒封建军阀”已成为广大青年学生的共同的呼声。为了继承五四运动的光荣传统，宣传新思想、新文化，推动山西的反帝、反封建的斗争，王振翼等进步学生几经商讨，决定创办《平民周刊》。希望高君宇这位北京学联主要负责人之一的同乡、校友能够给予大力帮助和指导。

高君宇异常振奋地将这封信一连看了几遍后，情不自禁地自言自语道：

“宣传革命思想的阵地又将要增加一个了！反帝、反封建的斗争波澜将要在阎锡山统治下的三晋大地上汹涌澎湃了！”

他不禁思潮滚滚，回想起那个他曾经读书数年的北方古城来了。屈指算来，他离开太原已3年多了。但他与母校省立一中的同学一直保持着联系。每逢假期回乡探亲，他总要在母校住上几天。就在不久前五四风暴席卷到太原时，他还以北京学联代表的身份，由京赴并指导过山西学生的反帝爱国运动。就在这次回并期间，他接触并结识了一批爱国青年，而王振翼、贺昌就是其中最杰出的代表人物。他还记得：贺昌字其颖，山西离石县人，年龄不大，但聪明能干，朝气蓬勃；王振翼字壮飞，山西天镇县人，思想活跃，性格刚毅。自与这些爱国青年相识之后，高君宇就通过书信与他们保持联系。而现在王振翼他们要创办一份宣传新思想、新文化的刊物，他怎能不为之欢欣鼓舞，又怎能不大力支持和帮助呢？他当即复信表示十分赞成，并就办刊宗旨等重大问题谈了自己的想法。之后，他还陆续将《国民》《新潮》等刊物寄给王振翼他们，以开拓他们的思路，供他们筹办刊物时参考，并写信告诫说：五四运动虽然取得了胜利，但反对列强、反对封建军阀的斗争远远没有结束，全国人民瞩目的山东问题尚未解决，因此希望《平民周刊》能配合斗争的需要而进行宣传。

不久，高君宇就收到一个沉甸甸的包裹。打开一看，嗬！原来是王振翼他们创办的《平民周刊》创刊号。闻着一缕缕从刊物上散发出来的淡淡的油墨之味，高君宇欣慰地笑了，心里仿佛荡漾着一股和畅的春风。他知道，这一不仅宣传新思想、新文化，而且针砭时弊、抨击现实的进步刊物，必然会有力地推动山西革命运动的发展。而在这份刊物中也倾注了自己的心血呵！他对这一周刊寄予莫大的期望。因此，他后来一直以极大的热情不断扶持它、帮助它、保护它。当阎锡山严令查封之后，他毅然将这一周刊移至北京，亲自编辑出版，然后通过铁路上的工友将这一刊物秘密运回山西，以推动山西革命运动的发展。

收到《平民周刊》创刊号之后，高君宇便兴冲冲地将故乡的这一进步刊物分送给邓中夏、黄日葵、张国焘、罗章龙、刘仁静等同学。他还留下一本，这是留给正在昌黎五峰山上度暑假的李大钊先生的。李大钊先生已离京一个月了，高君宇心中十分思念这位中国思想界的导师，青年们的良师益友。他盼望着李大钊先生早日回到北大红楼，以指导青年学生进行反帝爱国斗争。

其实，李大钊先生在五峰山上依然惦念着自己为之奋斗的事业。当他从《每周评论》第31期上读到胡适发表的《多研究些问题，少谈些"主义"!》时，熟知胡适其人的李大钊先生立即敏锐地看到了胡适反对马克思主义传播，抵制和阻挠革命运动开展的用心。既然胡适对马克思主义"看不过了，忍不过了"（胡适语）而跳出来挑战，那么，作为我国最早传播马克思主义的李大钊先生就决然不会坐视不理。李大钊先生当即挥动锋利如刀的笔锋，写下了致胡适的公开信——《再论问题与主义》，予以有力的批驳和无情的反击。——这就是所谓"问题与主义之争"，它标志着新文化运动阵营分裂的开端。

李大钊先生的《再论问题与主义》在8月17日《每周评论》第35期上发表后，立即在北大校园里激起轩然大波！高君宇、邓中夏、黄日葵等热衷于研究马克思学说的青年坚定地站在李大钊先生一边；而胡适忠实的信徒傅斯年、罗家伦等学生则是替他们的"恩师"帮腔。傅斯年说："中国是断不能以政治改政治的，而对于政治关心有时不免是极无效果，极蠢的事。"罗家伦则表露出对学生反帝爱国行动的不满，他说："最无聊的就是三番五次的请愿，一回两回的游街。"

听了这些论调，高君宇愤怒了。想不到这些话竟出自不久前在"五四”斗争中还充当“学生领袖”的人物之口！于是，他经常在同学中间批驳这些“英雄”的言论，直到他们去美国镀金为止。

10 月 21 日，高君宇毅然加入邓中夏主持的平民教育讲演团。他所以如此，是因为这一团体的宗旨是：“增进平民知识，唤起平民之自觉心！”

但是，此时最牵动高君宇心弦的依然是全国人民的反帝爱国斗争。继山东惨案发生后，福州惨案又发生了。消息传到北京，引起学生们的极大愤慨。高君宇等学生领袖们很快发动北京学生投入了斗争！

为了配合斗争的需要，北京大学学生会于 1920 年 1 月 4 日创刊了供“全体同学共同发表思想的机关（刊）”的《北京大学学生周刊》，高君宇被推为该刊的编辑之一。在高君宇等人的努力下，这一刊物不仅经常公开批评和揭露军阀政府的卑劣行径，而且还公开宣传革命。因此，深受广大爱国学生的青睐。

就在该刊创刊之时，一个令人无比愤慨的消息就像一股凛冽的寒风袭向全国人民的心中：日本帝国主义不甘心在巴黎和会上的失败，又通牒北京政府，要求就山东问题与北京政府进行直接交涉！

中日直接交涉？高君宇愤然说道：

“绝不能让日本帝国主义的野心得逞！”

于是，他四处奔波，在教室里、在寝室里、在北大学生干事会里、在北京学联总部，他慷慨陈词，揭露日本在“中日直接交涉”背后隐藏着的狼子野心，提醒同学们警惕北洋军阀政府的卖国行径。

很快，在北京学联的组织下，北京广大爱国学生反对中日直接交涉的斗争烈火燃烧起来了。

1920 年 1 月 31 日，黑云低垂，漫天飞雪，整个北京城被严寒所笼罩，显得死气沉沉。然而在天安门前却是另外一番景象：万头攒动，人声喧闹，人群中不时爆发出惊天动地的怒吼：

“反对中日直接交涉！”

此情此景，很容易使人想到那皑皑的冰山雪谷间燃起的熊熊的篝火。

这是北大等33校7000多名学生举行的声势浩大的示威大会。会后，这群热血青年又顶风冒雪进行了3个小时的游行，一路上口号声不断，打破了北洋军阀政府统治下的北京城墓墟一般的死寂。

接着，北大等27校学生于2月4日又组织了大规模的街头讲演。2000余名学生一群一伙地在刺骨的寒风中向群众讲演着、呼喊着，倾吐着一腔热血。当出动的1000多名军警将他们全部拘押在天安门城内时，他们便纷纷登上天安门城楼，俯瞰着城楼下的群众，继续高声讲演。没奈何，反动军警只得将他们押到端门里面，但又无法处理这么多学生，便用欺骗手段诱出学生代表而加以逮捕，而其余学生则扣至晚上10时才被释放出来。

然而，广大爱国学生绝不屈服。第二天，各校学生继续涌上街头讲演。为了便于互相声援，一百多个讲演队集中一处讲演。学生和围观群众足有万余人，竟使宽敞的大街水泄不通。北洋军阀政府急忙派出七八营兵力把学生队伍包围，打伤学生数十人，逮捕学生40余人。

对于北洋军阀政府的横暴行为，高君宇参与编辑的《北京大学学生周刊》在第7号的《告国民》中予以有力的抨击，并大声呼吁：“……国民呀！政府既是这样，我们被捕被殴，还有甚话可说！我们向这种政府请愿岂不是废话！……我们要完成我们爱国的初愿，今日固然用墨印刷给国民看，明日就要用血去印刷给国民看了！国民呀，你们要牢牢记着现在政府，就是日本政府！不是中华民国政府了！”

为了扑灭北京学生斗争的烈火，北京警察厅以“近来学潮汹涌，各界人士结合非法团体，妄谈政治，妨害公务”为理由，采用武力解散了北京学联：学联总部办公室的桌凳被砸了，文件被抄走了，上锁的门上贴上封条了……

望着学联总部办公室里被军警践踏之后的惨景，高君宇悲愤极了！晚上躺在床上，那五四运动的轰轰烈烈的场景，一幕一幕地闪现在他的眼前……于是，他的胸中燃烧起一股猛烈的复仇的怒火。他要拿起笔来，揭露和抨击中外反动派的罪恶行径！于是在一个深夜里，他借着昏暗的灯光，在稿笺上写下题目《我们为什么反对直接交涉》后，便凝神默想，伏案疾书起来。

他在论述了直接交涉的种种危害，以及拒绝直接交涉的七大理由后，笔锋一转，矛头直指卖国政府：

> 难道说我们就这样的垂手待毙？我们应当起来追究这些造恶的成因……

这篇论证有力、文笔犀利的文章在《北京大学学生周刊》第 10 号上发表后，立即在北京爱国学生中间引起强烈的反响。它犹如战鼓，激励着广大爱国学生再次冲向反对直接交涉的斗争前线。正因为如此，这篇文章引起了中外反动派的仇视，北洋军阀政府内务部还将此文收入了档案。

反对中日直接交涉的斗争怒火并没有被北洋军阀政府所扑灭。同年 4 月 21 日，根据全国学联的决定，全国学生实行了总罢课。北洋政府恐慌了，只好释放了被捕学生，并且再也不敢正式表示与日本直接交涉山东问题。

爱国学生又一次取得了胜利。

唤醒民众

风沙挡不住春天的脚步……

1920年3月，高君宇、张国焘、邓中夏等人在李大钊的帮助与支持下，在北大秘密发起组织了马克思学说研究会。

但是，由于视马克思主义为“洪水猛兽”、“异端邪说”的北洋军阀政府的严禁和封锁，马克思主义书籍，特别是马克思、恩格斯、列宁的原著是很难找到的。他们最初能读到的只是《共产党宣言》等少数马克思著作中译本，以及《新青年》等报刊上发表的一些有关文章。后来，通过李大钊从北大图书馆借来一批外文版的马列主义经典著作，这才缓解了书籍方面的不足。但是，在会员中有一部分人外文水平欠佳，对外文版著作看不懂。通晓英文的高君宇便热情、主动地担当起翻译、辅导的任务。就这样，高君宇等马克思学说研究会会员像海绵吸水似地学习着马克思主义理论，并开始逐渐树立马克思主义世界观。

马克思学说研究会是当时中国最早研究、宣传马克思主义的革命团体之一，它的诞生无疑具有重要的历史意义。

就在马克思学说研究会草创之初，一位第三国际代表魏金斯基秘密来到北京，并与李大钊取得了联系。对于这位来自红色苏俄的共产国际代表，李大钊先生自然十分欢迎，他组织了由各界人士参加的一系列热情洋溢的欢迎会、演讲会、座谈会。作为李大钊先生的学生、助手的高君宇几乎每会必到。魏金斯基根据苏俄的革命经验和他在中国的所见所闻，认为组织中国无产阶级政党，加入共产国际是中国革命的当务之急，而中国已经具备了建立无产阶级政党的基本条件。而这一切，对于高君宇来说，无疑是一个巨大的鼓舞。于是，一个朝霞般辉煌的希望从高君宇那屡经暴风雨袭击的心海深处冉冉升起，并且越来越光华灿烂。

这一时期，高君宇情绪高涨，精神焕发，也和眼前的季节一样，洋溢着生机勃勃的春天气息。他是为组建中国共产党而做思想准备，在更加努力地参与马克思学说研究会活动的同时，将不少精力投放于平民教育讲演团的活动上。他认为，平民教育讲演团自成立以来，特别是在轰轰烈烈的五四运动中，在唤醒民众上做了大量的有益的工作。但是，随着革命运动的迅速发展，平民教育讲演团已很难适应这一形势的需要。因此，迅速整顿这一团体，以增强其战斗力，已成为当务之急。而他的这一想法，正与邓中夏等不少骨干团员的想法不谋而合。在他们的共同努力下，平民教育讲演团开始发生着越来越显著而深刻的变化。

首先是扩大了队伍。1920 年 3 月 19 日，讲演团在《北京大学日刊》上刊登了一则征求团员启事：

> 同学啊！你们知道有个平民教育讲演团吗？他的宗旨是不断的灌输平民充分的认识。我们天天鼓吹救国，可是实行下手的地方在哪里？救国的先决问题是不是要民众觉悟努力？那么我们对于平民教育又安可不加以十分的注意。同学们，请快些加入这个团体罢……

启事登出后，不少同学纷纷加入讲演团，队伍愈来愈大。

其次，改组了领导机构，重新确定了讲演团的活动方针。鉴于讲演团过去的活动范围局限于北京市区，讲演的对象也仅仅是“平民”，也就是城市贫民和小资产阶级这一状况，3 月 14 日上午，平民教育讲演团借北大第二院校长室召开了第三次常务会议。会议选举邓中夏、杨钟健为总务干事，周长宪、周炳琳为编辑干事，高君宇为文牍干事；并经认真讨论，确定了“除城市讲演外，并注意乡村讲演、工厂讲演”的活动方针。

从此，讲演团发生了质的变化。

3月27日，邓中夏、高君宇等一起在该团事务所筹备了第一次“农村讲演”活动，决定利用春假，组织团员分三组到农村讲演。第一组由高君宇等团员到丰台、七里庄、大井村讲演；第二组由邓中夏等团员到长辛店、赵辛店讲演；第三组团员讲演地点为通州农村。讲演时间定为4月3日至8日。

4月3日，平民教育讲演团的团员们兵分三路出发了。

第一次到农村讲演，高君宇显得格外激动和兴奋。他和第一组的团员们乘京奉线火车来到丰台，然后就直奔讲演第一站——七里庄。为了避免巡警的干涉，他们一路上将讲演团的旗帜藏起来，装出一副若无其事的样子。

七里庄是一个仅有50多户、200多人的小村庄。村里有一所国民小学，但教室却像“鼠洞般黑暗”，学生读的书还是《千字文》《三字经》《论语》等。高君宇他们一来到村里，就扯起“平民教育讲演团”的旗子，并开动了手摇留声机。不一会儿，就吸引来一群老人和20多个“满身是泥，满脸是灰”的小学生。——青壮年农民大都忙春耕去了。这些老少听众好奇地望着高君宇他们：这些青年学生来这里干啥呀？

高君宇看看群众来得差不多了，便开始大声地讲演起来：

“乡亲们，我们是北京大学平民教育讲演团的团员，我们今天来是为大家讲演……”

接着，他讲农民的苦难，讲造成农民苦难的根源，讲如何铲除苦难的根源。由于高君宇从小生活在农村，对农民的疾苦深有了解，因此他的讲演引起听众的共鸣，有的老农一边听，一边点头称赞：

“这话说得实实在在！”

“想不到大学生也能理解咱农民的心！”

春假讲演活动结束后，高君宇和邓中夏、杨钟健等聚在一起议论总结这次农村讲演的情况。听了高君宇关于第一组的汇报之后，作为第二组负责人的邓中夏叹一口气说："比起你们来，我们在长辛店、赵辛店的讲演可以说是糟透了。"接着便把第二组的讲演情况介绍了一遍：在长辛店，听讲者除了五六个小孩外，一个农民也没有。一个学生问过路的工人："生活丰富不丰富？"工人听不懂，觉得与他们不是一伙人，就没有理他，便转身走了。到了赵辛店，情况也并不比长辛店好。倒是在归来的火车上卖《新生活》，还有点趣味。而第三组的情况亦不甚理想。

在开展农村、工厂讲演的同时，平民教育讲演团还不断地扩大市区的讲演阵地。于是，西城、南城等模范讲演所犹如雨后春笋般地在北京出现了。而他们讲演活动的迅猛开展，则引起反动警察的惊恐和仇视，因此，他们的讲演活动不时受到反动警察的干涉。一次，讲演团的主要负责人邓中夏、高君宇、张国焘、杨钟健一起在南城模范讲演所讲演，就遭到反动警察粗暴的干涉和阻挠。他们同反动军警进行了一场唇枪舌剑的斗争。

事后，他们在《北京大学日刊》发表一文，以记其事：

> ……将要讲演底时候，该管区警察突然派多人来阻，说是事前没有通知警厅，由警厅饬知该管警署，他们不敢负责，不准讲。我们和他理论说："我们历来在各城讲演所讲演，并未采取这项手续，何得于此处独异？"于是以此项理由报告该管警署，要求照准。当亦无异词。等到邓康（邓中夏）君登台，忽然来一电话，说是不可了。我们以为该管警署不讲信用，可以不必齿他，于是邓君仍旧讲演。讲毕，张国焘君继之，刚开口说："今天我们来这里讲演"，警长发令道："解散！"唉！那如狼似虎的警兵，约摸有百十余人，一拥上台，把个讲台已挤满了。我们见其不可理喻，只得向大伙儿高声说道："列位

呀！我们平民教育讲演团，莫非是要平民受同等的教育。现在他们连教育都不准你们享受了。列位想想！要过细的想想！”

台下掌声如雷，很有愤怒的样子……

反动军警的干涉、阻挠，不但没有使高君宇讲演的斗志受挫，反而激起他宣传革命道理的更大热情。他后来还以《私产制度与婚姻》《什么叫“自治”？——它的意义、形式和功能》等为题，多次在南城模范讲演所讲演。他的讲演，是那样明白、浅显、通俗、动人，有时还出现妙趣横生的幽默，但同时又是那样意味深长、含义深刻、左右逢源、矢无虚发，因此颇能打动听众的心，使听众大受教益。

在高君宇这样一批核心人物坚持不懈的努力下，平民教育讲演团的队伍愈来愈壮大，活动愈来愈活跃，形式愈来愈多样。讲演中，有时两人同时登台作对答讲演；有时讲者与听者作对答讲演，每到开讲时，“讲的讲，问的问，煞有兴趣”。因此，听讲者日众，仅京师模范讲演所一处，就有听众400多人。每当“内政日糜，外交日迫之际”，参加讲演的同学和听众也愈发踊跃。就是学校放假了，讲演团也不停止活动。他们希望同学们回到家乡因地制宜进行讲演，号召说，“黑暗的中国何处不应该改造？腐败的教育，何处不应该改良”？“我们足迹所到的地方，就使那个地方‘北大化’，这不是一件快活的事吗”？并提醒同学们“不要忘记了社会的黑暗和同胞的悲惨，我们要分些光明与他们”！

就这样，平民教育讲演团在中国共产党诞生前后，为促进人民觉醒和社会改造做出了不可磨灭的贡献，在中国革命的史册上写下了辉煌的一页。

第一个“五一”节

高君宇一推开窗户，皎洁的月光就像一股白色的瀑布似的流泻到屋子里来了，于是，窗前的书桌，以及书桌上的书籍、报刊、稿笺、砚台、毛笔，以及刚刚灭了的蜡烛，顿时都沐浴在柔和的月色里。而一阵轻柔的充满草木清香和潮湿的泥土气息的夜风迎面吹来，使刚从紧张的笔耕中解脱出来的高君宇那略略有点儿昏沉的头脑清爽了几分。凭窗望去，只见夜色朦胧而不失透明，在淡淡月色下，垂柳的柔条在婆娑起舞，白杨树那刚刚成荫的枝叶似乎在低声絮语，而弥漫着薄雾的水池那边的花圃里，花草簇簇拥拥的，虽看不清姹紫嫣红，但从那摇曳的形态上也可以推想出那花卉已是展枝而放了。周围寂然无声，蓦地，从远处花木深处传来一声夜鸟的啼鸣，高君宇的心不禁微微颤动了。

啊，温馨而美丽的四月之夜，多么幽静、迷人！

这些天来，高君宇的工作忙乱极了，不要说没有闲情逸致来观赏、领略这迷人的夜景，就连季节的变换他都没有察觉到。他除了继续参加平民教育讲演团的讲演活动外，几乎把剩余的精力都投入到筹办北大学生和校友们纪念“五一”劳动节活动上了。他对同学们说：

“这是我国第一个‘五一’劳动节纪念活动，我们不搞得有声有色能行吗?”

的确，这次纪念活动在我国是破天荒第一次。为了搞好这一工人阶级的盛典，全国各地的先进分子都纷纷行动起来了。陈独秀早在今年 1 月离京赴沪之前，就和李大钊一起精心筹划了《新青年》“五一”国际劳动节纪念专号，并约请高君宇为这一纪念专号撰写一篇关于山西劳动状况的文字。高君宇欣然应允后，便利用春节返乡探亲之机，和朋友续约斋共同调查了太原的劳动状况，并委托韩雪峰、方成章二位友人调查大同的劳动状况去了。待大同的劳动状况调查材料寄来后，高君宇便在这天晚上，根据大同、太原的调查材料伏案笔耕，写成一篇洋洋数千言的《山西劳动状况》。

望着窗外迷人的月夜景色，高君宇的思绪却禁不住又回到调查这些材料时的情景上来：

春节前后，高君宇和友人续约斋在太原迎风冒雪跑了好多工厂，耳闻目睹了许多悲惨的故事和情景。有的工厂工人每日工作时间长达 11 小时，工资却少得可怜，如工长每月工资 50 元，而三等工徒每月工资却仅铜圆 10 枚。尤其令人不能忍受的是工人外出，都要经过严密搜查一遍，才可以放行；有的工厂实在是个变形的监狱，凡进去的工人都失去了自由权，虽然工厂给工人准备了“衣”“食”“住”，但每人每月的食用开支仅 1 元 6 角，其生活水平之低劣可想而知。至于那些童工，命运似乎更悲惨，不仅工资极少，而且还经常挨打受骂。他们在难以承受的繁重劳动压力下苦苦地挣扎着，一个个蓬头垢面，瘦兮兮的小手掌上满是老茧，一双双充满稚气的眼睛里流溢出来的不是天真，不是欢乐，而是忧愁、悲伤和惊恐……高君宇还听说了这样一个故事：一个童工上工没几天，就被机器压掉一只手，没等伤好，就被工厂主撵出厂门之外。想到这个故事，他的眼前便浮现出一只掉在机器旁的血肉模糊的小手来……他不禁潸然泪下了。

恰在这时，有人轻轻叩门。

高君宇赶紧走了过去把门拉开，来人一边往屋里走，一边大声说道：“我还以为你已梦周公去了呢。”他见屋里黑漆漆的，便诧异地问道：“哎，尚德，你人没睡，熄着灯干吗呢？”

一听话音，就知道是那位《北京大学学生周刊》编辑、被人称为“诗人”的敬轩。

高君宇一边点燃蜡烛，一边说：“我刚写了一篇东西，想看看窗外的夜景，休息一下。”

“好啊，灭烛光而赏月光，真是雅人风致，着实令人艳羡！”诗人气质又从敬轩身上流露出来了，他说着，便来到书桌前，只见书桌当中放着一叠写满字的稿纸，标题是《山西劳动状况》，他便很随便地往凳子上一坐，在灯下翻阅起来，一边看，一边赞叹，到后来，他禁不住出声朗读起来：

> ……近二年来，太原方面建筑很多——盖自省堂咧，修督军府咧，还有些傅青主祠堂和国民示（师）范学校兵房……好多些建筑，便造了许多时势英雄的包工者。不论那（哪）样建筑，总要跑好些包工者，包好了，工头才去招雇苦工。因为包工还分着总包工和分包工。总包工把工包到手了，便坐等着在分包工身上赚钱；分包工又在工头身上吃钱；工头又在二工头身上想法子……一块钱剥了又剥，洗了又洗，轮到苦工——真正的工作者的身上，比苍蝇的翅子都薄了！……

“好一个‘比苍蝇的翅子都薄’！真是剖析得够深刻的了。”敬轩未及读完全文，就异常振奋地嚷起来，“密斯脱高，你这篇大作正是咱们周刊所急需要的‘五一’劳动节纪念文章，你给我吧！”

“不！”高君宇风趣地说，“已是‘名花有主’了，不过这花是满身长满刺的仙人掌。”

敬轩说：“我们现在需要的不就是多刺的‘仙人掌’吗？只是不知道你这‘仙人掌’归了哪位主人？”

高君宇说：“这是陈仲甫（独秀）先生早就约下的，自然要给《新青年》了。听仲甫先生说，《新青年》今年要出一个‘五一’劳动节专号，他已经从全国各地约了一些作者写这方面的文章了。我这篇只是其中之一。我前两天在红楼见到了守常先生，他也给这个专号写了一篇《五一运动史》。"

"守常先生的文章历来为人们所称道，这篇文章定然是很精彩的了!"

"这篇文章的手稿我已经读过了，确实是大手笔。"高君宇说完，便滔滔不绝地介绍起来：这篇文章系统地介绍了五一劳动节的来历，以及各国工人阶级在这个节日里为争取解放而进行的斗争，热情讴歌了为这一斗争而英勇献身的英雄们。李大钊在文中号召中国的劳工同胞"认今年的五一节作一个觉醒的日期"。他还明确指出，"五一劳动"是"劳工阶级的运动"，而非"只是三五文人的运动"；是"街市上的群众运动"，而非"纸面上的笔墨运动"。他最后号召知识分子不要光是空喊"劳工神圣"的口号，而要实际地到"劳工"中去干发动群众的工作。介绍到这里，高君宇兴致勃勃地说：

"目前，我国工人阶级正渴求了解世界工人运动的发展情况，了解五一劳动节的意义。守常这篇文章一经发表，就必然会产生重要的影响。"

接着，他们就谈论起筹办劳动节纪念活动的事来。高君宇告诉敬轩，这次纪念活动校工们也要参加纪念大会，学生会还准备组织小型游行、印发传单等活动，敬轩问道："你们平民教育讲演团也要有活动吗?"

"有。"高君宇说，"昨天我和邓中夏他们已经商定了，我们讲演团准备分作 5 组，每组 10 人，分头在街头讲演，团员们都去准备讲演稿去了。"

"你的讲演稿准备好了吗?"

"还没有呢，不过我已经初步想好了，准备阐说'五一'劳动节的历史以及中国工人阶级目前的斗争方向。"

“对，对！”敬轩欣然叫道，“尚德，你就写这样一篇文章吧。我来夜访，就是想请你给咱们的周刊写一篇纪念‘五一’的文章，你不要忘记，你还是咱们周刊的编辑呀！”

高君宇歉然一笑说：“自北京学联被查封，我避难他乡后，就没再和你们一起编周刊了。这回周刊搞‘五一劳动节纪念专号’我自当效力。只是不知何时交稿？”

敬轩说：“劳动节很快就到了，最好明天你能交稿，不然我就不深夜来骚扰你了。”

“好吧，既然要得这么急，那我明天一早给你吧！”

“你莫非又要挑灯夜战吗？”

高君宇微微一笑，点点头。

敬轩望着眼前这位看似文弱儒雅、但却勇猛异常的同学，不禁想起了高君宇在五四运动中奔走疾呼、英勇斗争的情景来，不禁感动地说：“尚德，你真是个‘拼命三郎’啊！”接着，又说了点别的事情，然后就走出门外，披着月色匆匆地走了。

烛光摇曳，渐渐地暗了下来——原来蜡烛将要燃尽了。高君宇急忙又找出一支蜡烛，点燃起来。他在桌前沉思凝想了一会儿，便提笔在稿纸上写下了《“五月一日”与今后世界》题目，接着写道：

> 五月一日是世界劳民示威的纪念日。我们每次说到他，总想到他本身的那壮丽的历史……

在写到如何改造社会时，对这个问题早已从马克思主义中找到答案的高君宇，以明确的笔触，这样写道：

> ……所以“五月一日”的趋向，是要把一切生产机关从资

产阶级收归，按照自由共有的大义，建设新的经济组织……他的改造社会的手段……是铲除不平等的阶级……所以要革命，必先破坏政权……

当高君宇将结尾的一段话写完后，一缕淡红色的朝霞已辉映在窗户上，而黑夜不知什么时候已经逃遁了。从校园里的树木枝叶深处传来了鸟儿的啁啾鸣叫，啊！一个新的早晨开始了。

高君宇胡乱洗了一把脸，便携带着写好的稿件走出门外。一路上，他心里安排着当日的工作：一是将《山西劳动状况》寄给上海的陈独秀，二是将《“五月一日”与今后世界》交到《北京大学学生周刊》编辑部，三是到学生会研究“五一”纪念活动，四是……他在朝霞中走着，仿佛浑身都燃烧着青春的火焰。

时光在高君宇和同学们的紧张忙碌中流逝，“五一”——这一全世界工人阶级的盛大节日在人们的企盼中终于翩翩而来。5 月 1 日，北大成了北京“五一”国际劳动节纪念活动的中心。

这一天，北大全体学生举行了罢课。

这一天，北大学生会主办的《北京大学学生周刊》出版了“劳动纪念号”，其中有高君宇的《“五月一日”与今后世界》，法国社会主义者亨利·巴比塞所写的《反抗侵犯俄罗斯劳工国的宣言》译文等；而封面以及 3 幅插图，均以歌颂劳工阶级、反对资产阶级为内容，给人以新鲜、明快的感觉。

这一天，北大部分学生和校工在校内隆重召开了纪念大会。李大钊和学生代表在会上讲了话。会上，还散发了《五月一日北京劳工宣言》。

这一天，邓中夏、高君宇等 50 名平民教育讲演团团员，兵分五路，沿街进行讲演。他们讲《五一历史》，讲《我们为什么要纪念五一劳动节》，讲《劳动纪念日与中国劳动界》……“听者颇多”。有的团员还到长辛店讲演，并散发《宣言》。

这一天，李大钊先生的《五一运动史》，高君宇的《山西劳动状况调查》，也同在《新青年》“劳动纪念号”上发表了。

在这次纪念活动中，高君宇非常辛劳，但他心里却时时像有一股清泉在欢快地奔流、歌唱！自从中国工人阶级在轰轰烈烈的五四运动中第一次登上政治舞台后，高君宇就深深感到了工人阶级的伟大力量。而今天，工人阶级的节日纪念活动第一次出现在神州大地上，这不正预示着一场波澜壮阔的中国工人运动就要到来了么！

也许北洋军阀政府也意识到了这一点，他们对这次纪念活动进行了镇压，一面在前门出动了三四千军警，捕去了一批讲演学生；一面在北大附近驻扎了好几营军队，整队游行进行威吓。但是这一切却是徒劳的。在学生们不屈不挠的斗争面前，他们不得不释放了被捕学生。

经过这次活动，马克思主义和工人运动相结合，知识分子与劳动群众相结合，已逐步成为不可抗拒的滚滚洪流了。从此之后，高君宇就更加英勇地投入到日益兴起的中国北方工人运动中，他的耳畔似乎永远回荡着长辛店劳动补习学校的学员们在我国第一次五一劳动节纪念活动中纵情高唱五一劳动纪念歌的歌声：

美哉自由，世界明星，拼吾热血，为他牺牲，要把强权制度一切扫除尽，记取五月一日之良辰。

红旗飞舞，走上光明路，各尽所能，各尽所需，不分富贵贫贱，责任惟互助，愿大家努力齐进取。

第六章　为真理而斗争

红色堡垒

夜，已经深了，万籁俱寂。

然而，在北大红楼一层东南角的图书馆主任办公室里，一支置于办公桌中央的红色蜡烛依然燃烧着，发出一种柔和的、淡黄色的光彩。

这是1920年11月的一个夜晚。

坐在办公桌后的李大钊先生还是那样和蔼可亲、庄重沉稳，一副长者风度。

坐在李大钊先生对面的高君宇显得神采焕发，他一面认真地聆听着李大钊先生的讲话，一面在一个笔记本上记着什么；坐在高君宇身旁的邓中夏不时用那双深邃而又明亮的眼睛望着李大钊先生，而他左眉心边的那颗黑痣在灯光下似乎更加引人注目；那位被人戏称为“小马克思”的刘仁静时而和罗章龙耳语着什么；作为这次会议唯一女性的缪伯英嘴角时时浮现着安详的微笑；而坐在李大钊先生一侧的张国焘一会儿低头聆听，一会儿用目光扫视全场。

这些青年是前几天刚刚成立的北京社会主义青年团的骨干分子。李大钊先生今晚召集他们来此开会，除了想听听北京社会主义青年团的组建情况以及下一步活动设想外，还有一个重要的想法，就是给一个月前成立的北京共产党小组增加新鲜血液。不过，他在讲话中并没有透露这一层意思。

李大钊先生在讲话中介绍了全国各地共产党组织筹建的情况。他说，继上海的陈独秀、李汉俊、李达、陈望道等于 8 月间组建共产党小组之后，不仅北京于 10 月间成立了共产党小组，而且湖北武汉的董必武、陈潭秋、包慧僧等，湖南长沙的毛泽东、何叔衡等，山东济南的王烬美、邓思铭等，广东广州的谭平山、谭植棠等，也已经或正在组建共产党组织。各地共产党组织成立后，都开始有组织、有计划地传播马克思主义，到工人中开展宣传和组织工作，以进一步促进马克思主义同中国工人运动的结合，为中国无产阶级政党的创建进行思想上、组织上的准备。他还告诉大家，上海小组除了将《新青年》作为自己的刊物外，还创办了半公开的《共产党》月刊和旨在向工人宣传马克思主义、启发他们阶级觉悟的《劳动界》，北京小组也创办了《劳动音》等刊物。最后，李大钊先生兴奋地告诉大家："我最近收到上海组织拟定的一份《中国共产党宣言》，对于你们团组织也有指导意义，等一会儿咱们再来讨论这个问题吧。"说到这里，他用亲切的目光望着高君宇，说："尚德，你将青年团组建的情况谈一谈吧！"

高君宇微笑着站了起来。这位被全体团员一致推选为北京社会主义青年团书记的青年，还是那么温文尔雅、沉稳刚毅。尽管他的话音中还夹带着山西静乐的乡音，但他的讲话却是那么流畅、精彩，紧紧地牵动着坐在他周围的青年们的心，就连李大钊先生也不时地对他点头微笑，以示赞赏。高君宇首先介绍了前几天刚刚成立的北京社会主义青年团的组建情况，他说，青年团成立大会是在北大学生会办公室举行的，参会者是来自北京各校的 40 名学生，他们大多是五四运动中的骨干和热衷于马克思学说研究的青年，除了参加今晚会议的几位团员外，还有何孟雄、黄日葵、李骏、杨人杞、范鸿劼、吴汝明等。关于团的纲领，虽然讨论过两次，但因有不同意见尚未确定，如有个别团员不同意将“无产阶级专政”写入团的纲领之中。最近，青年团已经研究确定了近期工作任务：一是组织青年学习、宣传马克思主义；二是从进步青年中发现、培养、发展团员，以扩大组织；三是积极筹备参加国际性青年会议。

高君宇的汇报结束后，李大钊先生首先肯定了团组织的工作，并作了几点指示，他殷切期望团组织能配合党小组开展工作。谈到制定团的纲领时，他强调指出，青年团组织也应当坚持无产阶级专政。他说：“现在反对这一点的人，不仅团组织里有，就是党小组里也大有人在，不过，这些人现在已从党小组里退出去了。”

李大钊说：“无政府主义者退党这是件好事，这样，我们小组就更加纯洁、更加精粹，因而也就更有战斗力了!”他的话音刚落，张国焘就接着发言了。他不仅是青年团团员，而且是北京共产党小组的成员之一，因此曾与无政府主义者多次作过较量。他在批驳了无政府主义的谬论之后，慷慨激昂地说：“无政府主义者是假共产主义者，他们想用他们的理论来影响和改造我们小组，但是，作为无产阶级政党的共产党小组能放弃无产阶级专政吗？能成为毫无凝聚力和战斗力的‘一盘散沙’吗？不能，绝对不能!”

紧接着，邓中夏、罗章龙、刘仁静等纷纷发言，各自表明了坚决反对无政府主义主张的态度。后来，高君宇发言了，也许是因他曾一度迷恋过无政府主义，他的发言格外引人注意。他说：

“在我还未接触马克思主义之前，我曾迷恋过无政府主义，甚至在我前些时候的个别文章中还或多或少地流露过无政府主义、工团主义的错误观点。但是后来，在守常先生的帮助下，我经过对马克思主义的学习和研究，逐步认识到，无政府主义是一种美妙的幻想，用它来挽救祖国只是一条死胡同；唯有坚持马克思主义，唯有坚持无产阶级革命，唯有坚持无产阶级专政，我们的祖国才有出路……”

高君宇的整个发言，犹如从他心海深处迸发出来的一股激流，汹涌澎湃，一泻千里，具有巨大的撼动人心的力量。他的每个论据，在人们听来，都是雄辩的，无可反驳的。因此，在他发言中，人们都凝神聆听，深恐漏听一个字。而李大钊先生则望着这位得意的学生，露出了欣慰的笑容：这位在斗争风暴中成长起来的青年变得愈来愈成熟了！

后来，在李大钊先生的提议下，大家又围绕上海共产党小组拟定的《中国共产党宣言》进行了热烈的讨论，他们一致认定：“共产主义者的目的是要按照共产主义者的理想，创造一个新的社会。”

会议结束时，黑暗已经逃遁，一抹金红色的朝霞已辉映在红楼的窗户上。这霞光是那么艳丽，那么璀璨，那么火红，仿佛是这一群年轻的共产主义者用赤心点燃的。

会后不久，高君宇、邓中夏、缪伯英等团员加入了北京共产党小组。而该小组也易名为“共产党支部”，李大钊先生被推选为书记。

北京地区的革命运动因有了这一“红色战斗堡垒”而愈来愈轰轰烈烈、有声有色了。

在这一个时期，高君宇犹如一只上足发条的钟表，一刻也不停地奔走，奔走！他既要率领团员们在青年中开展活动，又要参加北京支部领导下的各项斗争，还要和李大钊、邓中夏等参加少年中国学会的种种活动。为了集中精力从事革命活动，高君宇不得不辞去北京大学驻北京学联代表的职务。当同学们从《北京大学日刊》上看到这一辞职声明后，不少人不禁为之大惑不解：一位当年五四运动的健将、著名的学生领袖，怎么会辞去北大驻北京学联代表的职务呢?莫非他也像傅斯年、罗家伦一样厌恶了政治斗争而准备去埋头读书吗?

“不!”高君宇说道，“我虽然离开了北京学联，但我将永远和广大爱国学生团结战斗在一起，共同进行反对列强、反对军阀的斗争!”

从此之后，同学们看到高君宇还在继续参加革命运动，其热情更高、斗志更强了。所不同的是高君宇不仅在青年学生中活动，而且还往工人中间跑。

在创办长辛店劳动补习学校过程中，高君宇他们遇到了重重困难，而经费问题就是其中最为紧迫的问题。虽然李大钊先生每月要为革命活动捐款百元上下，但只靠这些钱是远远不够的。于是，高君宇等党团组织成员便典当衣物来弥补经费不足。恰在这时，发生了这样一件事情：

一天，山西籍大官僚梁善济派人来到北大约请高君宇赴梁府相见。一听“梁善济”三个字，高君宇不禁为之惊愕：此人不就是那位清末资政院民选议员，后来与梁启超等人组织能影响段祺瑞政府的研究系骨干成员吗？虽同为晋人，但素昧平生，今日约见，能有何事相谈？抱着这一疑问，高君宇来到梁府。

梁府颇为豪华、气派。庭院内，花草树木，假山鱼池，十分幽美。客厅四壁，名人、古人字画，琳琅满目；厅内置有八仙桌、太师椅、古董架及古玩等，无不玲珑剔透、古色古香。正坐在一张太师椅上品茗读诗的梁善济一见到高君宇，显得既亲热，又不失长者风度。寒暄一番后，他就夸高君宇说：“三晋自古多才子，可是在当今我们山西像你这样的后起之秀并不多见呀！”他说高君宇才识俱佳，特别是发表于《晨报》上的那几篇关于“解决时局问题”的文章更是令人钦佩。接着，勉励高君宇学成之后要为国效力，一展宏图。他还表示，今后如果要到政府谋职，情愿助一臂之力。

可是这些话，高君宇并不感兴趣，他说：“我早已加入蔡元培先生倡导的进德会，会章中有不当官的条文，我不能违反会章而去政府谋职。”

梁善济一听，不禁哈哈大笑起来，然后说：“可谓进德会出类拔萃的会员哪！我早就听人说过你人品高尚，果然不假。不过”说到这里，他略略沉吟一下，又说，“但凡人才，总应为国效力；若非如此，岂不是很可惜吗？”

“梁老先生的话自然不无道理。但我觉得，为国效力也不一定非走仕途不可。”

老于世故的梁善济见高君宇如此，便笑着转了话题：“好啦，好啦，此事改日再谈。我们再谈点别的吧。”接着，便说起一件事来，“听说你们北大学生在长辛店办了一所劳动补习学校，经费拮据。我虽老朽，但对如此义举还是有一片热忱的。如不蒙嫌弃，我愿捐助3000元大洋。”

为工人兴办义学，靠官僚捐助，岂不有污此举之纯洁？想到这里，高君宇便托词回道：“此事我这里定不了，待我回去和众人商量之后，再奉告吧！”

几天之后，在一次青年团骨干在中央公园柏树林中举行的关于经费困难问题的会议上，高君宇提起了梁善济欲捐款的事情，并表明自己的态度：为了保持工人运动的纯洁性，我们不能接收他的捐款。这一观点，自然得到了大家的赞同。有的团员说：“梁善济想用肮脏的大洋来洗刷他的罪恶，真是痴心妄想！我们绝不能中了这个老官僚的奸计！”然而，开展革命活动的经费问题又怎么解决呢？高君宇他们当即作出决定：解囊捐款！数十年后，张国焘在回忆这次会议的情况时说：“他们（指团组织骨干分子）都表示愿意立即分担经费的责任。有的拿出五元，有的拿出十元，当场就凑了几十元交给我。不久，经费问题就在共产党小组和社会主义青年团的会议上提出讨论，规定各位同志按月都要量力捐献若干。”

会后，高君宇给梁善济写了一封信，拒绝了这个山西籍大官僚捐款的请求。

在参与党组织领导的各项活动的同时，高君宇还积极谋求和少年共产党国际的联络。1921 年春，少共国际东方部书记格林抵达天津，3 月初来到北京，作为北京青年团书记的高君宇满怀热情地与这位年仅二十五六岁的少共国际代表进行了座谈，还多次到格林在京的寓所——灯市口 12 号拜访客人。在这一切座谈和访问中，高君宇向格林汇报了北京团组织的情况，格林则介绍了苏俄和少共国际的情况。当格林告知高君宇少共国际将于 4 月 25 日召开代表大会，并正式通知北京团组织派代表参加后，高君宇立即于 3 月 16 日在北大二院召集团员开了特别会议，李大钊也出席了会议。在会上，高君宇报告了少共国际东方部书记格林来华以及在京活动的情况。接着，团员们就派代表参加少共国际大会一事进行了讨论，会议投票选举何孟雄为出席少共国际大会的代表；最后，会议通过了高君宇主持起草的北京社会主义青年团致少共国际大会书。

会后不久，何孟雄带着这一致少共国际大会书和团员们为之捐集的经费，随格林离北京赴苏俄去了。谁知，何孟雄等人到达满洲里，就被拘捕关押于黑龙江陆军监狱。当北京青年团获悉这一消息后，高君宇和团员们立即展开了营救活动。他们一面请求学务局和北大致电求释，一面为筹集营救经费而纷纷解囊相助，并分头募捐……在多方营救下，何孟雄终于挣脱了羁绊。

这时，北京社会主义青年团已经改组，实行执行委员制。高君宇被推为执行委员，负责组织工作。为了更进一步推动工人运动，青年团决定筹备组织纪念五一劳动节活动。他们成立了五一运动委员会，以组织和帮助北京工人集会游行；还派人分赴长辛店、唐山等地进行活动。

但是，北京社会主义青年团由于在发展团员中只注重群众性、广泛性，而缺少严格审查，结果团员成分复杂，有马克思主义者，也有无政府主义者，还有主张泛劳动主义的、资产阶级人道主义的，甚至北洋军阀政府指派的密探关谦都混入团内。为了纯洁青年团组织，共产党北京支部于同年 5 月，宣告解散青年团组织，直到半年后才又重新组建了团组织。

然而，就在北京社会主义青年团解散的前夕，又一个以马克思主义为指导思想的社会主义青年团在太原诞生了。这是高君宇在领导北京青年团开展活动的同时，受李大钊先生委派回晋亲手创建的。

这一辉煌的历史功绩，将永远载入中国共产党领导的新民主主义革命的史册。

并州播火

列车在由京赴并的千里铁道线上行进着，速度缓慢，仿佛像一头不胜重负的老牛，在荒原上艰难地跋涉；偶尔汽笛长鸣一两声，则是这头“老牛”沉重而无力的叹息声……

这是在 1921 年 4 月的一天。

破旧的车厢里，旅客很多，人声嘈杂。这里也是一个小小的社会啊！在旅客中，贫富两极分化的现象也同样体现得十分明显：既有骨瘦如柴者，又有大腹便便者；既有衣衫褴褛者，又有华服锦衣者；既有蓬头垢面者，又有珠光宝气者……

望着眼前这一情景，坐在车厢一角座位上的高君宇不禁长叹一声，他仿佛要将积郁于心中的痛苦、烦闷、忧郁倾吐出来。

车窗外，是广阔无垠的河北平原。只见原野上有随风摇曳的绿树，有碧波荡漾的麦田，还有金灿灿的黄菜花……但是这一切，却无法掩盖那不时出现在眼前的村庄的孤寂与荒凉。

高君宇的心像铅块一样沉重起来。于是，他又想起了这次由京返并的一个重大历史使命——在一个学习研究马克思主义的革命团体的基础上，创建以马克思主义为指导思想的太原社会主义青年团。他认为，在故乡，在阎锡山统治下的山西，在山西的政治、经济、文化中心太原，建立这样一个革命组织太迫切了，太必要了！

在此之前，高君宇就在山西这块黄土地上播下了革命的火种。自从帮助王振翼等进步青年创办《平民周刊》之后，他就一直与太原一批进步青年保持着密切的联系，并指导和帮助他们阅读进步书刊，学习马克思主义，开展反帝、反封建的斗争。

在寂寞、烦躁而又忧郁的心情中度过漫长的旅途生活的高君宇，一来到太原他的精神不禁大为振奋。他感到，太原的思想界已不是以前那种“死水一潭”的景象了！经过轰轰烈烈的五四运动，经过《平民周刊》的鼓动宣传，经过他帮助建立的那个“研究马克思主义、宣传马克思主义”的“青年团”组织的努力，这时的古城太原出现了一派勃勃的革命生机。

高君宇在母校省立一中住下后，就在他的周围聚集了一批进步的青年学生。这些青年学生对这位昔日北京学生领袖、今日马克思主义信奉者的同乡颇为仰慕、钦佩。

不久，一个消息从省立一中传了出来：北京学生领袖高君宇将要在母校省立一中召集青年座谈人生观，并发表演说。这一消息很快在省立一中、太原第一师范、商专等校传播开来。进步学生闻之无不欢欣鼓舞；就连一些积极鼓吹无政府主义的学生也都喜形于色地说：“高尚德此次返并，对我们无政府主义的宣传将是一个很大的促进。”他们所以这样说，是因为他们知道高君宇曾经迷恋过无政府主义。

然而，无政府主义者想错了！高君宇在努力探讨和深入研究马克思学说中，早已用他掌握的马克思主义真理的利剑，斩断了无政府主义对他思想的束缚和羁绊，从而成为一个坚定的马克思主义者了。

在座谈会上，高君宇发表演说。他认为，一个革命青年必须树立正确的人生观、世界观，否则就会在革命斗争中迷失方向。他在详尽阐述了马克思主义的基本原理之后，提出了共产主义和无政府主义的原则区别，他说：

“我们革命的最终目的是消灭阶级的，但在消灭阶级以前，还得要国家，而且是要强有力的无产阶级专政的国家。只有建立无产阶级政权，才能进行彻底革命，才能最后消灭阶级社会。”

接着，高君宇逐一批驳了无政府主义的几个主要政治主张。针对无政府主义者主张个人绝对自由的谬论，高君宇批驳道：

“在一个社会团体内，总得有一部分人牺牲自己的意见，服从大多数人的意志。如果固执个人和少数人的绝对自由，那就会形成一盘散沙，那就不能进行革命，也不能组织生产。”

谈到社会主义的分配原则时，高君宇说：

“在生产力高度发达、产品十分丰富的时候，各取所需是可以实行的。但在生产力还不太发达的情况下，实行各取所需就办不到，硬要那么做，就会使社会大乱。”

高君宇的讲话，就像一把锋利无比的解剖刀，将无政府主义的谬论一个一个地剖解开来，剖出祸根；像一股强劲的清风，驱散了无政府主义在人们心头上散播的迷雾；像一把熊熊烈火，燃起了一些进步学生探求马克思主义真理的热情。

于是，不少学生不再热衷于无政府主义了，有的甚至表示与无政府主义决裂，说：

“无政府主义指给我们的是虚无缥缈的海市蜃楼，而我们需要的是具有强大战斗力的思想武器。让无政府主义者们去寻找他们的海市蜃楼去吧！”

而一批革命青年，尤其是去年加入太原“青年团”，已初步受到马克思主义影响的革命青年，对马克思主义表现出巨大的热情。他们紧紧地围绕在高君宇周围，热烈地探讨着马克思主义的真谛。

这一切表明，创建太原社会主义青年团的条件已经成熟了。高君宇在同王振翼、贺昌等革命青年秘密聚会中，介绍了北京社会主义青年团的经验和教训，阐述了这一革命组织的性质、奋斗目标以及目前的主要任务，特别强调要坚持无政府主义者所竭力反对的无产阶级专政……这一切，对创建太原社会主义青年团无疑具有重要的借鉴作用。

经过积极整顿，以马克思主义为指导思想，以“唤醒劳工，改造社会”为宗旨的太原社会主义青年团，在太原，在省立一中一个普通的教室里诞生了！

会议决定将王振翼创办的《平民周刊》作为团组织的刊物。

会议选举王振翼为团组织的负责人。

会议结束时，全体团员激情澎湃，一起鼓起掌来。这掌声在空旷的教室里显得并不响亮，但不久之后就变成震撼三晋大地的滚滚风雷。

完成这一历史使命后，高君宇便告别这群革命青年，离并赴京去了。而他在太原古城点燃的新的革命烈火正在猛烈地燃烧起来。

金陵论战

时近盛夏，在强烈的阳光照耀下，金陵古城似乎变得困倦、郁闷了。犹如两面明镜似的玄武湖、莫愁湖的湖面上浮漾着淡淡白烟似的雾气。就连绕城而过的秦淮河滚滚流淌的波涛也仿佛是翻滚的沸汤。而位于城东郊的紫金山上则有一种沉闷的酷热的肃静。

1921 年 6 月底，高君宇因参加在这里举行的少年中国学会第二次年会而来到了这个“三山半落青天外，二水分为白鹭洲”的历史名城。曾经熟读过史书的高君宇自然知道，这里自古出帝王，例如三国时代的孙权，宋、齐、梁、陈六个朝代的皇帝，明朝的开国皇帝朱洪武，太平天国的洪秀全，就是中华民国临时政府成立时孙中山也把总统府设在这里。这一切，自然激起了高君宇访古探胜的兴趣。因此，尽管天气炎热，但他还是没有将自己关闭在旅舍里，而是冒着暑气出去游览了。

然而，他没有去观赏古代诗人吟唱的“余霞散成绮，澄江静如练，喧鸟覆春洲，杂英满芳甸”的金陵盛景；也没有去寻觅和凭吊“吴宫花草埋幽径，晋代衣冠成古丘”的古代遗迹，而是来到了多少年来一直牵动着他心扉的一个场所，这就是太平天国时代的天王府、中华民国临时政府的总统府所在地。因为在这里，曾先后住过两位令他崇敬的人物，一位是洪秀全，一位是孙中山。因此他觉得，至南京而不寻访这一所在，实在是人生一大憾事。

游览之后，高君宇来到参加少年中国学会南京年会的会员们的宿地高师梅庵。先期到会的各地会员代表听说北京会员代表来了，都纷纷赶来探望、问候。当他们看到北京会员代表只来了高君宇一人时，便诧异地问：

“邓康（邓中夏）、日葵、亦宇（刘仁静）怎么没有来？”

高君宇解释道：“他们因在京有事一时难以脱身，今天赶不来了，估计一两天内可以赶到。”

接着，就有人询问起李大钊和北京分会的情况来。高君宇自然一一回答，而他那温文尔雅的风度，给一些只闻其名、未见其人的会员们留下了深刻的印象。

这天晚上，到会的各地会员举行了预备会议，就这次年会的内容进行了商讨。

会后，高君宇回到了寝室。他刚刚燃亮桌上的蜡烛，就听到门外有人朗声叫道：“尚德君，尚德君！”话音刚落，就见一个人走了进来。高君宇一看，原来是恽代英。恽代英是江苏武进县人，1915 年入武昌中华大学中国哲学门学习。1917 年参与成立进步社团互助社。翌年毕业后任中华大学中学部主任。1919 年同林育南、陈潭秋领导了武汉地区的五四运动。不久即加入少年中国学会。之后，参与创办了传播新思想的利群书社和以实现劳农政治为目标的共存社。他与高君宇相识于1920年春，那时他到北京与李大钊联系，开始接受马克思主义观点。而今南京一会，两人自然欢喜不尽。借着灯光，高君宇仔细端详起恽代英来了：他还是那副老样子，朴素真挚而又机敏过人。

而对于高君宇这位曾参与“火烧曹宅，殴击章贼”的“五四运动之健将”，北京社会主义青年团的首任书记，恽代英则也早就十分仰慕了。他们在灯下无拘无束地交谈着。谈社会，谈人生，谈理想，但谈得更多的则是关于马克思主义和社会改造的话题，恽代英滔滔不绝地谈了利群书社和共存社的活动，而高君宇则介绍了北大平民教育讲演团、马克思学说研究会、北京社会主义青年团、共产党北京支部的活动情况。当高君宇谈到不久前创建的太原社会主义青年团时，恽代英不禁以羡慕的口吻说道：

“尚德君，你真是中国当代青年的楷模！”

这一夜，他们谈了很久、很久，而灯光则闪亮在沉寂的高师梅庵之中……

当朝霞映红梅岭山峰的时候，高君宇就和参加会议的会员们一起来到鸡鸣寺会场。

来自各地的20名会员进入会场之后，被推为当日大会主席的恽代英就开始宣布会议议程：

一、学会宗旨及主义问题；

二、信条问题；

三、政治活动及会外其他活动问题；

……

恽代英刚刚宣布了议程，就有一个会员代表急不可待地站了起来，准备就学会的宗旨、政治活动发表意见。此人名叫左舜生，湖南长沙人。早年入上海震旦学院学法语。1919 年加入少年中国学会。1920 年接任学会评议部主任。他历来主张“多研究些学理，少叙述些主义”，反对传播马克思主义。他所以如此抢先发言，就是想先给会议定一个基调，以避免参会人员受到共产主义者会员所力倡的马克思主义的影响。

然而，就在左舜生刚要发言的时候，会场上突然有人朗声说道：

“对于今日议程，我先发表一个意见!”

众人寻声望去，原来是北京会员代表高君宇，只见他态度镇静地说道：

“学会的宗旨、政治活动等问题，是关系到我们学会今后奋斗目标的头等大事。而我们有些参会的会员还未全部到会，在这种情况下，就急急忙忙地讨论这一重大问题，是不是有点草率行事呢？因此我提议，今明两日的议程互调一下。我认为，将学会的宗旨、政治活动的议题放到明日的会议上进行讨论，较为妥当。”

高君宇的这一提议，立即得到大家赞同。左舜生只好无可奈何地坐了下来。

7 月 2 日，会议移至玄武湖公园召开。玄武湖在南京市东北玄武门外，古名桑泊湖，后数次易名，至南朝宋文帝刘义隆时，因见湖中出现黑龙，遂改名为玄武湖。湖中有 5 洲，诸如布满玲珑剔透的观音石、童子石的环洲、樱树遍植的樱洲……尤以梁洲风景最胜。置身于这湖光山色相映生辉的境地，高君宇并没有为之而陶醉。他那热爱大自然的天性被强烈的政治使命感压抑下去了。虽然昨晚邓中夏、黄日葵、刘仁静已经由京赶来参会，但他一丝也没有忘记自己肩负的历史使命。

这日会议主席是左舜生。他借宣布会议议程之机，暗示学会不宜规定主义。接着，一场关于学会宗旨、主义及政治活动讨论的斗争便拉开了序幕。

邓中夏首先旗帜鲜明地表明自己的观点，他说：“我们学会必须讲学、实行兼重。但为决定二者缓急先后，全会应有共同的目的以为标准，所以必须采取或创造一种主义，以为学会的主义。学会以往所以对社会无甚效力，就是因为没有一个共同的主义。只有确定了主义，大家求学、做事才不会误入歧途；才便于分工互助；对外活动才能旗帜鲜明，有利于联络同志，结成团体；所谓失节坠落，也才有个标准。因此，我建议学会应该确定自己的主义。”

邓中夏的发言犹如在油锅里抛入一把盐，使会场立即沸腾起来。发言者极为踊跃：郃爽秋、李儒勉、方东美、穆济波、刘衡如、黄日葵……其中有反对者，说什么“学者不谈主义”、“会员在初既非因信相同主义而结合，今天强欲大家信相同主义，必致学会解散”；有拥护者，如黄日葵所言“主义是时代的产物，今日为中国的改革，实觉须有一种主义的必要”；也有调和者，说“采取各种主义之长，以定为学会共同事业”。真是众说纷纭，莫衷一是。

就在辩论愈来愈激烈的时候，左舜生又急不可待地发言了，他说：“我认为，只要大家努力向社会做各种事业，自然会产生一个共同主义。与其争辩规定共同主义，不如在我们《少年中国》月刊上详细讨论这个问题为好，所以，我建议：我们今天就不必继续辩论这个问题了。”

这不是要扑灭这次会议讨论学会实行共同主义的烈火吗？思想敏锐的高君宇立即意识到了这一点。绝不能让左舜生的阴谋得逞！高君宇立即挺身而出，慷慨陈词道：

“人不可无一种主义，是无疑的。学会会员为创造少年中国便于分工互助，不可无一种共同主义，这亦是无疑的。那便如何能为学会产生一种共同的主义，不能今天无一个大略的决定。我以为主义不是宗教，是一种方法，是用它向社会各方面实行改造的方法，不限于政治经济方面。我不赞成舜生君所说的‘先做各种事业，以求产生共同主义’的话。因为，没有共同主义，我们所做的事业，尽有背道而驰的，这又怎能产生一个共同的主义？所以，我认为，还是限定一个时间，认真研究主义的问题，规定一种我们共同的主义为好。”

听着高君宇的发言，左舜生的脸色愈来愈难看。他真想不到这个看似温文尔雅的青年，言词竟是如此锋利，简直就像匕首一样直刺自己的心窝。他颇为恼火，但又不便发作，只好悻悻地低头不语，准备伺机进行反扑。恰在这时，李勉儒表示要求发言，他不禁心中一喜，因为他知道李勉儒是站在自己这一边的，于是，这位会议主席当即表示同意。

果然，李勉儒是针对高君宇的观点而发言的。他说：“君宇君说限期研究主义，随即求一种决定。我认为，关于确定主义的研究，决非限期所能完成，而且我们就是决定采取一种主义，也不能说是一成不变的。再者，我们学会提出的要创造少年中国，这就是我们唯一的真主义，而其他主义只是我们一时采取的工具。”

听到这里，左舜生笑了。但他那刚刚出现在嘴角眉梢的笑意，很快就被邓中夏、刘仁静等北京会员的发言驱散殆尽了。

辩论，愈来愈激烈；气氛，愈来愈紧张。

然而，激烈争论的内容不仅仅是关于要不要主义的问题，还有要不要参加政治活动等方面的问题。

面对会议如此激烈的辩论，恽代英不禁为学会的前途忧虑重重。“分裂”，这两个字时时闪现在他的脑海里。当会议进入第三天时，恽代英在清凉山扫叶楼的会议上临时动议，以《学会前途的危险》为题作了讲演。他希望学会不要分裂，要求大家以谅解、妥协的精神，不轻易决定“绝对相反主张”，只求“若干最低的一致”。即使学会分裂，也应抱有理智的态度。

就这样，南京年会的辩论以没有任何结果而告终。

7 月 3 日晚，会议在南京高师梅庵结束后，高君宇与邓中夏、黄日葵、刘仁静、杨钟健漫步于附近的一个树木葱茏的山坡上。只见明月当空，树影朦胧，而在空旷的山谷之间似乎流动着静谧而神秘的光波。然而，在这几位北京会员的心上却蒙着这次年会给他们投射的阴影。“小马克思”刘仁静年龄不大，但言词向来颇为激烈，他愤然说道：

“我看，像左舜生他们，我们是很难争取过来，与其这样劳而无功，我们何不一退了之!”

邓中夏说，“左舜生这样顽固的人固然难以争取，但在学会中大多数中间分子我们却可以努力争取过来。”

“邓康的话不错，我们确实应当这样做”，黄日葵情绪激动地说，“不但中间派要争取，就是对我们自认为‘自己人’的人，也应当多做工作。我们同志当中，绝不能有调和派!”

高君宇一听，知道黄日葵所说的“调和派”是指恽代英，便说道：“我看代英在清凉山扫叶楼会上的讲演，其实是他已对学会失望，不得已而求其次的表示。用不了多久，他会改变自己的调和态度的。”

后来，他们的话题便转到了如何为确立学会的政治方向而继续努力上。议论到最后，高君宇建议道：“既然我们一时难以使整个学会确立马克思主义方向，我们何不在我们北京会员中先组织一个研究马克思主义的学会，用以影响整个学会。”

高君宇的话立即得到大家的赞同，邓中夏说：“尚德君的这个意见确实颇有见地，待回到北京后，我们再和守常先生商量吧!”

在回寝室的路上，高君宇的心如金陵夜月一样明朗起来，但一想到学会的前途，他那明朗的心上便浮现出缕缕云影。

高君宇的忧虑并非是多余的。南京年会后，学会中的一些会员发表文章，反对社会主义，诬蔑列宁和苏俄，反对学会参加政治斗争。他们用种种的手法掩饰自己的真实的思想，从而破坏共产主义知识分子关于改造学会的计划。这表明，少年中国学会内部的斗争更加尖锐、更加激烈，因而也更加不可调和了。

第七章 “一大”前后

党，诞生了

冒着盛夏酷暑，高君宇和刘仁静由南京而至杭州，又由杭州而至上海。

上海，这个美丽的海滨城市这时早已被涂上浓烈的殖民主义的色彩。自从 1842 年第一次鸦片战争结束，英帝国主义强迫清政府接受所谓《中英南京条约》（又称“江宁条约”）后，上海不仅成为向外国开放的商埠，而且黄埔江岸的一块地方被划为帝国主义列强的租界。

然而，这次来到上海法租界霞飞路时，高君宇的胸中涌动的除了愤怒的泪水之外，更多的是希望和力量汇集而成的波涛！他知道，一个在中国历史上具有划时代意义的时刻就要到来了！上海、北京、湖北、湖南、山东、广东等地的共产主义小组犹如星星之火一样正在燃烧着，很快就要在上海这座在帝国主义凌侮下流血泣泪的商埠，凝铸成一轮辉煌无比的太阳——中国共产党！而这轮太阳必将会扫尽阴霾，驱除黑暗，使整个中国在血与火的斗争中焕发青春。

一到上海，高君宇就和刘仁静径直来到法租界新渔阳里 6 号。这幢两层的小楼房是 1920 年魏金斯基到上海与陈独秀商谈建党时，由杨明斋租定的。当时华俄通讯社就在这里发稿。后来，这里就成为中国共产党发起、筹建的中心。在这里，高君宇见到了上海共产党组织的成员李汉俊、李达、陈望道、俞秀松、沈雁冰等同志，见到了共产国际代表马林，还见到了前来参与筹备“一大”会议的北京代表张国焘。他们正在紧张地筹备着党的“一大”会议。张国焘告诉高君宇、刘仁静说：“会议基本筹备妥当，各地的同志已陆续来到上海，现在的问题是陈仲甫先生还在广州，他准备辞去广东教育委员长一职后，就回沪参会来了。”之后，他给李大钊写了一封汇报关于“一大”会议筹备情况的信，交给了高君宇。

不久，高君宇由沪返京。而刘仁静因要参加“一大”而留在上海，为了保密起见，他对党外人士说，他要在上海学习一段时间德文。

高君宇回到北京后的翌日就来到石驸马后宅35号李大钊住宅，将张国焘的信交给了李大钊先生。李大钊看毕，欣然而语：“在古老的华夏土地上，一个伟大的无产阶级政党就要诞生了！”他告诉高君宇，党组织决定，近期内要在长辛店发动一次罢工，希望高君宇在参与这一罢工的发动、组织工作的同时，将已经筹备了一度时期的《工人周刊》力争在党的“一大”结束时创刊。从此，高君宇除了不断深入到长辛店发动工人罢工外，就和罗章龙等人加紧筹办起《工人周刊》来。

一天，高君宇来到罗章龙的寓所。只见屋子里很乱，墙角下堆放着一大堆报纸，桌子上除了稿纸、笔墨等物外，更多的是《新青年》、《共产党》、《湘江评论》等期刊。高君宇开玩笑地说：“文虎（即罗章龙的笔名），你连屋子都清扫不干净，何以扫除天下？”

罗章龙笑着回答：“正因为要‘扫除天下’，我才顾不上清扫屋子呀！”

两人禁不住哈哈大笑起来。

接着，他们谈起了正在上海举行的中国共产党“一大”，以及关于长辛店发动罢工和出版《工人周刊》等事情。说到后来，话题便转到了前来中国讲学的英国哲学家罗素即将回国一事上。罗章龙以嘲讽的口吻说："这位'英国绅士'最近就要'荣归故里'了，据说，那些追随者们明天还要为他安排一次讲演活动呢!"

高君宇接口问道："不知讲演的内容是什么呢?"

"听说是《中国的到自由之路》。"罗章龙说，"他以前就有一部关于《到自由之路》的著作，这次讲演估计还是老调重弹!"

高君宇说："这部著作我已看过，此次讲演说不定会有什么新内容吧？文虎，明天咱们去听听吧。"

罗章龙说："要去，你自个儿去吧！我实在不愿听这个英国绅士的讲演。"

高君宇说："我倒想知道这位宣扬资产阶级新实验论和基尔特社会主义的英国哲学家又有何新论呢!"

第二天高君宇参加了罗素的讲演会。

讲演会听众很多，其中有不少人是罗素的崇拜者、追随者，他们在罗素讲演之前就兴致盎然地议论纷纷，有的大讲"罗素是中国人民的救世主"；有的希望政府当局挽留这位哲学家；还有的为罗素归国深表遗憾。

讲演会终于开始了。

罗素以中国人民的"救世主"的面目出现在听众面前。他滔滔不绝地讲述着中国人民如何才能走向"自由之路"……高君宇越听越不是味，不禁愤慨起来：这哪里是指给中国人民的自由之路，分明是一个彻头彻尾的欺骗中国人民的陷阱！他的真正目的是企图阻止马克思主义的传播，阻挡中国革命的洪流，将中国推向资产阶级的改良主义的道路。

然而，罗素的这一讲演稿很快就被一个署名"品香"的人译作中文连载于7月14日至20日的《晨报》副刊上。高君宇看到后，深感有批驳之责任，便提笔写了一篇题为《“到自由之路”究竟在哪里?》的文章，在7月24日的《民国日报》副刊《觉悟》上发表出来。

他在这篇文章这样写道：

>……所谓“国际共同管理”，是不是要把一个国家压服在更大的国际资本主义之下？爱国心不过是对无产阶级的一种欺骗，专用来拥护第三阶级以上人的利益的，难道这还要劳“大社会主义家”罗先生来提倡吗?讲社会主义，同时又赞成资本主义联合的管理，要提倡拥护有产阶级利益的爱国心，——这哪里是指给我们到自由之路，这不过英国第三个半阶级的一位绅士指给我们不可识别的 h，Ifway 罢了！

《觉悟》副刊的编辑后来见了高君宇，称赞道：“批得体无完肤，骂得痛快淋漓！真是不可多得的好文章！”罗章龙更是高兴得不得了，他笑着对高君宇说：“你为我们中国共产党的诞生献了一份很好的礼物!”

高君宇不解地问：“什么礼物?”

罗章龙说：“你想想，你的文章恰好发表在‘一大’召开之际，这难道不正是一份礼物吗?”

听了罗章龙的话，高君宇才恍然大悟，但他谦虚地说：“我这算得是什么礼物！要说向党献礼，我们北京支部现在倒有两份。”

“两份什么礼物?”这回，轮到罗章龙迷惑不解了。

高君宇说：“一份是我们发动的即将爆发的长辛店修车厂工人罢工，另一份是我们即将创刊的《工人周刊》呀!”

7月27日，经过李大钊、邓中夏、高君宇等和长辛店铁路工会的组织发动，长辛店修车厂400余名工人罢工了！这次罢工迫使当局接受了工人提出撤换总管谈继贤的条件，长辛店工人们第一次显示了自己拳头的力量。

7 月 30 日，高君宇、罗章龙等人筹办的《工人周刊》创刊号正式出版了。这一报纸备受工人的爱戴和欢迎。各地工人把它作为自己的指导机关，认为它“办得很有精神”，“不愧乎北方劳动界的一颗明星”，“是全国劳动运动的急先锋”，是“为全国铁路工人谋利益的”。

不久，李大钊、邓中夏、黄日葵等应陈愚生之邀，赴四川参加暑期讲演去了。而一直关注着中共“一大”的高君宇则又一次来到了上海。

高君宇来到中共“一大”代表的宿地——博文女校时，已暮色苍茫。这时，中共“一大”刚刚结束，各地代表大多已经离去。刘仁静因等待新成立的中共中央分配任务而仍留在这里。一见到高君宇来了，这个年仅 19 岁的青年高兴得叫了起来：

“尚德君，我们党正式成立了！”

接着，他便给高君宇讲述起“一大”召开的情况来：这次大会从 7 月 23 日至 31 日共开了 9 天。参会代表有上海的李汉俊、李达，北京的张国焘、刘仁静，山东的王尽美、邓恩铭，湖北的董必武，陈潭秋，湖南的毛泽东、何叔衡，广东的陈公博，旅日代表周佛海。参加会议的还有包慧僧，但不是正式代表，他是受当时在广州的陈独秀派遣而来的。此外，共产国际代表马林、赤色职工国际代表尼柯尔斯基代表共产国际也参加了会议。刘仁静介绍说，这次大会讨论并通过了《中国共产党纲领》，其主要内容是“以无产阶级革命军队推翻资产阶级”，“采用无产阶级专政，以达到阶级斗争的目的——消灭阶级”，“废除资本私有制”，以及联合第三国际。

高君宇兴致很浓地听着，眼睛里闪现出一种奇异的光彩。

“我的党目前最基本的任务是成立产业工会。组织工会，在工人中发展党员，这是我们今后的工作重点。当然，我们还必须继续宣传马克思主义。”刘仁静说到这里，突然像想起什么，抱歉地一笑说，“我们只顾说话，我忘了问你吃过饭了没有?”

“听着你的话，我早把肚子‘造反’的事给忘了。”高君宇幽默地说道。

刘仁静也开玩笑说：“人是铁，饭是钢，一顿不吃饿得慌。走，我请你到外面吃上海小吃去!”

于是，高君宇随着刘仁静走了出去。

饭后，高君宇和刘仁静在马路上散了一会儿步，然后就回到博文女校来了。

屋子里，一灯荧然。而高君宇的心里则格外亮堂。刘仁静谈兴依然很浓，他给高君宇讲了“一大”会议的许多有趣的事情。其中一事令高君宇颇感兴趣：在一次会议上，共产国际代表马林即席讲话后，忽有一个不速之客闯进会场来，东张西望，形迹可疑。代表们问找谁，这个人随便说了一个名字便匆匆地下楼去了。富有地下工作经验的马林说：“此人可疑，我们赶快转移。”代表们离开会场不到一刻多钟，法租界巡捕房10多人便拥进了会场，结果扑了一个空……听到这里，高君宇禁不住开怀畅笑起来，接着说：“狡猾的巡捕终究斗不过共产党人!”

这一夜，他们谈了很久、很久……入睡时，高君宇的脑海里还浮现着这样一幅画图：在嘉兴南湖的粼粼碧波上，一只载着十几名“一大”代表的大画舫在飘荡着、飘荡着。蓦然间，一轮光芒万丈的红日从画舫中冉冉升起……

西子湖畔

高君宇在上海住了几天，一直没有见到张国焘的面。他只是在刘仁静陪同下，分别晤见了李达、周佛海等人。

两天后，张国焘匆匆跑到博文女校来看望高君宇来了。这个目光炯炯、性格外露的江西青年，自从担任了党中央组织主任之后，似乎显得更加精神抖擞、神采焕发了。他一见高君宇，就略表歉意地说：

“我昨天才听说你来上海。党中央刚成立，我现在工作太忙了。陈独秀总书记还在广州，而任宣传主任的李达又忙于编辑《共产党》月刊，许多事就推到我一个人身上了。”

张国焘说这番话时，流露出一种自我炫耀的意味。他接着告诉高君宇，“一大”之后，他和李达、周佛海开了第一次会议，感到现在的第一个困难就是经费问题。因此，中央还没有租赁一处可以集中办公的地方，他们只得分住各自租来的房子里。然后，他就询问起北京的情况来。高君宇简单介绍一番后说：

“在发动长辛店修车厂工人罢工之后，李大钊先生和邓中夏、黄日葵等同志，应陈愚生邀请赴四川作暑期讲演去了。估计过几天就会回到北京。还有一点是《工人周刊》在工人中间反响很大。”

张国焘说：“在‘一大’会议上，我向大会汇报了我们北京组织的工作情况，代表们都认为我们的工作开展得很好。你回到北京后，要按照‘一大’所作的第一次决议精神，将工人运动作为工作的重点，大力发展工会组织，并在工人中发展党员。我现在正准备筹建一个我党领导下的全国工人运动的组织机构，其目的也就是为了更好地推动全国工人运动。”

张国焘说完这番话，又说了点别的事，然后分别和高君宇、刘仁静握了握手，就急匆匆地走了。

刘仁静对高君宇说：“你这次来上海，也没到外面逛逛。下午，我陪你到外面走走。”

高君宇说：“上海是洋人和富人的天堂，穷人的地狱。在这个十里洋场，到处充满了险恶的暗礁。尤其是在那个‘国中之国’的租界，中国人连行路的权利都没有。说实在话，我来上海真没心情游逛。”

“你说得不错，我也颇有同感。上海这地方虽然繁华热闹，车马喧阗，但透过这一切，全是肮脏、黑暗！”说到这里，刘仁静又提议说：“我倒想到一个好去处，现在中央还没有给我分配任务，正好有时间陪你去。”

高君宇问：“什么去处？”

“杭州。”刘仁静热情洋溢地介绍说，“那里有‘海上涛头一线来，楼前指顾雪成堆’的钱塘江，有‘水清石出鱼可数，林深无人鸟相呼’的孤山寺，更有‘排松山面千重翠，月点波心一颗珠’的西湖……”

高君宇见刘仁静如此热心，便笑着说：“杭州我曾去过几次，但每次都是来也匆匆，去也匆匆，还真没有认真地游览过呢。不过，我不能在杭州久留，过两天我就要回北京去。”

于是，他们便乘车来到了杭州。

然而，最牵动高君宇心扉的则是西子湖畔、栖霞岭下的岳飞之墓。他早在山西省立一中读书期间，每逢邦国危亡之际，便常常吟诵明末清初的民族英雄张煌言被清兵俘虏押往杭州途中吟唱的那首《甬东道上》诗：

国亡家破欲何之？西子湖头有我师；
日月双悬于氏墓，乾坤半壁岳家祠！

高君宇和刘仁静来到杭州时，已是夜色朦胧，便在西子湖畔的一家湖滨旅馆里住了下来。刘仁静说：“天色已晚，别处是游不得了，唯有乘舟夜泛还有点趣味。”

高君宇一听，顿生雅兴，说：“夏日西湖是荷花世界，荡舟其中，不但荷香扑鼻，而且凉意袭人，大可避暑！”

于是，两人吃了晚饭，便雇一小舟，夜游于湖波之上。

他们来得正是时候，这是一个美丽的月夜。只见淡淡月光下，整个西湖里荡漾着万顷银波；而远山蒙纱，近树笼烟，更增添一种朦胧之美。

望着舟外的景色，刘仁静不禁感叹道：“月下看花态柳情，山容水意，真是别有一种趣味！”

“是啊。”高君宇也迷恋地说道：“月夜泛舟确实很美。你看，这天与水、光与影交融在一起，就像一幅绝妙的丹青。只可惜此处没有荷香扑鼻。”

刘仁静说：“西湖赏荷，须到‘三潭印月’、小南湖、里西湖等处，最好的去处则是苏堤跨虹桥畔的‘曲院风荷’。”

于是，这叶扁舟便悠悠然飘至苏堤跨虹桥畔。果然，这里荷叶田田，莲花袅袅，极其繁茂。荷风徐吹，香气袭人，真如苏东坡《夜泛西湖五绝》中所说，“荷花夜开风露香”。

此情此景，自然使刘仁静心旷神怡，流连忘返。他不禁吟起古人的一首诗来：

半湖月光偏宜夜，十里荷香已欲秋。
为爱前沙好凉景，满身风露未回舟。

高君宇笑着说道：“亦宇（即刘仁静的字）君又诗情勃发了。其实古人说得好：‘解倚湖楼看新月，不须多事更能诗’。”

这时，一阵湖风吹过，从远处隐隐传来一阵管弦之音。放目望去，只见堤岸柳荫下，泊着两只画船，灯火闪亮，歌笑不绝——想是达官富贾正歌舞宴饮吧？想到这里，高君宇兴致顿减，沉吟半晌，低声吟道：

山外青山楼外楼，西湖歌舞几时休？
暖风熏得游人醉，直把杭州作汴州！

刘仁静一听，知道高君宇又动了忧国忧民之心，便说道：“在当今中国，到处都一样：官绅穷奢极侈，百姓饥寒交迫。”

“这世界确实早该变变了！”高君宇望着远处灯火闪亮的画船，眼睛在月色中似乎燃着火苗，他深思半晌之后，口气坚定地说：“现在，我们终于有了一个有能力率领全国劳苦大众砸碎这个世界的无产阶级政党了！”

于是，他们的话题便转到党的“一大”上……

第二天一早，刘仁静问高君宇：“我们今日去哪？是去看‘双峰插云’，还是‘雷峰夕照’？是去听‘柳浪闻莺’，还是‘南屏晚钟’？由你定吧！”

“这些地方都不想去了。”高君宇说，“我早就跟你说过，我要早点回到北京去！”

刘仁静是知道高君宇的脾气的，他要是打定的主意，就是九头牛也拉不回头的。于是说道：“既然你归心似箭，我也不好挽留了。不过，现在离乘车还有一段时间，我们不妨在湖畔散散步，再好好聊一聊。”

于是，他俩便沿着湖滨林荫小路一边缓缓而行，一边交谈着。头上，绿丝飘拂；湖中，水光潋滟。

“先生，拍一张纪念照吧！”

闻声而看，原是一个手拿照相机的中年汉子正在招揽生意。

刘仁静上前说道：“我们想照一张坐在小舟上的，可以吗？”

“可以。”

于是，他们跳上一只停泊在附近的小舟上……

恰在这时，有几个青年正从湖滨小道那边经过，其中一位身材伟岸、身着长衫的青年颇引人注目，他容貌英俊，眉清目朗，眉宇间洋溢着一种倔强、刚毅、聪慧的勃然之气。他一边走，还一边对同伴讲说着什么，不时挥动一下手中的雨伞。

刘仁静偶一回头看到了这位青年，眼睛里立即闪现出一种惊喜的光彩来，急忙用手碰了一下高君宇的胳膊，说：“你看，那是谁?”

高君宇抬头望去，心里顿时涌起一阵惊喜：啊，那不是当年在北大红楼图书馆里结识的毛润之君吗？几年不见，这位湖南韶山青年似乎变得更加稳健、更加成熟、更加富有阳刚之气了。自从在红楼别后，虽然没有联系，但高君宇还是对这位青年的情况略知一二的，譬如他曾在李大钊那里看到过这位青年和其他青年创办的《湘江评论》；他曾从邓中夏那里看到过这位青年从长沙寄来的不同凡响的《问题研究会章程》；他曾从党内其他同志口中听到这位青年和何叔衡等组建了湖南共产主义小组；最近又从刘仁静的谈话中得知这位青年还是刚刚结束的党的“一大”代表之一……想到这里，高君宇向远处的毛润之投去热情而仰慕的目光。

这时，正和同伴们说话的毛泽东也发现了高君宇、刘仁静，便热情地举起手中的雨伞挥了挥，用那双充满真诚的眼睛遥望着高君宇、刘仁静，点头微笑；而高君宇、刘仁静也不停地挥手致意。后来，毛泽东发现同伴走远了，才说声“再见”，急匆匆地赶去。

目视着毛泽东远去的背影，刘仁静以敬佩的口吻对高君宇说：“在‘一大’会议上，毛泽东谦虚谨慎，不轻易发表意见，但他十分注意听取别人发言。嘉兴南湖会议结束后，毛泽东对我说：‘你今后要多做实际工作。’他对我说这句话，可能与他是搞实际工作并在实际斗争中研究马克思主义有关，也可能是认为我在‘一大’的发言有点夸夸其谈吧！”

从此之后，毛泽东的形象便在高君宇的心中愈来愈高大起来。党的

“二大”后，高君宇在编辑党中央机关刊物《向导》时，多次接到毛泽东撰写的稿件，深为其卓越的思想所折服。曾和毛泽东一起战斗过的蔡和森还多次向高君宇讲述毛泽东青年时代的许多生动感人的故事。因此，高君宇对毛泽东产生了一种仰慕、钦佩之情。一位高君宇的同代人王士行在给党组织写的一份材料中说，高君宇“对革命同志的认识多有预见。1922 年他在太原与众青年谈及中国当时革命人物，就赞许毛泽东同志为了不起的人物”。

这次在西湖幸遇毛泽东，也给刘仁静留下了极为深刻的印象。数十年之后，他还多次向人们提起此事。

一切听从党

高君宇由杭州回到北京不久，李大钊、邓中夏、黄日葵也从四川讲演归来了。贯彻落实党的纲领和“一大”会议决定，无疑是北京支部一项首要的任务。根据《中国共产党纲领》关于“每个地方，凡有党员 5 人以上的地方，必须成立委员会”的要求，筹建中共北京地方委员会被提上了议事日程。高君宇奉命参与这一工作。经过一段时间的积极筹备，中共北京地委正式成立，由 4 名委员组成：李大钊任书记，罗章龙任组织委员，高君宇任宣传委员，李梅羹任财务委员。地委机关设于北大红楼。

自此之后，作为中共北京地委宣传委员的高君宇，工作更加紧张、繁忙了。为了进一步扩大马克思主义的传播，宣传党的纲领、党的决议，他亲自拟定了地委宣传工作方案。这一方案被地委通过后，他就全身心地投入到实施这一方案上，夜以继日、呕心沥血地工作着。他十分注重报刊宣传，除了和罗章龙一起抓《工人周刊》的编辑工作外，他还一直指导和帮助太原社会主义青年团做好机关刊物《平民周刊》

的编辑发行工作。在实践中，他愈来愈认识到发行工作是报刊宣传工作不可或缺的重要环节。这一问题在北京倒问题不大，因为北京的发行渠道较多，如党组织、团组织、尚未公开的马克思学说研究会、平民教育讲演团、北京学联，以及长辛店等地的工会、劳动补习学校等等；而在相对比较闭塞的山西，就显得格外困难了。他知道，迄今为止山西还没有一个发行革命书刊和报纸的阵地。于是，高君宇产生了一个念头，就是在太原创办一个书社，一个传播马克思主义著作和其他革命书刊、报纸的书社。当他将这一想法汇报北京地委后，立即得到了李大钊书记的赞同。李大钊以赞赏的目光望着高君宇说：“这一想法很好！此事你去筹办最为合适，因为你既是地委宣传委员，又是太原团组织的创始人。”

高君宇多想亲自离京返并去创办这个书社啊！可是，他此时却不能离开北京，因为在北京有许许多多的工作要他去干，尤其是最近北京地委决定要在长辛店工人中发展党员，这是地委目前的一项重要工作。

恰在这时，一位山西籍北大同学王昉（字孟昭）准备回山西老家度假。高君宇立即想道：何不委托这位同乡同学去筹办此事？于是，他找到王昉谈了自己的想法，王昉欣然应允。接着，高君宇将早已制定的筹办计划详细地作了一番介绍，并给太原团组织写了一封长信。不久，王昉便带着高君宇的重托，回山西太原去了。

这时，中共中央已将发动工人运动提到了重要的议事日程上了。8月11日，根据中共“一大”的决议，中国劳动组合书记部在上海成立，张国焘任书记部主任。9月，中共中央在上海召开扩大会议，号召全党大力开展工人运动。会后，北京地委决定，为了适应北方工人运动的需要，立即筹建中国劳动组合书记部北方分部。高君宇参与了这一筹备工作。不久，北方分部宣告成立，罗章龙任主任。由于该部工作任务繁重，北京地委决定从马克思学说研究会中征集一批志愿工作人员，参加北方分部工作。但是，一开始自愿报名者寥寥无几。针对这一情况，北京地委决定由马克思学说研究会组织举行一场关于当前中国革命方向问题的辩论，以使大家明了工人运动对革命的意义。经过辩论，马克思学说研究会会员消除了思想分歧，统一了斗争意志。在这期间，高君宇做了大量艰苦细致的思想工作。譬如何孟雄参加北方分部工作就是一个典型事例。何孟雄是湖南酃县人，1919 年 3 月入北京大学政治系学习。同年参加五四运动。1920 年 3 月和邓中夏、高君宇等共同发起成立马克思学说研究会。同年加入共产党北京支部。但长时间没有参加实际工作，他曾向人表白："革命应当先把理论弄明白然后才能实践，否则便是盲目附和。"因此，北方分部成立时，他和罗汉两人都观望不前。高君宇奉地委之命，曾数次与何孟雄、罗汉两人谈话，希望他们能参加北方分部的工作。但是何孟雄、罗汉却婉言谢绝了，何孟雄说：

"尚德君，咱们在一起共同战斗已有几年了，你还不知道我的为人吗？认不准的事，我绝不盲目服从。"

后来，又通过其妻缪伯英去做工作，何孟雄亦无回转之意。

罗章龙也去做工作，说："你夫妇名'英'称'雄'，可是不参加实际革命，不唯道理上说不过去，也会遭旁人议论，'何'其太谬!"

在高君宇、罗章龙等同志的一再努力下，何孟雄终于表示愿意参加北方分部工作。缪伯英高兴地说："这次确是孟雄思想上的一大转折点，只要引擎开动，车子就自然会向前飞奔!"

后来，北京地委开会决定派何孟雄到京绥铁路以特派员身份，开展工人运动。果如缪伯英所言，何孟雄这个"车子"很快就在京绥路沿线飞奔起来了。

北方分部成立后，高君宇因担任北京地委宣传主任而未任该部具体职务，但他在北方分部组织领导的工人运动中做了大量卓有成效的工作，尤其是在长辛店工人运动中倾注了大量的心血和汗水。

自从1920年3月平民教育讲演团首次赴长辛店讲演以来，高君宇就按照李大钊先生的嘱咐，经常和邓中夏、张国焘、罗章龙等深入到长辛店工人中去，用通俗的语言宣传革命道理，逐步开辟了长辛店这个北方早期工人运动的重要据点。于是，在长辛店，工会成立了，劳动补习学校开学了，修车厂的工人们举起铁拳罢工了……因此，长辛店的经验在党的“一大”上得到了充分的肯定，并在会上作为成功的经验加以介绍。《共产党》月刊还发表文章称赞长辛店“不愧乎北方劳动界的一颗明星”。党的“一大”之后，北京地委又在长辛店工人中发展了史文彬、王俊等党员。北方分部自然将长辛店作为开展工人运动的红色据点和中心。高君宇和北方分部的同志经常奔赴长辛店，开展工人运动，并与工人们结下了深厚的友情。曾担任过北方分部主任的罗章龙后来回忆说：“起初书记部人到工人区时，双方称呼均表示客气，北大学生见工人称某师傅，工人见学生则称某先生，后厮混渐熟，双方互称老史、老罗，更久则互以绰号相称。呼称老史为麻哥，老王（俊）称毛子（王原为天主教布道师），陶善综为张良。后来工人对学生几乎每人都给以绰号，如见书记部人生活简约，不御烟酒，不近妇女，则称为清教徒，张国焘足智多谋称为张孔明，王铮年幼天真称为小炕馍，高君宇举止斯文称为老夫子……其他绰号不一而足，依各人体态性格，颇多贴切。当时以绰号称人者表示亲昵，受之者不以为忤，此时一切嫌猜悉化为乌有！彼此推心置腹，一心向前，特别是当工人们亲眼看到书记部人在历次罢工斗争中总是冲锋陷阵，勇往直前，前仆后继，虽牺牲累累仍百折不回而深受感动。”由于北方分部同志与工人群众打成一片，团结奋斗，北方工人运动更加蓬蓬勃勃地向前发展。面对如此动人的景象，高君宇异常振奋，他默默地欢呼着：

“革命斗争的暴风雨为期不远了！”

北大暑假结束后，王昉由太原回到北京。他见到高君宇，第一句话就是："晋华书社成立了！"

对于这一消息，高君宇虽然在此之前就从太原团组织的来信中知道了，但他现在听了，依然按捺不住内心的欣喜，紧紧地握住王昉的手，说："谢谢你！"

接着，王昉将筹办晋华书社的情况介绍了一番。

高君宇很快向北京地委汇报了"晋华书社"创办的情况以及目前的困难。经讨论，北京地委决定，发动党员筹措资金。之后，高君宇等同志奔波于京津一带，为晋华书社筹措资金。同时，高君宇还经常帮助晋华书社选订革命的书刊、报纸。

于是，一笔笔筹措而来的资金飞向太原晋华书社……

于是，一捆捆革命图书、一沓沓革命报刊飞向太原晋华书社……

晋华书社，这一刚刚诞生的山西第一个传播马克思主义书刊的传习所，因之而昂然屹立于古城太原的土地上。这个书社除经销一般新书外，还大量介绍马克思主义书刊，如《共产党宣言》、《资本论入门》、《唯物史观浅说》、《俄国革命纪实》、《新青年》等；之后，在书架上还逐渐出现党中央机关刊物《向导》周报、中共北方区委机关刊物《政治生活》、中国社会主义青年团中央机关刊物《先驱》等革命刊物，其中《向导》等刊物因寄来份数太少，而不得不翻印多份，以满足读者之需求。此外，书社还秘密翻印了《共产主义和共产党》、《共产主义ABC》等小册子。

对于晋华书社的创办，高君宇颇为高兴，他说："太原有团组织，有《平民周刊》，现在又有了晋华书社，可以预料，太原乃至整个山西的革命运动必将会出现一个新局面！"

在指导和帮助创办晋华书社和参与北方劳动组合书记部领导下的工人运动的同时，高君宇并没有忘记用马克思主义改造少年中国学会这一夙愿。10月20日，在北大地质研究会召开的少年中国学会北京会员常会上，高君宇旗帜鲜明地提出：为了确定学会社会主义的政治方向，建议在北京会员中组织一个社会主义研究会，以此来影响其他各地的会员。这一提议立即得到黄日葵、杨钟健等会员的赞同。当会议通过这一提议，并决议由邓中夏负责筹备社会主义研究会时，高君宇颇为振奋，心中暗暗说道：“改造少年中国学会已经迈出了可喜的第一步！”

不久，到四川作暑期讲演的邓中夏回到北京。经过邓中夏、高君宇等会员的积极筹备，社会主义研究会终于在人员复杂、观点不一、斗争激烈的少年中国学会内部正式成立了。这是高君宇、邓中夏等坚定的马克思主义者为确立学会社会主义方向而作的又一努力。

康慕尼斋

昨夜，还是细雨霏霏，可是早晨起来推门一看，嗬！满世界都是一片茫茫白色。高君宇不禁惊叹起来：

“哦，下雪了！”

仰望天空，彤云密布，飞雪漫天，只见雪花飘飘洒洒，纷纷扬扬，悄然无声地落在树上、屋顶、地上……望着漫天飞雪，高君宇想起今日要在中央公园来今雨轩举行的一次聚会来。这次聚会是他们马克思学说研究会举办的，其中心议题就是决定这个研究会公开与否。

遵照李大钊的指示，高君宇、邓中夏、罗章龙、刘仁静等共产党员立即分头去找其他会员，协商马克思学说研究会公开的事情。但不少会员心存疑虑，深恐研究会公开出去后，会带来诸多麻烦甚至祸端，表示以不公开为妥。为了统一思想，高君宇他们商定今日在中央公园来今雨轩聚会，以讨论这一问题。

冒着漫天飞雪，高君宇来到了中央公园。中央公园是北京一座典雅美丽的古老园林，远在1000年前辽金时代，这里就建有兴国寺，元代改名为万寿兴国寺。原寺早毁，然古柏犹存。明永乐年间，先后在此建了太庙和社稷坛。辛亥革命后将社稷坛辟为中央公园。园内除有用汉白玉砌成的社稷坛、六角习礼亭、唐花坞、兰亭碑亭，以及千年古柏等古物外，还有长廊、花坛、水榭、荷池、金鱼池和各种树木，风景颇为幽美。高君宇自然喜爱这一园林，唯一使他不快的是那座所谓“公理战胜”碑，这碑原名“克林德碑”，是腐败无能的清政府卑躬屈膝为一个被义和团打死的德国公使建造的。虽然碑名已改，但它留给中国人民的耻辱是无法磨掉的。每每看到这一碑，高君宇心里就格外难受。

沿着迂回曲折的长廊，高君宇向来今雨轩走来。

来今雨轩位于社稷坛之南，四周树木繁茂，十分幽静。高君宇来到轩内时，邓中夏、罗章龙、朱务善、吴容沧已坐在那里品茗交谈。不一会儿，人们都陆续到齐，有高崇焕、王有德、吴汝明、黄绍谷、王复生、黄日葵、李骏、杨人杞、李梅羹、刘仁静、范鸿劼、宋天放、何孟雄、范齐韩。

会议开始后，众人便围绕研究会是否公开这一议题展开了讨论。各抒己见，畅所欲言，气氛颇为热烈。有的主张公开，有的表示反对，两种意见发生碰撞，于是，争论渐渐激烈起来了。见此情景，一直静观争论的高君宇感到该发表意见了，他沉稳冷静，不急不躁，起而说道：

“关于我们马克思学说研究会公开的理由，邓康（即邓中夏）、文虎（即罗章龙）、亦宇（即刘仁静）诸君已阐述得很明白，我就无须赘述了。我只想说的一点是，持反对意见的同学的顾虑固然不是没有道理，但我认为这种顾虑是多余的。”

“尚德君，我们的顾虑绝不是杞人忧天，”一位持反对意见的会员接话道，“我可以举出一些理由来。”

高君宇说：“这些理由我都知道，譬如政府当局对马克思主义的抵制，对红色苏俄的仇视，等等。但是，我们的国家不是叫‘中华民国’

吗？政府当局口头上不也说什么‘民主’吗？既然我们的国家是‘民主’的国家，政府是‘民主’的政府，国民怎能没有集会结社自由呢？再者，在当今中国，各种主义都有，为什么单单不让马克思主义存在呢？还有，我们组织的名称是马克思学说研究会，这就是说我们的团体是研究学说的，难道研究学说政府也要干涉吗？因此我个人认为，我们的组织公开了，纵然政府仇视，他们也是没有办法干涉的。”

高君宇的话犹如一股清风吹去了人们心中忧虑的阴霾。经过认真讨论，大家统一了认识，一致议决：将马克思学说研究会的牌子堂堂正正地亮出去！

就在人们举手表决的这一刹那间，高君宇的目光正从窗口投向外面挂满白雪的树木，他似乎觉得在那树杈间厚厚的白雪下面正有许多充满生命力的嫩芽冒出来、冒出来……

会后，罗章龙找到蔡元培校长谈了在《北京大学日刊》上刊登马克思学说研究会启事的事。蔡校长沉吟半晌，终于郑重地点了点头。当罗章龙将此事告知大家时，高君宇激动地说：

“蔡校长又和我们站在一起了！”

1921年11月17日，《北京大学日刊》上刊登了《发起马克思学说研究会启事》，启事除了说明组织这一团体的理由和意旨之外，还公布了规约：

一、本会叫做“马克思学说研究会”，以研究关于马克思派的著述为目的。

二、对于马克思派学说研究有兴趣的和愿意研究马氏学说的人，都可以做本会会员。入会手续，由会员介绍或自己请愿，但须经会中认可。

三、研究的方法分四项：一搜集马氏学说德、英、法、日、中文各种图书；一讨论会；一讲演会；一编译、刊印《马克思全集》和其他有关的论文。

……

这一启事，轰动了整个北大校园。师生们议论纷纷。有些反对者还气急败坏地跑到北大校长蔡元培那里直嚷道：

“今后学校不得太平了！”

但是，蔡元培并没有站在这些反对者一边。他对这个研究会的态度是支持的，不仅同意将启事登载于校刊上，而且还出席了成立大会，并讲了话。当这个研究会需要活动场所时，他又毫不犹豫地将学校的两间房子拨给研究会使用。

有了活动场所，高君宇他们自然欢喜不尽。他们将一间当办公室，一间当图书馆，并给它起了一个新颖别致而又富有革命意义的名字——“康慕尼斋”（“康慕尼”系德文译音，“康慕尼斋”即“共产主义室”之意）。此外，还在康慕尼斋的中间墙上贴了一副大红对联：

出实验室入监狱
南方兼有北方强

这火红的对联，这滚烫的联语，反映了这群革命青年追求真理、投身革命的战斗热情。马克思学说研究会公开成立后，搜集马克思主义的著作和有关书刊依然是高君宇他们研究上重要的任务。为了解决这个问题，他们在该会公开成立之前，就筹集了120元的购书费，并订购了一些马克思主义著作。之后，他们采取“各人自由量力认捐”的方式筹集经费，不断购置马克思列宁主义书刊，使“康慕尼斋”逐渐成为拥有马列主义书刊相当丰富的小型图书馆。至1922年2月6日，康慕尼斋已拥有英文书籍40余种，中文书籍20余种，其中有《共产党宣言》、《阶级斗争》、《马克思资本论入门》、《马克思经济学说》、《社会主义史》、《劳农会之建设》……由于“康慕尼斋”成了马克思学说研究会的代名词，因此凡是马克思学说研究会的图书，都统统打上“康慕尼斋藏书”的印记。直到现在，北京大学图书馆还保存着盖有这种印记的藏书。

高君宇这位中共北京地委宣传委员在努力发展会员、扩大组织的同时，还将不少心血倾注在组织会员学习马克思主义、翻译马克思主义著作和组织讲演活动上。

按照高君宇他们制定的规章，马克思学说研究会组织会员学习马克思主义的主要方式是每星期六晚7点召开一次讨论会。讨论会先由会员一人叙述所要讨论的题目的内容及其要点，然后付之讨论。除讨论会外，还由会员自由组合成立三个特别研究组：一是劳动运动研究组，每星期三晚集会一次；二是《共产党宣言》研究组，每星期一、四、五晚请会员一人讲授；三是远东问题研究组，由该组会员先搜集中、英、日三种文字的有关资料，然后共同进行研究。以上三组的活动，任何会员都可以随时参加。由于高君宇学习研究马克思主义较早，对马克思主义的理解也较深，加之英文程度较高，所以他承担的讲释任务较一般会员繁重得多。他虽然肩负北京地委宣传工作的重任，但从未因之而放松对会员的讲释工作。为了搞好讲释工作，他一有闲暇，总是抓紧时间，精心研读马克思、列宁的著作，并坚持做读书笔记。因此，他的讲释总是那样深刻透彻，令会员们受益匪浅。

翻译介绍马列主义著作，也是马克思学说研究会的一项重要任务。因此，高君宇他们几经研究后，在会内成立了翻译室。翻译室下设英文、德文、法文三个翻译组。高君宇被推为英文翻译组组长。他们曾作了一个较为宏大的译书规划：康慕尼斯特丛书10种，列宁丛书14种，马列主义丛书 14 种。为了实现这个奋斗目标，高君宇和其他翻译组的同志一起，利用一切可供利用的时间，伏案翻译，他们那种废寝忘食、兢兢业业的精神，令人不胜感动。

马克思学说研究会的另一项重要活动，就是组织讲演会和辩论会。讲演会每月终开一次，主要敦请名人学者担任讲演员，高君宇多次和其他会员组织这项活动。他们聘请的名人学者有李大钊、高一涵、陈启修等。

马克思学说研究会从公开成立之日起，就成为北京党组织的外围组织。因此，作为处于秘密状态中的中共北京地委的一些决议，常常通过公开的马克思学说研究会去实行。而李大钊、高君宇、邓中夏等共产党员则成为影响这一团体行动的灵魂。马克思学说研究会在组织会员研究、宣传马克思主义的同时，还积极参与一些社会活动和声援工人罢工斗争。这一团体通过上述活动，不仅有力地传播了马克思主义，而且为中国共产党领导的革命事业培养了大批干部，输送了大批人才，在中国革命的史册上留下了辉煌的一笔。

高君宇在为刚刚成立的马克思学说研究会开展活动而努力工作的时候，还在积极准备着一件意义深远的事情。遵照党的指示，他和张国焘、王烬美、邓恩铭、邓培等作为中共代表，与国民党等革命团体组成中国代表团，以参加列宁领导下的共产国际在苏俄伊尔库茨克召开的远东各国共产党及民族革命团体第一次代表大会。

能成为肩负这一历史使命的中国代表团成员之一，高君宇自然异常欣喜和振奋，然而令高君宇欣喜的还有另外一个原因，多少年来列宁领导下的红色苏俄时时吸引着他。早在他第一次了解十月社会主义革命之后，这个通过无产阶级革命取得政权的国家，就在他朦胧的憧憬中，唤起一种向往的情感。随着他对马克思主义的理解不断加深，这一情感就变得更加强烈、更加炽热了。如今这一美好的愿望就要变成现实，这怎能不使高君宇欣喜和振奋呢?

在准备行程的日子里，高君宇的心早已飞向那个赤帜飘扬的国度了。

第八章　苏俄之行

伊尔库茨克

火车终于在满洲里车站停了下来。

一下车，高君宇就立即感到一股凛冽的寒气袭来，不禁打了一个寒战。只见车站周围到处都是皑皑的积雪，狂暴的寒风呼啸着，搅得雪粉漫天飞扬，雪粉打在人的脸上，就像无数钢针一样扎得人生疼生疼的。而从人们嘴里呵出的热气，一遇到寒冷的空气就立即变成一团团白色的雾气。与高君宇一同赴苏俄参加“远东大会”的其他革命团体的几位代表急忙用戴着手套的双手捂在脸上，嘴里直嚷：“好冷！好冷！”

满洲里位于中俄边境的中国境内，是一个富有俄国情调的小市镇。这里有不少商店、旅馆是俄国人经营的。高君宇他们找了一家旅馆住下后，立即与接应他们的一位俄国人取得了联系。他们从这位俄国人口中了解到，乘火车通过中俄边境几乎没有可能，因为车站上的检查十分严格，而且又有许多密探混迹于旅客中，每时每刻都在监视着旅客的一举一动。这位俄国人说：“现在唯一的办法就是偷越边境线，但也要冒很大的风险。因为中国边防巡逻队经常出没于边境线中国一侧；而在苏俄那边，则有白俄匪徒骚扰。”

高君宇沉思片刻后，以坚定的口吻说："我们干得就是风险的事业，还能怕冒什么风险吗？我的意见是偷越边境线，而且要选择在巡逻队不经意的深夜。"

经过反复商讨，他们最后决定：深夜偷越边境线！于是，负责接应他们的俄国人准备雪橇车去了。

然而刚到傍晚时分，一场暴风雪开始呼啸着袭击满洲里这个边境小城镇了。刹那间，四周的一切消失于混沌、昏暗之中。只见风雪狂舞，并发出一种可怕的呼啸声，就像几百几千只怪兽在狂叫……

怎么办？人们焦急地望着窗外的暴风雪，都纷纷议论起来。性格沉静刚毅的高君宇，剑眉微翘，目光镇定，沉思了一会儿，便对大家说：

"我们无论如何今夜要偷越边境线。如果我们在这里多停留一天，就会多一分被密探发现的危险。再说，暴风雪虽然给我们偷越边境线增添了不少困难，但也正是我们偷越边境线的最好时机。因为在这暴风雪之夜，巡逻队是不会出动的。"

高君宇的一席话，顿时鼓起了大家的信心和勇气。于是，他们准备在夜深人静之时出发。但是，接应他们的俄国人只找到三辆雪橇车，仅够人坐，至于行李等财物则无法运载了。于是，他们又临时雇用了一辆雪橇车，让这辆雪橇车将行李财物偷运到苏俄境内，待与载人的雪橇车汇合后，再一同前往距满洲里 18 公里的苏俄边境车站。

当沉沉夜色笼罩了这座边境小城镇的时候，他们冒着暴风雪出发了。为了御寒，他们头戴貂皮帽，身穿羊皮衣，还用厚厚的毛毡紧裹在腿上。冬夜的暴风雪像怪兽一样号叫着，狂怒地掀起了雪幔，使人分不出哪里是天，哪里是地。在这暴风雪中，拉着雪橇车的马在荒寂可怕的雪原上奔驰着、奔驰着……若在平时，这一带不仅会有军阀张作霖的边防巡逻队，而且还有活动猖獗的白俄匪军出没其间。然而，在这暴风雪之夜，高君宇他们一路上连一个人影儿也没看到。他们所经过的地方异常荒凉、冷寂，根本没有人烟。

当他们越过边境线时，却找不到了那辆运载行李财物的雪橇车。他们在雪原上眺望着、巡视着，唯见白雪茫茫，哪见雪橇车踪影？没奈何，他们只好丢弃财物而继续前进了。据高君宇胞弟高全德在一篇文章中说，这次偷越边境线“损失银洋一千元，君宇到达伊尔库茨克很快给家里来信，说明损失原因，要求家里补足。父亲为此贩了一窝猪，把钱凑够如数汇去”。

到达苏俄边境小站时，他们的手脚都快冻僵了，但他们异常欢欣鼓舞，因为他们终于踏上了全世界第一个无产阶级专政的国家的土地！当他们乘坐的开往伊尔库茨克的列车启动时，高君宇蓦然觉得，在铁轮下面的这片土地上，没有人剥削人、人压迫人的丑恶现象，有的只是马列主义的万道霞光！

车厢很破旧。坐在车厢一角的高君宇无意中发现车厢里还有几处子弹的痕迹——这是苏俄国内战争遗留的痕迹，还是白匪袭击时射穿的？高君宇这么猜想着。车走得很慢，因为作燃料的不是煤，而是湿木材。列车人员告诉高君宇他们，不要随便打开车窗，因为这一带白匪骚扰厉害。于是，人们都做好了应急的思想准备。还好，这列火车离开小站后，并没有出现特别的情况，人们只是偶然听到从远处隐隐传来的几声枪响。

在列车上，高君宇还利用机会同其他革命团体代表谈论马克思主义理论，谈论列宁和布尔什维克，谈论中国应像苏俄一样进行无产阶级革命，应用革命暴力推翻北洋军阀政府……这些谈话，使他们寂寞的旅途生活充满了活跃的气氛。

列车经过西伯利亚许多森林地带和一些很长的隧道，渐渐接近贝加尔湖时，高君宇不禁为那漫无边际的银涛雪浪惊叹。他久久地凭窗凝望着，一缕思古之幽情蓦然从心底升起：这不是那位具有威武不屈气节的苏武牧羊的地方吗？他不禁随口吟诵起古人的诗句来：

可嗟牧羊臣，
海上久为客。

漫长的旅途生活结束了，列车终于停在了伊尔库茨克车站。

伊尔库茨克是西伯利亚的一个重要城市。共产国际的分支机构远东局就设立在这个城市的一条大街上，办公用的房屋不算大，但从这里发出的战斗号令，却有力地推动着远东各国的革命运动。

高君宇和其他革命团体的代表被安排到共产国际远东局事前准备好的一幢两层楼的招待所里。这幢楼从外表看普普通通，但房间设备齐全，诸如床、桌、柜、椅等，还有供取暖的壁炉。

高君宇来到房间里，刚刚端起一杯接待人员送来的茶水，就见从门外走进几个人来。高君宇一看，除了邓恩铭、王尽美、邓培、于树德、黄凌霜几个认识外，其余的人就不认识了。王尽美便一一介绍道："这位是张秋白君，是国民党代表；这位是柯庆施同志，是上海党组织成员；这位是王光辉君，湖南工人代表……"王尽美最后要介绍的是一位身材矮小的青年女子，没等他介绍，这位女子便自我介绍道："我叫王丽瑰，是广东妇女爱国团体的代表。"

介绍完毕，众人就和高君宇闲聊起来。

正议论间，忽听窗外有人叫道："尚德同志住在哪个房间？"

高君宇一听那浓重的江西萍乡口音，便知道是张国焘来了，忙应了一声。

张国焘进来后，一把握住高君宇的手，高兴地说道："我们早就等候你了。见你迟迟不来，还以为是你被张作霖的巡逻队或白俄匪徒抓去了呢！"

高君宇说："抓倒没抓起来，只是行李财物丢失一尽了。"接着，便把偷越中俄边境线的情况说了一遍。

张国焘说："不管怎样，你总算来了！我偷越中俄边境线倒比较顺利，只是住奉天旅馆时，几乎被便衣侦探抓了去。"

待众人走后，张国焘便向高君宇介绍了共产国际远东局的一些情况。远东局的主要任务是调查远东各国的情况，联络远东各国共产主义者，扩展远东的革命运动。它下设中国部、蒙古部、日本部、朝鲜部以及情报部。说到远东局局长施玛斯基时，张国焘压低声音说："施玛斯基等于是西伯利亚王，集党政军大权于一身。他不仅是俄共驻西伯利亚的全权代表，苏俄政府驻西伯利亚地区的全权代表，而且还是西伯利亚军区的主席。真是大权在握啊！"他还告诉高君宇说，魏金斯基也在远东局工作。

高君宇说："魏金斯基对中国革命的情况比其他远东局的同志熟悉，他在远东局工作倒颇为合适。如果有机会，我倒是想和他聊聊。"

"这很容易，"张国焘说，"等一会儿开饭时，你就可以见到他。"

当高君宇随着张国焘来到餐厅里时，只见这里人很多，除了中国代表团人员外，还有朝鲜、日本、爪哇等国的代表。服装不同，语言不同，但吃得饭菜则是同样的：除了黑面包外，每人只有一菜一汤。

张国焘说："这是午餐的标准，若是晚餐，还要减少一汤。不过，尽管如此，这与苏俄人民的饥饿生活相比，已经是很不错的了！"

高君宇说："我已经从火车上听说过了，苏俄人民正在与饥饿作斗争呢！"

两人一边交谈，一边吃着黑面包。忽然有人用流利而发音不算纯正的英语叫高君宇的名字。高君宇回头一看，嗬，原来是魏金斯基。只见这位体格健强的苏俄共产党人，正带着谦和的笑容望着高君宇，手里还端着一份饭菜。

高君宇颇为激动，赶忙站了起来。魏金斯基忙将饭菜放在餐桌上，用他那双有力的大手紧紧握住高君宇的手……高君宇不禁忆起1920年春魏金斯基到北京商谈建党时的情景。自从魏金斯基离京赴沪后，两人再没有见过面，但高君宇却牢牢记着这位帮助中国建立共产党的共产国际代表。想不到时隔近两年后，竟在列宁的故乡、红色苏俄的土地上见面了。这怎能不使他激动呢？于是，两人热烈地交谈起来。要不是张国焘提醒他俩吃饭的事，他俩还不知要谈到什么时候呢！

高君宇刚要吃饭，忽然瞥见魏金斯基的黑面包不大，便问其缘由。

魏金斯基一边吃着黑面包，一边告诉高君宇，“克勒巴”（即面包）问题是苏俄很严重的问题，全体苏俄人民都忍饥挨饿。各级政府都以全部力量解决这一问题。他说，好在政府的配给制度做得不错，士兵和工人可以吃饱肚子（士兵每天配给两磅黑面包，工人一磅半），而共产党员特别少，就是列宁也不比其他党员多，每天只领3/4磅面包。为了救济难民，全苏俄还开展了“救灾周”活动。介绍到这里，魏金斯基说：“被斯大林誉之为‘苏维埃时代最优秀，最有才华的诗人’的马雅可夫斯基还作了《全年都应成为“救灾周”》一首诗，颇有鼓动性，我来给你念上其中一段。”说完，便低声朗诵起来：

在“救灾周”当中，
支援饥民不要用空话，
而要见行动。
不论这儿多么饥饿，
朋友啊，要记得，
在伏尔加河，
人们的生活，
还要苦得多。

四年之久红旗高举。
是什么使我们支持下去?
是谁供给我们几年粮食?
是伏尔加流域!
今天轮到你来支援。
即便你自己吃不饱饭,
在把面包送进口中之前,
先为饥民切下一半!

朗诵到这里，魏金斯基又介绍说，苏维埃机关工作人员、特别是布尔什维克就是这样“在把面包送进口中之前，先为饥民切下一半”地苦渡难关。听着魏金斯基的介绍，高君宇激动的眼睛里溢满了眼泪……之后，高君宇还亲眼见到了苏维埃机关工作人员挨饿的情景。按规定，机关人员每天只配给一磅黑面包，因此他们早上只喝白开水，在办公室中实在饿得无法支持时，才从那一磅面包中取出一片来充饥，其余的要分成两份，一份作午餐，一份作晚餐。

尽管如此饥饿，但这些机关工作人员们却是那样愉快、紧张地工作着。由于城市周围潜伏着残匪，他们时时刻刻都要作好战斗的准备，夜晚睡觉时，还要把装上子弹的枪支放在床下或枕头下面，过着“枕戈待旦”的生活。他们还经常举行军事演习，无论昼夜，一闻警报，他们就迅速集合。每逢星期六，白天参加共产主义义务劳动，晚上举行文艺晚会。他们热爱这种紧张而活泼的生活，因为他们认为“凡是这样过日子的人，是正直的苏维埃公民”。

这一切，强烈地撼动着高君宇等中国共产党代表的心灵。看到机关人员参加“星期六义务劳动”，他们便主动加入了这个行列，到森林中搬运木材，或到车站清除附近的积雪。当然，他们也参加星期六的文艺晚会。晚会一般都在远东局办公处的大厅里举行，大厅里空空荡荡的，只有一架钢琴引人注目。共产国际远东局和苏俄党、政、军的公务员们一个个朝气蓬勃，极为活跃，他们集体合唱革命歌曲，表演充满尚武精神的高加索舞，演唱当地民族歌曲。各国代表也颇有兴趣地参加了表演。日本代表的表演尤为出色，他们除了演唱日本民歌和工人歌曲外，还表演盛行于日本体坛的柔道。朝鲜代表也不甘落后，他们唱悲壮的革命歌曲，也唱一些婉转而清新的民间情歌……形式多样，各有千秋。后来，各国代表用掌声催促中国代表演唱，素来爱唱几句京剧的张秋白便唱了一首中国民间流行的歌谣《小妹妹打骨牌》，弄得高君宇他们非常难为情。晚会进行到最后，一般是跳交谊舞。这时，大家翩翩起舞，狂欢一番。

这一切，对于高君宇来说是那么新鲜、有趣。尤其令他感奋的是共产国际远东局和苏俄党、政、军机关同志合唱的革命歌曲。不久，在这些同志的指导下，高君宇等共产党员学会了唱《国际歌》。在以后的晚会上，他们便和苏俄同志一起高唱这首气势磅礴、充满革命激情的歌曲。

后来高君宇他们回国后，就在同志们当中唱这首歌，甚至在党的“二大”会议期间也唱。党的“一大”代表李达后来回忆说：“同年（1922 年）夏季，张国焘和十多位青年团员从莫斯科回到了上海，带来了共产国际指示，也带回许多文件。国际的指示主张中国应当实行国民革命，反对帝国主义与封建军阀，建立民主国家。于是党在七月间召开了第二次代表大会。这时气象有些新鲜，那些青年团员们会唱国际歌，行动也很敏捷，带来了一些新的作风。”

高君宇来到伊尔库茨克不久，远东局就接到共产国际执行委员会从莫斯科发来的电报，电报指示“远东大会”改在莫斯科举行。当时为共产国际远东书记处成员之一的 C·A·达林后来回忆说：“……初步决定这次大会于（1921 年）11 月 11 日，即华盛顿会议召开的同一天，在伊尔库茨克开幕。1921年10月，代表们就开始陆续到达伊尔库茨克。他们历经艰难，辗转前来。相当大的一部分代表12月初才到达伊尔库茨克。共产国际执行委员会决定将大会会址迁往莫斯科，这就赋予大会更为重大的政治意义。”当远东书记处的同志宣布大会会址改到莫斯科时，高君宇和其他代表情不自禁地欢呼起来：

“乌拉！乌拉！”

“远东大会”

“1921年12月底，一列专车载着全体代表、远东书记处成员及一些工作人员驰向莫斯科。”C·A·达林在他的回忆录中这样写道。

这列专车虽然是普通的旧车厢，但在车后挂了一节施玛斯基专用的花车，所以显得格外光彩，格外引人注目。而在车厢里代表们欢聚在一起，穿着各自民族的服装，最引人注目的是刚刚赶到的蒙古代表团成员那色彩鲜艳的民族服饰。难怪一位代表后来这样比喻说：“这一列驰骋在西伯利亚荒原上的专车，真是五光十色，仿佛一个东方民族的陈列馆。”

在列车上高君宇和王烬美、邓恩铭，以及铁路工人代表邓培等坐在一起，谈论着这次大会和中国的革命运动；而张国焘则以中国代表团团长身份坐到远东书记处同志那里高谈阔论……

乘坐这列专车的各国代表，受到沿途各站群众的热烈欢迎。仪仗队吹奏的军乐声和群众的欢呼声，使代表们深深感受到苏俄共产党人和人民群众的深厚情意……然而最使代表们激动、振奋的则是在莫斯科车站举行的欢迎仪式。张国焘后来回忆说：“在巍峨雄伟的莫斯科车站，我们受到盛大的欢迎。从国际歌的激昂声调中，我们被拥进了迎宾的大卡车。欢迎的行列是些什么团体，当时根本来不及注意，也听不懂说些什么，只能从他们的各种表现上领会主人的一番盛意。只有那位在东方极负盛誉的日本老社会党党魁片山潜所致的欢迎词，予人较深的印象，且因早闻其名，这次见到后就更觉亲切。”

各国代表抵达莫斯科后，被安排在一处颇为讲究的招待所。在这里，他们受到了特别的优待，一日三餐都是精细洁白的面包和几样可口的菜和汤。除此之外，还配给香烟、糖果、内衣、毛巾、肥皂等物品。这使高君宇等中国代表大为感动，也大为不安。是啊，在苏俄全国上下过着极其艰难生活的形势下，谁能心安理得地享受这种特别的优待呢？于是，他们向大会接待人员提出和苏俄人民一样吃粗饭的要求。但是在开饭的时候，摆在餐桌上的依然是较为精美的食物。于是，他们找到负责招待的同志，一再要求不要特别招待。那位负责招待的同志见他们这样，只好说：

“饭菜标准是经过国家领导人批准的，我们不能随意变更。代表同志们如果坚持一定要换饭菜的话，也有一个办法，就是请你们写一个条子，将优待你们的饭菜转赠给医院或是幼儿园，都是可以的。”

于是，他们写了一个条子，将特别优待的客饭转赠给了幼儿园；而自己则和苏俄人民一样吃着粗糙的黑面包。但他们毫不以为苦，恰恰相反，他们的内心感到无限欢愉和安宁。

在“远东大会”召开之前的一段时间里，各国代表在苏俄人员的陪同下，在莫斯科各处进行了参观，譬如克里姆林宫的历代帝王的陈迹，莫斯科的一些革命的及其他的博物馆和革命时代的工作纪念所……他们还曾坐在一些大剧院的俄皇御用的包厢中欣赏过歌剧，还出席过各种欢迎会，并应邀登台讲演。他们所到之处，无不受到苏俄人民群众的热烈欢迎。

然而，最使他们难以忘怀的是在参观列宁办公室时看到的那感人肺腑的情景。他们在列宁办公桌的抽屉里，看到几小块黑面包。这些面包不仅很黑，而且粗糙不堪。高君宇不禁吃惊地问道：

“列宁同志就吃这种黑面包吗?”

“是的。”陪同参观的苏俄同志以不容置疑的口吻回答道，接着介绍说，苏俄经过四年的反帝国主义战争和三年的国内战争，已到了穷竭不堪的地步，生活条件十分困难，特别是粮食供应更为紧张。全国上下吃的一律是低劣的黑面包，而且定量很低。伟大的革命导师列宁，自然也不例外，而且他的定量标准比一般士兵、工人低得多。他常常把这种黑面包带到办公室，如果因工作紧张而无暇就餐时，他就一边吃着黑面包，一边工作。有时因公外出，就将吃剩的面包哪怕一小块都要极其珍惜地放回抽屉里，以备回来后再吃。

苏俄同志介绍的这一情景极大地震撼了高君宇的心灵。从此之后，列宁这位全世界最伟大的无产阶级革命领袖的形象，便永远屹立在高君宇的心中，并鼓舞着高君宇为共产主义事业而英勇奋战。

在莫斯科期间，高君宇等中国代表还期望利用一切机会对红色苏俄的政治、经济状况进行考察，研究苏俄的革命经验，以从这第一个社会主义国家中吸取丰富的政治营养。然而，因找不到适当的翻译人员，而使他们深以为憾。在莫斯科，倒是有几位同志能讲俄语，但均因故不能来作他们的翻译，譬如张太雷，俄语讲得不错，但他这时在共产国际远东书记处负责中国部的工作，“远东大会”从筹备到召开都离不开他；再如瞿秋白，原系北京俄文专修学校学生，在五四运动中和高君宇、张国焘同为学生领袖，一年前以《晨报》记者身份驻莫斯科，他讲的俄语虽欠流利，但尚可应付。如果让他作翻译那原是比较理想的，但他此时正患肺病。中国代表团来到莫斯科后，他曾抱病到中国代表团住地看望过大家，但如果让他带病陪大家四处考察，那就未免有点残酷了。此外，在莫斯科东方共产主义劳动大学还有一些中国社会主义青年团派遣来学习的同志，如刘少奇、彭述之、任弼时、萧劲光、王一飞等，但他们因来俄时间不长，俄语水平还不算很高，尚难以胜任翻译之职。而在共产国际执行委员会中的苏俄同志，又没有一个中国语言专家。在这种情况下，高君宇他们无论到了哪里都像半聋半哑的人一样，很难作广泛而深入的调查研究。但是，高君宇并不因这语言障碍而放弃对苏俄的考察。他遇到会讲英语的苏俄同志，便用英语与他们进行交谈，以考察苏俄的政治、经济情况。

在这样的考察中，他欣喜地看到了苏俄人民在伟大导师列宁和布尔什维克坚强的领导下，正在一片废墟上重建家园的革命景象，并从中感受到新生的革命力量是那样蓬勃兴旺，不可战胜。

1922 年 1 月 21 日，远东各国共产党及民族革命团体第一次大会在克里姆林宫斯维尔德洛夫大厅隆重开幕。来自中国、蒙古、日本、朝鲜、爪哇等国家的 125 名代表出席了这次大会。由共产国际执行委员会主席季洛维夫宣布开会后，大会推举列宁、托洛茨基、片山潜、季洛维夫、斯大林 5 人为大会名誉主席。

在开幕式上，片山潜代表共产国际执行委员会，加里宁代表全俄中央执行委员会，洛佐夫斯基代表红色工会国际，许勒代表青年共产国际，分别向大会致了热情洋溢的贺词。向大会致贺词的还有中国、日本、朝鲜、蒙古等国的代表。此外，印度共产党代表罗易、美国共产党代表卡尔也分别致了贺词。高君宇欣喜地看到，大会开幕式已开成了亚洲、欧洲和美洲劳动人民展示国际主义团结的大会。

开幕式结束后，大会的工作会议便改到萨多沃—卡列特纳亚大街的苏维埃大厦三号的一个大厅举行。在工作会议期间，共产国际执行委员会主席季诺维夫作了国际形势报告。这一报告揭露了当时日、美、英、法等国所召开的华盛顿会议的罪恶，号召远东各国被压迫民族在俄国和西方无产者的援助下，进行反对帝国主义、封建主义的民族民主革命。接着，大会听取了各国代表团代表关于各自国家形势的报告。关于中国形势的主要报告人是张国焘，他讲了中国的无产阶级，土地关系，农民状况，以及学生运动和工人罢工运动情况。

在会议期间，高君宇十分注意朝鲜、日本、蒙古、印度等国代表的报告。在这些代表作报告时，高君宇总是怀着兴奋的心情聆听着，用笔记录着，像蜜蜂采蜜一样吮吸着这些国家民主革命运动的经验。而这些经验为他以后研究这些国家的革命运动提供了极其丰富的资料。

大会闭幕式定于2月2日在列宁格勒召开。高君宇、张太雷等因参加1月30日开幕的远东革命青年代表大会而未能去列宁格勒。

高君宇在远东革命青年代表大会结束时，以中国社会主义青年团的名义，邀请青年共产国际派代表参加5月初在广州召开的中国社会主义青年团第一次全国代表大会，C·A·达林欣然应允。

远东革命青年代表大会闭幕后，高君宇与邓恩铭、王烬美等留苏继续考察。他们考察的范围很广，除党政工团机关外，还有学校、工厂、农村、部队。

在考察苏俄的日子里，高君宇精神振奋异常，在他心中一直奔流着一条充满激情和欢乐的溪水：哦，伟大的苏维埃，你是人类光明、自由、美好的革命圣地！在你的土地上，没有压迫，没有剥削，没有欺诈；也没有资本家、官僚、军阀，有的只是平等、自由和劳动人民高亢激昂的歌声！但是，你不是诗人幻想中的乌托邦，而是无产阶级专政下的一块乐土。虽然你现在还很窘困和贫穷，但是你已为苏俄人民开通了一条通向富裕、幸福和光明的康庄大道！

考察结束后，高君宇决定绕道巴黎、柏林归国，一来避免白匪袭击，二来顺便对法、德等国进行考察。于是，高君宇在莫斯科车站登上了去西欧的列车。当列车汽笛发出一声长鸣时，高君宇心中立即溢满依依惜别的感情，他望着欢送他的苏俄友人，默默说道：

再见，朋友们！

再见，全世界第一个无产阶级专政的国家的心脏——莫斯科！

第九章　归国之后

陶然亭

阳春三月，荒寂了整整一个冬天的陶然亭一带，已是一番芳草萋萋、野花艳艳的景象了。湖畔垂柳间，时有春燕穿飞而过……

这是 1922 年 4 月的一天。一大早，就有一些青年三三两两地踏着霞光和晨露向这里走来。他们是马克思学说研究会的会员。早在前两天，他们就议论着要举行一次踏青和聚会活动，有人提议到中央公园，但很多人不同意，说那里虽然环境幽美，但人工雕琢色彩太浓，使人难以感受到大自然的清新的气息。议论来议论去，最后根据高君宇的提议，将踏青、聚会的地点选在被人誉为“红尘中清净世界”的陶然亭。

前不久，自从少年中国学会北京会员陈愚生以为夫人守墓的名义，在这里的慈悲庵租了一处房子后，李大钊先生以及马克思学说研究会的会员们就经常来这里秘密聚会。

罗章龙、黄绍谷两人来到慈悲庵准提殿北院陈愚生租赁的房子里时，早见范鸿劼等人已坐在那里品茗交谈。

罗章龙问：“尚德君怎么还没有来？他昨天告诉我说，他一早就会来的。”

范鸿劼说："他去女师大接石评梅去了，估计他们一会儿就会来。"

"石评梅也是咱们的会员吗?"有人问道。

"那自然没错。"罗章龙说，"她是高君宇介绍加入咱们研究会的。她可是一位才女呢，又写诗，又写散文，最近，还写了一个剧本《这是谁的罪?》。前几天，她在咱们康慕尼斋作的文学讲演才够精彩呢!她与高君宇同是山西人，所以两人来往较多。"

范鸿劼接着说道："听说，石评梅的父亲还是高君宇在太原读书时的老师呢!"

"难怪高君宇从苏俄归国后第二天就去看望石评梅。"黄绍谷说。

接着，众人便议论起高君宇赴苏俄参加"远东大会"的事来。

正议论间，忽听门外有人笑着说道："是谁在背后议论我呢?"

罗章龙一听，说："是高君宇来了!"他的话音未落，就见高君宇推门走了进来，背后有位年近20岁的青年女子，只见她身着蓝色短衣和黑色长裙，脚穿白鞋白袜，一副春装打扮；丰神秀质，气度高雅，尤其是那双似蹙非蹙的细眉下像是老含着泪水的眼睛，更招人喜欢。

"评梅女士光临，欢迎，欢迎!"罗章龙笑着说。

高君宇说："你怎么只欢迎评梅女士，不欢迎我呢?"

罗章龙说："你刚从欧洲归来，怎么竟忘记了欧洲人的礼仪是女士优先呢?"

一句话，逗得众人哈哈大笑起来。

不一会儿，邓中夏、朱务善等人也来了。于是，这群青年便开会讨论起有关马克思学说研究会目前的任务及活动来。在讨论即将结束时，朱务善提议请高君宇介绍苏俄之行的情况。这一提议，立即得到了众人的赞同。

高君宇从苏俄归国后，就在中共北京地委和刚刚重建的北京青年团的会议上汇报了远东大会以及在苏俄考察的情况，颇受欢迎。他所传达和介绍的列宁的指示、“远东大会”的决议和俄国以及远东各国的革命运动经验，对于成立不到一年的中国共产党来说具有十分重大的指导意义。为了使中国革命运动沿着正确的道路继续前进，他打算在一切可供利用的场合，将他所知道的这一切告诉人们。而现在马克思学说研究会的会员们提出这一要求，不用说他是十分乐意的。只见他还是那样温文尔雅，态度谦和，而浓眉下的双眼似乎更加深邃、更加有神、更加富有光彩了。他微笑着看了看大家，便滔滔不绝地讲述起来。他谈“远东大会”的盛况和决议，谈苏俄巨大的战争创伤，以及在列宁领导下的苏维埃政权和全体人民为尽快恢复经济建设而正在进行的艰苦卓绝的奋斗，谈苏俄这个全世界第一个无产阶级专政的国家所蕴藏的不可战胜的新生力量。他侃侃而谈，那滔滔不绝而又颇具卓越思想和才情的话语，仿佛一股湍急的激流。从他那博大的心海深处倾泻出来，时时撞击着人们的心灵。讲到最后，高君宇以高亢有力的音调说道：

“从苏俄归国时，我顺路考察了法国、德国等资本主义国家，这些国家的经济建设尽管目前较之苏俄要强得多，但是我敢肯定地说，这些国家的社会制度已经是日暮途穷了，而列宁领导下的红色苏俄则是旭日东升。我坚信马克思主义一定会在全世界取得最后的胜利!”

高君宇的话音刚落，整个屋子里就响起一阵热烈的掌声。坐在高君宇身边的石评梅，虽然早在前几天就听过高君宇对苏俄之行的介绍，但她现在听了之后还是那样激动和振奋。她不禁忆起高君宇由欧洲归来初次到女高师红楼看望她的情景……心中顿时涌起一股幸福的暖流。这一情景在石评梅的心中留下了极为深刻的印象，直到高君宇逝世后，她在一篇文章中还忆及此事，她写道：“信步走到游廊，柳丝中露出三年前月夜徘徊的葡萄架，那里有芗蘅的箫声，有云妹的倩影，明显映在心上的，是天辛（高君宇的化名）由欧洲归来初次看我的情形。那时我是碧茵草地上活泼跳跃的白兔，天真娇憨的面靥上，泛映着幸福的微笑!”

会议结束后，便是春游了。罗章龙对石评梅说："评梅女士是才情俱妙的才女，前几天听了你在'康慕尼斋'所作的文学专题讲演，真是令人叫绝！陶然亭这里有许多历代文人墨客的题咏，女士不可不谈谈关于诗文的见解啊！"

石评梅带着谦逊的微笑说道："像我这样才疏学浅的人，怎敢在你们面前谈诗论文呢？不过，我倒想好好欣赏一番这里的题咏碑刻。"

高君宇说道："说实在的，陶然亭的景致说不上十分好，但题咏中却有不少上乘之作。我看我们今日就以品赏诗词楹联为主要活动内容吧！"

高君宇的话，自然得到了大家的响应。因为这些马克思学说研究会的会员，大多数都喜爱古典诗词文赋。罗章龙在一篇回忆文章中说："亢斋（即'康慕尼斋'）诸子自陈（独秀）、李（大钊）以下均好古典诗，偶一写白话诗，则全废旧诗声韵格律，句长短不一。如守常（李大钊）、仲甫（陈独秀）、君宇、仲澥（邓康、邓中夏）等均为之。"他还说，"君宇好文艺"，"君宇、宋天放每读谦思旅行书简及诗辄藏袖间，爱不忍释"。因他们如此钟情于文学，故偶有闲暇便不免以谈诗论文为乐。

在慈悲庵里，高君宇他们看到这样一副楹联：

慧眼光中，开半庙红莲碧沼
烟花象外，坐一堂白月清风

对之，人们自然不免议论一番。石评梅说："此联倒也不错，只是与景似乎不符，'白月清风'估计不差，而'红莲碧沼'却无处可觅。想是作者撰写此联时曾有过此景吧？"

高君宇说："古今虽然变迁，但有一段古文却写得仿佛是现在的景致。"说着，便领着众人来至《陶然亭引并跋》碑刻前。众人一看，只见上面镌刻的文字是：

> ……面西有陂地，多水草，极为清幽，无一点尘埃气，恍置身于山溪沚间……

众人看毕，都说“确与眼前景致没有两样”。高君宇说：“我所以喜爱陶然亭，就是因为它无一点尘埃气。”罗章龙开玩笑地说：“那你就和江藻一样在这里盖两间房来居住吧。”

在陶然亭一带的古建筑上古人题咏、碑刻、楹联甚多，诸如：“烟笼古寺无人到，树倚深堂有月来”“爽气抱城来，拄笏看山宜此地；绿荫生画静，凭栏觅句几闲人”“客醉共陶然，四面凉风吹酒醒；人生行乐耳，百年几日得身闲”……然而最能引起人们兴趣的则是林则徐那副楹联：

> 似闻陶令开三径
> 来与弥陀共一龛

他们由联语谈到人，又由林则徐禁鸦片运动谈到当前的革命斗争，谈兴愈来愈浓，不觉来到锦秋墩南坡……

后来，邓中夏说是要到附近的龙泉寺看古代书法家董其昌亲笔书写的《金刚般若波罗蜜经》石刻，便同罗章龙、范鸿劼等人走了。锦秋墩上只留下高君宇和石评梅，而在他们周围只是累累坟冢，萋萋墓草上点缀着星星点点的野花。石评梅说：“这地方倒是十分幽静、美丽！不愧是‘红尘中清凉世界’！”

高君宇说：“是啊！偌大一个北京城，只有陶然亭是块最干净、最美丽的土地。然而，我所以喜爱这个地方，还有一个重要原因，就是在这里留下了许多爱国志士的足迹。譬如，鸦片战争中的主战派代表人物林则徐多次来此游览，并留下楹联墨迹；龚自珍曾在这里以诗明志；康有为、梁启超、谭嗣同等人曾在这里计议过变法维新；在戊戌变法中牺牲的康广仁就安葬在这里；章太炎因反袁称帝也曾被囚禁在这里的龙泉寺；民国初年，孙中山先生来北京后还在这里参加过政治集会……我每次游陶然亭，都会情不自禁地想起这些爱国志士。"

石评梅听着、听着，不觉深深地感动了。她沉思半晌，轻轻地喟然长叹一声："可惜，在这么多爱国志士中却没有一位女杰。"说完，便默然无语，遥望着远处的残堞……

高君宇对石铭先生的这位女公子是颇为了解的，知道此时在她的胸中正涌动着爱国激情的春潮。他望了一眼石评梅那娟秀的面庞，不禁思绪万千，想起关于石评梅的许多事情来。

石评梅原名汝璧，1902 年 9 月 20 日诞生在山西平定县的一个书香世家。她从小就十分聪慧，酷爱读书，因之，其父石铭对她寄以很大的希望。她不负父望，在山西省立女子师范读书期间，每次考试必名列前茅，而且喜音乐（对风琴尤为娴熟），擅歌舞，长于体育，尤喜诗文，因之被师友视为"才女"。由于她有很高的声誉，又有很强的组织能力，学校开会她常常是组织者和主持者。在一次学潮中，因她是主要骨干，险被学校当局开除。在五四运动中，学校严禁女生出校，但她通过组织同学撰写文章，编印刊物，参加了这一反帝爱国斗争。1920 年在山西省立女子师范学校毕业后，她"慨国事之日非，悯女学之不振"，毅然辞别双亲，负笈抵京，考入北京女子高等师范学校，入体育科，立下了"以健康之精神，作伟大之事业"的宏愿。

对于这样一位女中之杰，高君宇自然十分喜爱、赞赏。因此，自从他在同乡会里第一次见到石评梅起，他就铭记不忘这位"才女"了。而石评梅早已从父亲以及朋友、同乡的口中得知高君宇是一位五四运动的健将，忧国忧民的志士，但总以为未必名副其实，直至见到时，方信传言无讹。从高君宇那卓越的思想、精辟的议论、锐利的词锋、敏捷的才思以及温文尔雅的举止中，石评梅看到这个儒雅中透着英爽、温柔中含有刚毅的青年，既不像粗鲁的武夫，也不像轻浮的纨绔子弟。于是，一向高傲的石评梅的眼睛里泛出钦佩、仰慕的光波。

从此，两人开始了交往。无奈，高君宇整天忙于革命活动，他们的来往并不很多。但偶一相遇，他们就有谈不完的话，谈理想，谈人生，但谈得最多的则是社会改造。渐渐地，在高君宇的影响下，石评梅对马克思主义产生了兴趣。因此，当高君宇希望她加入马克思学说研究会时，她欣然同意了……

想到这里，高君宇不禁以敬慕的目光投向石评梅。当他看到石评梅也用那双似含泪水的眼睛痴望着他时，他的心顿时“咚咚”地跳了起来，而脸色随之也红了。为了掩饰自己的窘态，高君宇赶紧找了一个话题，说：

“我前几天读了你的几首诗，但我最喜欢的是你发表在《新共和》1卷1号上的那首新体诗《夜行》，至于你那首旧体诗《哭落花》，就不敢恭维了。”

石评梅一边手里捏弄着一朵野花，一边说：“新体诗我自然喜欢，但我同样也喜欢旧体诗。有人说，旧诗太重形式，没有灵魂，是死文学。但我不这样认为，譬如李太白、苏东坡等古人的千古绝唱，如果是死文学的话，又怎能流传千古？再如李守常先生的旧体诗，不也为当代青年所喜爱吗？我认为，一首诗的优劣不能用形式的新旧来衡量。自然，我说这番话，并不是为《哭落花》辩护，我只是想从理论上来谈谈自己的看法。”

“你的看法我以为并无不妥之处。我历来论诗不以形式新旧为标准，而是以思想境界为标准，譬如《哭落花》一诗写得似乎有点悲悲戚戚、凄凄惨惨了，什么‘哭花无语泪自挥’，这样的诗句怎能给人以鼓舞和力量？而《夜行》则不是这样，字里行间充满勃勃生气，我最喜欢的是其中第四节对朝阳的赞美。”说到这里，高君宇便引吭高吟起来：

哦！一霎时，青山峰头，
拥出了炎炎的一轮红光；
伊的本领能普照万方；
同胞呀！
伊的光明是出于东方！……

吟毕，高君宇神采飞扬地说：“这诗句何等清新，何等刚劲，何等鼓舞人心！”

听了高君宇的话，石评梅不好意思地微笑着说：“你的诗论很有道理，我今后作诗一定向这个目标努力。只是不知能否达到一个较高的境地。”

后来，他们谈到石评梅前几天发表在《晨报副刊》上的剧本《这是谁的罪?》石评梅说，这是她应女高师第二级级友会组织的游艺会的急需，用两夜时间赶写出来的，写得还不很成熟。高君宇认为，剧本的主题是争取婚姻自由和妇女解放，这一点首先就应当予以肯定。他希望石评梅能够多写一些反映现实斗争的作品。

“嗬，你两个还在这里呀！让我们在湖畔到处好找哪！”

高君宇闻声回头一看，原来是邓中夏、罗章龙他们从龙泉寺回来了。看看天色已晚，他们便走上了归途。在归途上，石评梅对高君宇说：“陶然亭不愧是‘红尘中清凉世界’，清雅幽美，给我留下了极为美好的印象！”

五月，在羊城

陶然亭集会之后，高君宇立即与李大钊、邓中夏等同志一道发起北京非宗教大同盟运动。

这次运动的直接原因是受帝国主义指使的世界基督教学生同盟决定 1922 年 4 月上旬在北京清华学校召开第 11 次大会。这时，参加世界基督教学生同盟大会的各国代表已经陆续来到北京。青年共产国际代表达林后来这样回忆说："四月初我到达北京，同前来参加基督教教育青年会学生组织世界代表大会的外国代表正好同住一个旅馆。那里什么人都有，女修道士、牧师、各国大学生——英国、德国、法国、美国，还有印度，黑人和欧化了的中国女性，甚至还有俄国基督教青年会的代表，大概是从哈尔滨找来的。最令人惊讶的是，在基督教青年会的代表中间很少有青年人。他们几乎都在中年以上，其中许多人已经秃顶并胡须花白了。"4 月 4 日，在中国人民的一片反对声中，世界基督教学生同盟第 11 届大会在清华学校开幕。北洋军阀政府对帝国主义的这次挑衅不但不予制止，反而特派大批军警到会场维持治安。政府总统徐世昌还接见了这次大会的代表。

帝国主义的挑衅和军阀政府的无耻行径，激起了全国人民的义愤。李大钊等 12 名著名人士当即在《晨报》上发表了《非宗教者宣言》。接着，在邓中夏、高君宇等人的具体组织下，在北京大学第三院举行了北京非宗教同盟讲演大会，批判了帝国主义利用宗教麻醉人们灵魂的消极作用。

就在这时，高君宇接到中共中央的通知，要他速往上海参与筹备社会主义青年团全国第一次代表大会的工作。

来到上海后，高君宇就住在临时团中央机关所在地。在筹备团"一大”中，高君宇将从青年共产国际和苏俄共青团学习到的经验，运用到筹备工作上，在重新确定中国社会主义青年团的组织建设形式、工作内容、团的纲领及斗争策略等方面，做了大量的卓有成效的工作。

4月下旬，高君宇和施存统、蔡和森等同志陆续来到广州，以组织召开社会主义青年团第一次全国代表大会。

不久，北京、天津、上海、湖南、湖北等地青年团的代表也都陆续赶到了。在这里，高君宇见到了C·A·达林、陈独秀、谭平山、张太雷、刘少奇、俞秀松等同志，还见到了在他影响和指导下成长起来的青年战士、太原青年团代表贺昌。

贺昌虽然年纪很轻，但革命热情极高，且颇有才干，具有出色的组织领导才能，因此，一向深受高君宇赏识和器重。高君宇自从赴苏俄参加“远东大会”到现在，还没有见过这位“小弟弟”，只是以通信的方式保持着联系。而今一见，自然格外高兴。两人同住一室，常常一谈就至深更半夜。

5月1日，是第一次全国劳动大会开幕的日子。大会开幕之前，举行了盛大的游行活动。由工人、学生和青年团员组成的游行队伍浩浩荡荡地穿街过巷，向大会会场公园行进，几百面红旗迎风飘扬，人人手中擎着用红纸做的小旗帜，上面写着：“五一劳动节万岁”“共产国际万岁”“苏俄万岁”……一位当时正在高楼上的外国目击者这样回忆道：“这是惊人的场面。各街道都挤满了工人。一片红旗的海洋。游行队伍宛若红色的巨流……”

来到公园里，高君宇看到不少青年团员正在热情地散发宣言和传单，并出售共产主义书籍。劳动大会开幕式就在这里隆重举行。在主席台上，每一个发言者的讲话都是热情洋溢的。中国共产党和中国社会主义青年团的代表以及工会的领导人都先后讲了话。一位从华北来的代表讲到激昂处，竟咬破手指，血书“誓死斗争”四字……会场气氛极为热烈。

5 月 5 日是马克思诞辰 104 周年纪念日。这一天，中国社会主义青年团第一次全国代表大会隆重开幕。这次大会所以选择这个日子，显然是为了强调青年团信仰马克思主义。

大会开幕式是在广州的一个公园里举行的。台上，悬挂着马克思的大幅肖像。在主席台上坐着高君宇等来自全国各地的 25 名代表和中共负责人，以及青年共产国际代表。广州各界群众 1500 人聚集在台下，熙熙攘攘，黑压压一片。张太雷致开幕词后，陈独秀代表中共中央作了关于马克思和马克思主义的长篇讲演。达林受青年共产国际委托讲了话，他转达了青年共产国际执行委员会对大会的祝贺，说明了这个组织的性质、任务，强调了对中国社会主义青年团有现实意义的青年共产国际的那些原则。施存统作了中国社会主义青年团临时中央的工作报告。在会上发言的还有其他 10 多名同志。会议气氛十分热烈。达林后来回忆说："这一天过得很愉快，在距马克思的祖国一万五千公里的广州，在距莫斯科有二十天路程甚至还要远一些的地方，在遥远的中国，在几乎是热带的地方，隆重纪念着一个学说奠基者的生辰，这个学说开创了人类历史的新纪元。"

会议一直开到 5 月 10 日。通过了团的纲领、团的章程，以及《青年工人农民生活状况改良的决议案》《关于政治宣传运动的决议案》、《关于教育运动的决议案》《中国社会主义青年团与中国各团体的关系之决议案》。在这些文件中，倾注了蔡和森、施存统、高君宇等同志大量的心血。

大会选举产生了团中央执行委员会，由蔡和森、张太雷、施存统、高君宇、俞秀松 5 名委员组成。施存统任书记。高君宇分管《先驱》的编辑工作。

这次大会宣告了中国社会青年团正式成立，成为中国青年运动发展史上的一个里程碑。

大会之后，高君宇一度留在团中央所在地上海工作，负责编辑《先驱》。

后来，高君宇根据党组织安排，由沪返京。

一路上，他看到的是城市和农村工农业破产的种种惨景。不禁想起出席团“一大”的青年共产国际代表达林对他讲述的关于由京赴沪的见闻：“……见到的又是铁路沿线车站上成群结队赤身裸体求乞的孩子们，又见到外国人的恶作剧：向人群扔铜圆，挑起衣衫褴褛、饥饿疲惫的乞丐们殴斗和哭喊。一路上向窗外望去不时可以看到熟悉的场面：中国农民拉着沉重的原始木犁，在泥泞的稻田里吃力地躬耕……”想到这里，高君宇嘘唏浩叹起来，心情沉重的就像压上了一个铅块。

回到北京后，高君宇便参加了党团的活动。一天夜里，他刚从北大红楼李大钊办公室回到寝室，就听到有人轻轻地敲门，开门一看，高君宇不禁惊喜地叫了起来：

“啊，原来是你呀!”

来人是王振翼，只是这位太原团组织的负责人那往日的神采仿佛已消失殆尽了。

高君宇一边倒茶，一边问：“你这次来京有什么事呢?”

王振翼长叹一声，愤然说道：“《平民周刊》被‘土皇帝’阎锡山查封了!”接着便把查封的前因后果说了一遍。

高君宇听完介绍显得十分镇定，他沉思片刻后，以坚定的口吻说道：

“对于这件事，我的态度是，第一，《平民周刊》一定要办，但办的方式要改变；第二，关于你的问题，我觉得，你已经成了阎锡山迫害的对象了，若继续在山西待下去，与你、与革命都不利，所以你必须离开山西，最好能到北京来。这仅是我个人的意见，待我向守常先生汇报后，再作最后的决定。”

几天后，高君宇对王振翼说：“组织决定，要你离开太原来北京工作。至于《平民周刊》复刊的问题，待以后再作商量。”

不久，王振翼离开了太原，来到北京，参与开展北方工人运动。

这时，中国劳动组合书记部由上海迁到北京，高君宇参与编辑的《工人周刊》便成为劳动组合书记部的机关刊物。这对北方的工人运动无疑是一个很大的鼓舞。为了利用各军阀、政派之间的矛盾，李大钊利用他的老同学、吴佩孚幕下的政务科长白坚武的关系，已经指派何孟雄、张昆弟等6名同志，以密查员身份，分赴北方6条铁路线上开展工人运动去了。而高君宇在参与编辑《工人周刊》的同时，把长辛店作为活动基地，继续开展工人运动。

“单刀赴会”

少年中国学会杭州年会召开的日期愈来愈近了。为了通过这次年会而确定学会社会主义政治方向，北京总会除了由李大钊、邓中夏、黄日葵、刘仁静、陈中瑜、沈昌6名未能参会的会员在会前起草了《为革命的德莫克拉西（民主主义）》的提案之外，还决定派高君宇一人参加这次年会。

一想到上次南京年会上的那场激战，高君宇就深深地感到这副担子十分沉重，但他决心不辜负李大钊先生和邓中夏等战友的重托，一定要在杭州年会上据理力争。离京前夕，同志们开玩笑说：

“尚德君，你这次参加杭州年会，可以说是‘单刀赴会’‘舌战群儒’呀!”

高君宇以坚定的口吻回答道：

“有你们作后盾，有《为革命的德莫克拉西》撑腰，我‘舌战群儒’

的信心更足了！"

高君宇首先来到了上海。他受李大钊委托向党中央汇报了北京地委的工作情况。就在这时，他听说从苏俄归国不久的"社会主义大家"江亢虎要在上海职工教育馆作题为《俄国现状》的讲演。江亢虎是江西弋阳人，早年曾历任北洋编译局总办、北洋官报总纂、刑部主事和京师大学堂日文教习等职。他暗暗思忖："我正想听听这位出国一年后的'社会主义大家'又有何新的论点呢！"

江亢虎的讲演并不精彩，"全篇演说词极没有次序"。他在讲演中讲了关于苏俄的四个问题：一是武力革命，二是无产阶级专政，三是少数极权，四是世界革命。在高君宇听来，"他的议论并不清晰"，这还无关要紧，最使高君宇难以容忍的是，他的讲演主旨"确是属于完全反共产主义的一面"。他在讲演中极尽歪曲之能事，大肆攻击和诽谤红色苏俄和共产主义。高君宇在走出会场时，已打定主意：笔伐江亢虎这个"社会主义大家"！

回到寓所里，高君宇对几位前来看望他的同志讲述了江亢虎讲演的情形，愤愤地说："我这次主要是去杭州参加少年中国学会年会的，没想到在这里碰到了这个'社会主义大家'的表演。既然碰上了，那我就不妨顺便笔伐一下，这也是一个难得的斗争机会啊！"

待朋友们走后，高君宇就奋笔写起一篇题为《听了江亢虎君讲演之后》的文章来。在文章中，他一一批驳了江亢虎诬蔑苏俄的种种谬论。

这篇文章很快就在 1922 年 6 月 23 日《民国日报》副刊《觉悟》上发表了，给了江亢虎这个刚刚归国的"社会主义大家"当头一棒，而人民大众则通过读这篇文章进一步看清了江亢虎的本来面目。

6 月下旬，高君宇由上海来到了杭州，准备参加少年中国学会杭州年会。

对于这个"人间天堂"，高君宇虽曾多次来过，但来也匆匆，去也匆匆，未能尽领其佳妙。党的“一大”后，他和刘仁静倒是认真游过一回西湖，但也只是月夜泛舟湖上，未能遍览各处名胜古迹。因此，他此次来到杭州后，便在会前尽兴游览了一番西湖。

然而，当他来到栖霞岭下的岳王庙时，当他默默缓行于鉴湖女杰秋瑾墓畔时，他的心不禁变得沉重起来。他抚今思昔，感慨不已。这里，诗词、楹联甚多，但他最喜欢的则是秋瑾墓前的一副佳联：

浙东西冤狱成三，前岳后于，浩气英风侠女子
湖南北高峰两座，残山剩水，惊魂血泪葬斯人

他觉得，现在国家之沉沦依然如故，所不同的是祖国已有大救星中国共产党了。尽管今后的革命事业仍然充满了艰险，免不了流血牺牲，但中华民族一定会巍然屹立于世界的东方。想到这里，他感到肩上的责任更加重大了。于是，他又想起了即将拉开序幕的少年中国学会杭州年会。他知道，这次年会上的斗争必然还是十分激烈的。自南京年会之后，他就敏锐地嗅到学会内斗争的火药味愈来愈浓了。因此，他对学会内的斗争形势作了认真的分析和研究，并确定了他在这次年会上的斗争策略：“团结多数中间派，与少数右派作斗争！

1922 年 7 月 2 日，晴空万里，白云数朵。一只游船飘荡于水波潋滟的西湖碧波之上。船上坐着 10 名风度儒雅的青年，他们是少年中国学会会员陈愚生、陈启天、杨贤江、曹刍、左舜生、朱自清、沈昌、金海观、李儒勉，自然还有高君宇。他们不是在西湖寻幽探胜，而是在召开少年中国学会杭州年会。

游船在湖面上悠悠飘荡着。从船中望去，只见湖平似镜，水天相接；岸柳含烟，远山呈翠。时有微风吹来，从湖畔传来的鸟声时断时续，从湖面上飘来的荷香时有时无……置身其境，谁能不心旷神怡，乐

而忘返？然而，此时的高君宇却无心去领略和享受眼前这一切，他在思考着如何通过努力将学会改造成为一个马克思主义的团体。

会议终于开始了。

左舜生以大会主席的身份报告了学会一年来的活动情况。在报告中，他除了讲述会员的变迁，以及编辑出版丛书、月刊等情况之外，特别强调了学会参与政治运动的情况。他说："在这一年里，我们学会不仅参加了反基督教同盟大会，并成为非宗教同盟之一员；而且还派人出席了在莫斯哥（即莫斯科）举行的民族自决大会和旨在对抗华盛顿太平洋会议的远东大会……"

然而，高君宇已听出左舜生的"弦外之音"：你高君宇不是曾指责我们学会"无共同主义，在先所做的事，尽有背道而驰的"吗？但实际情况却是，没有共同主义，我们学会照样办了许多并不"背道而驰"的活动。你还能再指责学会无共同主义是一种缺憾吗？

高君宇不禁一笑。

左舜生报告完毕，会议接着讨论了此次杭州大会的地位及态度。讨论结果，决定此次会议案用年会名义并签到会人名发表，各项决议只能表示少数人的意见，并不求多数的服从。

当会议进入讨论政治活动问题阶段时，气氛顿时热烈起来。不知什么时候起风了，湖面上涌动着粼粼碧波。

左舜生的发言与南京年会时相比似乎有所变化，他说："对目前的时局不应该不表示明白的态度，一方面借力舆论推翻军阀；一方面对于推倒军阀的团体，在精神上予以积极的援助。"

紧接着，参会者纷纷发言，主张各不相同。在陈启天、朱自清发言之后，高君宇发言了，他说话的声音不算很高，但口气十分坚决，他说：

"我们的团体非有明白的主张不可。这种主张就是主义。我自身是信马克思主义的……并希望学会采取马克思主义。我相信无明显的主义便不能做出什么事业。就目前而论，采取明显的主义虽不可能，而采取共同的趋势却是必要，并且可能……”

说到这里，高君宇朝船外望了望，只见碧波滚滚之上，一只矫健的水鸟正飞掠而过……他继续说道：

“我们对于时局的态度，应当脚踏实地，根据目前的政治及经济的实况。就现状而言，中国所有者——外国的帝国主义及国内军阀、外国资本家——除经济的侵略，并利用政治以达到他们的目的。结果中国的政治陷于半独立状态中。因此，除反对军阀以外，我们应于任何可能范围内揭露帝国主义的阴谋。美帝国主义也在反对之列……”

人们静静地听着。高君宇的讲话，到后来声音愈来愈大，情绪愈来愈激昂：

“至于打倒军阀的方法，我们第一步就是用舆论唤醒国人对军阀的反抗意识。只要全国民众起而战斗，无论军阀多么强大、多么凶恶，都可以打倒他们。同时我们要联合一切革命团体，一起为革命的德莫克拉西而斗争。凡是赞成民治主义者，我们都应当表示同情，并监督他们不许与军阀联合。我们更不能赞成小资本主义的妥协主义。所谓妥协，就是投降！”

高君宇的讲话结束后，人们经过一番很激烈的讨论，结果在掌声中通过以下决议：

> 本会对时局的主张：对外反对帝国主义的侵略，对内谋军阀势力的推翻。为实现此种目的，本会用舆论及其他方法为独立的活动。同时国内外任何团体，凡实际上能作此种民治主义的革命运动者，本会于必要时得以相当的协力。

这时，一阵劲风吹过，湖中波涛激荡起来，发出深沉有力的声音。一群水鸟穿飞在水天之间……

在讨论主义时，高君宇再次提出学会不可不采取主义，而且不可不为马克思主义的观点，但却遭到左舜生等人的反对，他们认为："我们仅能揭示希望的趋势，而不能确定什么主义"，"目前强定一种任何主义大可不必，且不可能"。最后，大会只通过了这样一项决议，即学会要确定主义，必须先向全体会员进行调查，然后抽出共同点作为全体活动的共同目标。

杭州年会结束后，中国社会主义青年团中央机关刊物《先驱》发表文章对这次少年中国学会年会关于对时局的主张的决议作了较高的评价，称"这是中国知识阶级最有意义的一个进步。"

但是，高君宇已经越来越清楚地看到这个宗旨不明、人员复杂、组织涣散的团体已面临着不可避免的分化。因此，在杭州年会后，他尽管被推为学会候补评议员，但他很少参加这个学会的活动了，果然不出所料，少年中国学会的分化愈来愈严重，以至达到不可调和的地步。1925年7月，也就是高君宇逝世4个月后，这个学会终于停止了活动。

党中央执行委员

少年中国学会杭州年会结束后，高君宇又来到了上海。

上海，这个被人们称之为"冒险家的乐园，善良者的陷阱"的十里洋城，高君宇不知来过多少次了。他熟悉这里的一切，也厌恶这里的一切。这里有高楼大厦、花园洋房，但更多的是低矮、破烂、简陋、肮脏的贫民窟；这里有灯红酒绿、纸醉金迷，但更多的是饥寒交迫、悲号惨呼；这里有漂亮的小汽车威风凛凛地奔驰，但更多的是拉黄包车的车夫那急促的喘息……"天堂"与"地狱"交织在一起，这就是上海！这就是整个中国的缩影！每当置身于此，他的心就会默然喊道：

“这黑暗的世界一定要埋葬!”

而这些年来，高君宇所从事的不正是埋葬这个旧世界的事业吗？为了使这一伟大的革命事业早日取得成功，他不惜牺牲一切：金钱、安乐、学业、甚至生命。就拿学业来说吧，他在北大读书整整 6 年，但真正用于学业的时间并不很多，特别是近二三年来，他简直成了一个职业社会革命家。现在，他已经毕业了，虽然被聘为北大教师，但那只是挂名而已，他把所有的时间和精力都倾注在这埋葬旧世界的革命事业中去了！

高君宇这次由杭州到上海，是作为中共北京地委的代表而来参加即将在这里举行的中共第二次全国代表大会的。大会定于 7 月中旬召开。会前，高君宇协助陈独秀、张国焘做了不少筹备工作。在陈独秀的主持下，高君宇、张国焘这些参加了“远东大会”的同志，将列宁和共产国际的指示精神以及苏俄的一些经验融汇于大会的文件草案之中，对于大会制定党的彻底的民主主义革命纲领起到了积极的作用。

1922 年 7 月 16 日，中共第二次全国代表大会在上海开幕了。陈独秀、李达、张国焘、蔡和森、高君宇、施存统、项英、王烬美等 12 人，代表全国党员 195 人，出席了大会。在这些代表中，有几人是出席过“远东大会”的，因此，大会的气象与以前大大不同。李达后来回忆党的“二大”时说，这时气象有些新鲜，那些出席了“远东大会”的青年同志“会唱国际歌，行动也很敏捷，带来了一些新的作风。他们看到我们国内这些党员俨然是学者式样，他们就送我们一个绰号‘学究派’”。

中共“二大”第一次会议，是在上海英租界南成都路辅德里 625 号举行的。陈独秀代表中共中央向代表大会作了一年来的工作报告；张国焘报告了出席远东大会的经过以及全国第一次劳动大会的情况；团中央书记施存统报告了社会主义青年团第一次全国代表大会的经过以及大会通过的决议。

鉴于当时的政治环境恶劣，“二大”决定少开全体会议，而且每次会议地址都要更换。因此，在“二大”召开的8天时间里，仅举行了3次全体会议，其余时间是起草文件和分组讨论。在起草文件和分组讨论中，高君宇多次发言，他的不少观点深得与会者赞同而被写入大会的文件之中。

这次大会在对国际形势和国内状况客观分析、正确认识的基础上，提出了党的最高纲领：“中国共产党是中国无产阶级政党。他的目的是要组织无产阶级，用阶级斗争的手段，建立劳农专政的政治，铲除私有财产制度，渐次达到一个共产主义的社会。”提出了党的最低纲领：“消除内乱，打倒军阀，建设国内和平”；“推翻国际帝国主义的压迫，达到中华民族完全独立”；“统一中国本部（东三省在内）为真正民主共和国”。

大会在制定民主革命纲领的同时，提出了为实现这个纲领所必须采取的建立民主主义联合战线的策略，以及党在联合战线工作中的政策和原则。

这次大会选举产生了新的中央执行委员会。陈独秀、张国焘、蔡和森、高君宇、邓中夏为中央执行委员，陈独秀为书记。

7月23日大会闭幕后，高君宇立即赶回北京，向北京地委的同志们传达了党的“二大”会议精神，并根据党的民族民主主义革命纲领的精神，和蔡和森、范鸿劼、刘仁静、缪伯英等人发起组织旨在宪法上争取确立民权（包括人民权利和自由，尤其是集会、结社、言论、出版、游行示威和罢工之自由）的北京民权运动大同盟。作为8名筹备员之一的高君宇，负责起草了“同盟”章程。经过紧张而积极的筹备，北京民权运动大同盟不久在北大三院礼堂召开了成立大会，高君宇主持了大会。大会决定出版《民权周刊》。

民权运动大同盟成立后，首先与中国劳动组合书记部联合发起劳动立法运动；接着又发起取消治安警察法运动，以及声援北京学联驱彭运动……

就在民权运动大同盟成立不久，高君宇得到一个消息：8 月 9 日被租界法国巡捕房拘捕的陈独秀，经多方营救，已于 8 月 18 日出狱了。同时，他还接到中共中央关于在杭州西湖召开中央特别会议的通知。

来到杭州时，高君宇见到了出狱不久的陈独秀、因营救陈独秀而早已离京的李大钊、刚从苏俄来到中国的马林，以及蔡和森、张国焘、张太雷等人。

张国焘悄悄向高君宇透露了这次即将召开的西湖特别会议的有关情况。这次中央全委会是在共产国际驻中国代表马林提议下召开的，中心议题是关于国共联合的问题。高君宇还了解到，马林对“二大”通过的关于民主联合战线的决议精神似有不满。因为“二大”决议赞成与国民党联合，但反对采取加入国民党的形式；而马林则认为共产党员以个人资格加入国民党，以实现国共合作统一战线，是唯一可行的办法。共产国际采纳了马林的这一主张。马林这次是带着共产国际的指示来参加会议的。

8 月 29 日，中共中央西湖特别会议召开了。二届中央执行委员陈独秀、蔡和森、高君宇、张国焘，以及李大钊、马林、张太雷共 7 人出席了会议。会议围绕采取何种方式加入国民党这个问题的争论是相当激烈的。

在这种气氛中，会议进行了两天。

最后结果是中共中央全委会接受了马林和共产国际关于中共党员加入国民党的主张。但对马林关于全体党员加入国民党等方面的提议作了修正。会议只决定：部分共产党员，即中共少数负责人加入国民党，同时劝说全体党员加入国民党。

西湖特别会议，无疑是中国共产党关于国共合作政策的转折点。

西湖特别会议还根据共产国际给马林信中关于中国共产党应建立独立的宣传机构，以“宣传与外国帝国主义作斗争，创建民族独立的中华民国以及组织反对中外剥削者的阶级斗争的主张”的指示精神，抽出时间研究了中央的宣传工作。在讨论中，不少中央执行委员提议“在北京办一《远东日报》，专是宣传国民革命”；而马林则认为办《远东日报》有许多困难，他说：“第一，中共一时能力不足；第二，恐不久被反对当局查封；第三，目前暂无必要办这样大的机关报，而只应办一种周报。”马林的话得到了大家的赞同，于是经过一番讨论，决定创办一份周报，以作为中共中央机关报。而创办这一周报的任务由谁完成呢？大家一致推举了两位青年“秀才”：一个是蔡和森，一个是高君宇。

这时，孙中山先生因陈炯明叛变而被迫离开广州，避居上海。一团绝望的惨雾弥漫在孙中山的心上。

然而不久，孙中山在绝望中看到了一道希望的红光，这就是中国共产党的帮助。西湖会议后，李大钊、陈独秀等受党的委派，先后与孙中山、张继等国民党领导人会晤，商洽国共合作问题，并表示支持孙中山继续完成辛亥革命的未竟事业。之后，李大钊由张继介绍，孙中山主盟，第一个以个人资格加入国民党。孙中山对李大钊说：“你尽管一面做第三国际党员，尽管一面加入本党帮助我。”

不久，陈独秀、蔡和森、高君宇、张国焘等中国共产党的负责人，也先后加入了国民党。

孙中山极为振奋地表示，要“在斗争中依靠他们的明确的思想和无畏的勇气”。

于是，第一次国共合作的序幕拉开了！

《先驱》

从杭州来到上海后，高君宇在负责编辑团中央机关报《先驱》的同时，便和蔡和森一起紧张地筹办起党中央机关刊物来了。

这真是一对极佳的搭档。高君宇早在中学读书期间就享有文名。考入北大后，不仅在“新闻学研究会”里掌握了新闻理论和采访编辑技巧，而且配合革命运动撰写了一系列识见超群、文笔犀利的政论文章。随着对马克思主义理解的不断加深，他的文笔愈来愈像匕首一样锋利、似炸弹一样富有战斗力、如战鼓一样富有鼓动性。此外，他还在轰轰烈烈的革命运动中参与编辑过《北京大学学生周刊》《工人周刊》《先驱》等报刊，积累了丰富的编辑报刊的经验。而蔡和森则对马克思主义理论研究有很高的造诣。他早在 1918 年 4 月就和毛泽东创办了“新民学会”。1919 年秋赴法国勤工俭学后，不仅组织了工读互助社，而且以极大的革命热情，开始刻苦学习马克思列宁主义的经典著作。后来，他又研读并翻译了《共产党宣言》《社会主义从空想到科学的发展》《国家与革命》《无产阶级革命与叛徒考茨基》《共产主义运动中的“左派”幼稚病》等，并在此基础上全面提出了建党的一系列理论问题。正因为如此，法国当局以从事“共产主义宣传”的“罪名”将他和其爱人向警予驱逐出境。中共中央认为，让蔡和森、高君宇来创办党中央机关刊物是最佳人选。

果然不负众望，这两位年轻的中央执行委员在筹办刊物中很快就显示了卓越的才能。他们不仅将党的反帝反封建的纲领作为办刊的宗旨，制定了编辑思想和组稿计划，而且为这一即将诞生于革命风暴中的刊物拟了一个寓意颇深的名字——“向导”。啊！向导，不就是引导全国人民同帝国主义、封建军阀英勇奋战的旗帜吗？不就是照耀着中国革命航程的灯塔吗？因此，当他们在中央会议上汇报了办刊宗旨和刊物拟定名称后，立即得到了大家的赞同。

在朝夕相处、共同战斗中，高君宇和蔡和森结下了深厚的革命友情。蔡和森，中等身材，长圆脸、尖下颏、深眼窝、高鼻梁，显得清秀聪敏，老成持重。尽管在法国留学二年，但他那湖南口音似乎没有多少变化。他身体单薄，且患有哮喘病，但性格坚强、刚毅，思想极为活跃。加之，他年长高君宇一岁，故高君宇以兄视之，颇为敬重。但谦虚的蔡和森却从不以兄长自居，他对高君宇那火一样的革命热情，海涛一样奔腾的思想，以及卓越的才能，优雅的谈吐非常钦佩。因两人交往甚密，高君宇在工作之余便经常到蔡和森的住处与蔡和森、向警予促膝交谈。这三位革命青年聚在一起，格外融洽、欢畅。他们以诚相见，没有顾忌，也没有虚伪。天南地北，海阔天空，无所不谈。高君宇讲述苏俄见闻和远东大会，而蔡和森、向警予则讲述他们在法国勤工俭学时的情况：譬如在马赛港见到的中国政府驻马赛的领事竟然不是中国人时的愤怒，瞻仰“巴黎公社社员墙”时的振奋，以及华法教育会停发维持费后他们所干的“下贱活”和与无政府主义者的那场“森林论战”……当讲到他两人在蒙达尼市公园里晨读的情景时，向警予不再继续说下去了，秀丽的脸上渐渐现出淡淡的红晕……高君宇一看，心里就明白了七八分，便开起玩笑来：

“听说在你俩的婚礼上，和森拿着一本亲手刻印的《向蔡同盟》诗集，这本诗集里的诗歌是不是你俩在蒙达尼公园里创作的呢?”

蔡和森不好意思地微笑着，默默无语；向警予红着脸，笑着说：“君宇你想到哪里去了。那些诗歌是我们在法国的即兴之作，并不是什么爱曲恋歌。”

高君宇笑着说：“既然如此，那就请你们朗诵其中一两首代表作吧!”

“你真坏!”向警予假装嗔怪地骂了一声，便低下头“吃吃”地笑了起来。

于是，这间简陋的屋子里便溢满了笑声。

然而，他们谈论最多的则是正在筹办之中的《向导》和编辑《先驱》的事情。当然，还有向警予这位中共中央妇女部负责人所关心的妇女运动。

有时，他们聊到吃饭时，向警予便以女主人的身份下厨做菜，以招待高君宇这位小她一岁的“小弟弟”。

然而，一工作起来，高君宇就像上足发条的钟表指针一样不停地转动起来。他将全部身心都投入到工作之中去了。团中央书记施存统常常关切地说：“这一段可把你累得够呛：既要筹办《向导》，又要负责编辑咱们团中央的《先驱》，你可要多注意点自己的身体啊!”

高君宇诙谐地笑着说：“我们编的是《先驱》，如果没有一点先驱者的精神，怎能使我们的报纸发挥先驱的作用呢?”

一句话，把施存统说笑了。

的确，高君宇是以这种精神来编辑《先驱》的。在这份报纸中，凝聚着高君宇多少心血和汗水啊!

《先驱》是中国社会主义青年团的机关报，自 1922 年 1 月 15 日创刊以来，开始三期由邓中夏主编，由北京地方团组织出版；后因被北京反动军阀政府禁止，从第 4 期起转归设于上海的青年团临时中央局出版，由施存统主编；1922 年 5 月，中国社会主义青年团在广州召开第一次全国代表大会以后，从第 8 期起即由团中央执行委员会委员高君宇负责分管《先驱》的编辑工作。在编辑出版《先驱》中，他们历经重重艰险和困难。由于青年团经费困难，《先驱》的出版工作，从约稿、写稿、校对、跑印刷厂，均由他们自己承担，而且大都是义务的。由于环境险恶，他们就连出版发行人及编辑部地址均未署名。如读者欲订阅《先驱》，只能与该报代派人联系。刊物主要是通过各地团组织秘密发行的。

尽管艰险重重，但是在高君宇等党团负责人的努力下，《先驱》还是坚定地按照既定的办刊宗旨走向全国青年，成为引导青年运动的“先驱”。它在努力传播和普及马克思列宁主义理论，批判和抨击中国的基尔特社会主义，配合进步青年发起非基督教运动，介绍苏维埃俄国的情况以及国际共产主义运动著名人物事迹等方面做出了重要贡献。每当高君宇看到《先驱》在青年中间争相传阅的情景，他的心里就感到格外欢畅！

在“国际少年纪念日”将要到来的时候，施存统和高君宇等同志一起商量了将《先驱》第 11 期定为“国际少年纪念日专号”的问题。负责分管《先驱》编辑工作的团中央执行委员高君宇说：

“关于国际少年纪念日，欧美各国青年都有轰轰烈烈的大运动。而只有我们中国，恐怕多数青年还不曾梦见国际上有这样一个纪念日子，我们与世界各国隔绝的程度于此也可见一斑了。因此，我认为，《先驱》辟一‘专号’，用以介绍国际少年纪念日，介绍各国青年运动，鼓动全世界青年无产阶级团结起来，是非常必要的。当然，这项工作，不是本刊一期两期的事业，并且以一两期来介绍国际青年的活动也不足以唤醒国内的青年。但是，只要从这期‘专号’开始，我们经常进行这方面的介绍和宣传，唤醒国内青年的工作是会奏效的。”

经过认真讨论，他们决定将《先驱》第 11 号定为“国际少年纪念日专号”。临散会时，施存统笑着对高君宇说：“你是我们团中央执行委员，又分管《先驱》的编辑工作，这期‘专号’怎么办，你自己去筹划和安排吧！”

会后，高君宇便投入了编辑“国际少年纪念日专号”的工作。与此同时，他还为“专号”写了一篇题为《少年工人与劳动立法》的文章。

施存统看过这篇稿子后，不禁啧啧称赞。当他看到署名是“澄宇”时，便向高君宇问道：“你怎么用这个笔名呢?”

高君宇说："我以前曾改名为'均宇'，意即均分宇宙，但是现在还不能实现这一奋斗目标。弥漫于我们现在这个黑暗社会的是乌烟瘴气，我们不是先应澄清一下这个宇宙吗?"

施存统听后，点头微笑了。

高君宇接着拿出一份刊印于《工人周刊》上的《劳动法案大纲》，说："我认为，将这份大纲附在拙文之后，倒是很有意义的。"

施存统十分赞成，说："好主意。"

高君宇编稿时，还将他在年初参加的在莫斯科召开的远东革命少年第一次大会的宣言编入《先驱》。当他编完"专号"这期稿件时，忽然感到心中有许多话想要说出来，颇有一种"如鲠在喉，不吐不快"的感觉。于是，他又奋笔疾书了一篇杂感。这篇杂感是针对国内青年运动而发的。他一针见血地指出，"中国自五四学生运动以来，一般青年因为以前刺激过甚的反动，依旧回复了那醉生梦死的生活"。试看在这几年中，没有发生过"一回壮烈的青年的社会运动"。他认为，"青年是在社会中受社会的恶化较浅的人，尚且不免于为此颓唐，其他为商人，小资产阶级，农人等的不自振作更是意料之中的事。个人的不振原不甚要紧，但是中国的社会改造，更不知待至何年何月才能实现了。中国的民族的生存也不知能否长久了"。

1922 年 9 月 3 日出版的《先驱》第 11 期"国际少年纪念日专号"，很快在全国各地进步青年中传阅开来。一个宏大的"世界青年无产阶级团结起来""全世界的劳动少年要一致起来拥护苏维埃俄国呵"的声音，则在他们心中震响了！而高君宇除了准备下一期《先驱》的稿件外，又投入到筹办《向导》之中。

一份党中央机关报，很快就要在高君宇和蔡和森等同志的手中诞生了。

第十章　战斗在《向导》编辑部

《向导》问世了

一份还散发着浓郁的油墨气味的《向导》周报创刊号被一双大手翻动着、翻动着……坐在书桌前的高君宇，正在灯下全神贯注地审读着这份刚刚从印刷厂取回的样报。《向导》周报是一份共8页的报纸。在第一页上，赫然印着"本报宣言"四个字，高君宇便以一丝不苟的态度审读起这篇警世骇俗、气壮山河的"宣言"来：

现在最大多数中国人民所要的是什么？我们敢说是要统一与和平……

现在的中国，军阀的内乱固然是和平、统一与自由最大的障碍，而国际帝国主义的外患，在政治上，在经济上，更是钳制我们中华民族不能自由发展的恶魔……

因此我中华民族为被压迫的民族自卫计，势不得不起来反抗国际帝国主义的侵略，努力把中国造成一个完全的、真正独立的国家……

审读着、审读着，高君宇禁不住露出欣慰的笑容：在这篇“宣言”中凝聚着他和蔡和森的心血啊！为了使这篇“宣言”能体现党的“二大”制定的反帝反封建纲领的精神，成为引导人民大众前进的一盏明灯，鼓舞人民大众斗志的一杆红旗，他们曾讨论过多少次？字斟句酌，反复推敲，直到满意为止。读毕“宣言”，高君宇又一篇一篇地翻阅起刊登于《向导》上的其他文章来，在他的心里仿佛有一条晶亮、晶亮的溪水正在欢快地流淌着、歌唱着。

突然，一阵剧烈的咳嗽使高君宇从遐想中回到现实中来，眼前，只见一灯荧然。待咳嗽渐渐平息下来后，高君宇已是冷汗淋漓。他忽然感到又困又累，浑身乏力。在黯淡的灯光下，他的脸色憔悴而苍白，犹如窗纸一般，他，实在是劳累过甚了！

西湖特别会议后，高君宇就和蔡和森一起积极筹办起《向导》周报来。从确定创刊宗旨，到组织稿件、设计版式；从出版到发行，没有一件事不需要他们去考虑、去安排、去处理。他们白天四处奔波，晚上筹划研究，常常废寝忘食。然而这一切，对于这两位青年革命者来说，根本算不了什么。他们最发愁的只是周报的印刷和发行。由于编辑部设在公共租界，《向导》的印刷和发行常常遭到巡捕房的干涉和禁止。后来，为了让这两位年轻的共产党员集中精力编辑刊物，党中央决定将出版和发行的工作交给中共江浙（上海）区委书记徐梅坤负责。当时徐梅坤的公开身份是光明印刷厂的工人。这家小印刷厂设在公共租界梅白克路（今新昌路）。利用徐梅坤的这种工作关系，高君宇、蔡和森以优厚的报酬和印刷厂老板谈妥了印刷的事情。为了避免引起租界巡捕的注意，稿件和校样均由徐梅坤来回传递，《向导》印好后就存放在印刷厂里徐梅坤睡觉的一间房子里。然后，他们瞅准机会运送出去，再通过民办邮政性质的民信局发往各地。而这些工作自然主要由徐梅坤负责完成。尽管这样，高君宇、蔡和森身上的担子依然很重、很重。除了按照办报宗旨组织稿件外，他们还通过信函与各地党团组织联系，先后在上海、北京、广州、武昌、太原、济南、南京、成都等地设立了分售处。在紧张的筹办过程中，高君宇的咯血病时有复发；而蔡和森的哮喘病也更加严重了。但他们依然带病工作着，常常彻夜不眠。见此情景，在中共中央妇女部担任领导的向警予，经常劝他们要爱护革命的本钱——身体，但他们哪里肯听，依然我行我素。在他们的努力下，《向导》周报创刊号终于在 1922 年 9 月 13 日正式出版了……

高君宇略略休息后，便将煤油灯拧大了一些，又开始工作起来。早在筹办《向导》周报的时候，高君宇就遵照党的“二大”和西湖特别会议精神，遵照《向导》的办刊宗旨，给自己制定了一个撰稿计划。他认为，《向导》作为党中央机关报，应当在大力宣传党的反帝反封建民主革命纲领和探讨建立革命统一战线的政策和策略的同时，不断介绍远东各国被压迫民族的民主革命运动的经验和教训。他决定首先写一篇关于印度革命运动的文章，题目是《革命运动中之印度政治近况》。

高君宇在文中分析了整个印度革命运动的情况之后，响亮地提出了民族民主革命中一个至为重大的问题——领导权问题。

高君宇写好这篇稿子后，黎明的曙光已在窗上悄悄地映现了。他感到困倦得十分厉害，两眼发涩，简直快要睁不开了。可是，当他躺下不多一会儿，就听到有人轻轻叩门。他赶紧跳在地上，开门一看，原来是蔡和森。

蔡和森见桌上零乱地放着一叠写满字的稿纸，拿起来一看，见是一篇《革命运动中之印度政治近况》的文章，便借着晨光默默地读了起来。读毕，不禁拍案叫绝，大声说道：

“这篇文章写得正是时候，对于我们正在号召发起的民主革命具有很大的参考价值。尤其是对民主革命的领导权问题的论述，可以帮助我们党内一些同志进一步明确无产阶级在民主革命中应占一个什么样的位置。君宇，你这篇文章是什么时候写的？”

高君宇微微一笑说：“昨夜，开了一个‘夜车’。”

“这怎么能行呢？”蔡和森脸上立即现出一种关切、不安的神色，说：“前两天你还打针吃药呢，你必须为自己的身体负责啊！没有好的身体怎么能担负起艰苦的革命工作……”刚说到这里，蔡和森就哮喘起来。高君宇一见这情景，禁不住笑了，说：“你还说我呢，你还是先关心关心自己吧！”

蔡和森待哮喘平息下来后，便对高君宇说：“马林、陈独秀看了创刊号后很满意。马林今日上午要来编辑部商量由共产国际提供经费的问题，我们先准备一下，拿出个初步意见，以便在会上讨论。”

于是，两人便坐在桌前商量起来……

几天后，《革命运动中之印度政治近况》在《向导》第二期上发表了，并获得党内外致力于国民革命运动的人们的一致赞誉。有的人说：“正当我国国民革命运动刚刚兴起的时候，高君宇发表了这篇介绍和评述印度国民革命运动经验和教训的文章，真是‘及时雨’啊！”

高君宇的政治视野是很广阔的。他在“扫描”了印度之后，其敏锐的目光又关注起土耳其的革命运动了。当他捕捉到土耳其安戈拉政府军队打败英国在土耳其的代理人希腊，将其“在士麦那以东的势力扫荡无余”时，真有点惊喜若狂了，他对蔡和森、向警予夫妇说：

“土耳其国民军胜利了！胜利了！这是最近世界历史上一件重大的事情！”

蔡和森笑着说：“这么说来，君宇君对此事一定有颇为深刻的分析和不同凡响的见解了。”

向警予也笑着附和道：“那就请君宇君谈谈吧。”

“我倒是作了一番分析，但不一定深刻；见解自然是有的，但谈不上不同凡响。不过，既然你们夫妇如此鼓励，我就不妨班门弄斧吧！”

高君宇谦逊一番，便侃侃而谈起来。他说："土耳其这回的胜利，我认为不是回教徒打败基督教徒的胜利，也不是黄种人打败白种人的胜利，更不是亚洲人打败欧洲人的胜利，而是被压迫的土耳其民族反抗欧洲帝国主义宰割的胜利。"

接着，高君宇便用种种事实，论证起他的这一观点来。他说："多少年被迫在欧洲帝国主义宰割和欺凌之下，仅余残喘一息的土耳其，世人都推定他的命运只欠列强最后的一刀了；就是欲奋发有为的青年土耳其党人，也认为侵略势力的壁垒已成，无法可使之动撼，结果亦只有乞怜于帝国主义的抚育之下。但经过了三年基玛尔派猛烈的反抗，现在居然归结个很大的胜利，不论他将来的进展是怎样，目前的地位已是可决定：俎上肉的土耳其已有脱离帝国主义压迫的希望了。且这种事实最足鼓励同一遭遇的各个弱小民族，壮实他们的气魄，招呼他们起来一致做反抗帝国主义的运动！"

听到这里，向警予闪动着一双秀丽的眼睛，赞叹道："君宇君真是识见不凡啊！你自从参加'远东大会'以来，就如此热心地关注远东各被压迫民族的革命运动，确是令人钦佩。我们党正齐心致力于国民革命运动，无疑是非常需要借鉴其他被压迫民族的经验的，因此，我们希望今后能多多拜读你这方面的大作。"

"警予，你是过奖了！"高君宇说。

"不为过奖，"蔡和森认真地说："你的这番议论颇有见地。我看，你就给咱们的《向导》写一篇这方面的文章吧。"

高君宇微笑着点点头。

第二天，高君宇就将文章写好了，题目是《土耳其国民军胜利的国际价值》。蔡和森赶紧接过来，兴致盎然地看了起来。看到后半部分时，连声说："写得好！写得好！不仅揭露了帝国主义之间狗咬狗的斗争，而且指出苏俄是被压迫民族的朋友，真是目光犀利啊！"

就在这一时期，高君宇还参加了为陈独秀募集讼费的活动，此事的缘由是：因陈独秀8月在上海被捕，出狱时交纳了几百元的诉讼费，给陈独秀的生活造成一时困难。9月24日，他们便在《晨报》上发表了《为陈独秀募集讼费启事》，而发启事者则是蔡元培、李石曾、邓中夏、刘仁静、张国焘、高君宇、范鸿劼、黄日葵、蔡和森、缪伯英等14人。

在这一时期，高君宇除了关注远东各国被压迫民族的民主革命运动，向国人介绍这些民族革命运动的经验和教训外，还十分关心国内革命运动的动态。当江西人民掀起反对“蔡成勋要强奸民意指派省长”的斗争浪潮时，高君宇立即在《向导》上发表了《勖江西人民》一文，提醒“数年困迫在军阀战乱和宰制下的江西人民”：“中国人民除了打倒军阀与官僚，别没解救的出路”，而“打倒军阀与官僚要人民自己武装起来才（能）得到，决不是利用一派军阀官僚打倒另一派军阀官僚可以达到目的”。他号召江西人民：“立刻武装起来；不要利用一派打一派，也不要分心力向北京做没用的请愿，‘把一切军阀官僚当一整个’，准备（向）他们一起开火起来！”

这岂止是高君宇一个人的呼喊？这是中国共产党在民主革命运动中奏响的时代主旋律！在这气势磅礴的主旋律的鼓舞下，千百万人民大众正集结在民主革命大旗下，开始向帝国主义和封建军阀发起猛烈的进攻！

联合，并不忘记斗争

一封寄自上海通惠的读者来信落在高君宇的手中。这是读者思顺读了陈独秀发表在《向导》上那篇关于“造国论”的文章后而提出的质疑的信件。

高君宇将这封信细细看了几遍，感到颇为欣慰：《向导》所竭力宣传的国民革命已经在社会上引起了反响！而且这种反响将会随着时间的推移而愈来愈大。而这一种情况，不正预示着一个国民革命的高潮就要到来了吗？他不禁为这位名叫“思顺”的读者热衷于国民革命的精神所感动。因此，他认为，《向导》有必要答复这位读者的质疑。可是不巧的是，陈独秀已到安徽去了。这该由谁来答复呢？

蔡和森说：“君宇，我看还是你代替仲甫（陈独秀）先生来答复吧！这一个时期以来，你除了工作外，就潜心研究国民革命的理论和政策，而且颇有成就。我看此事就非你莫属了。”

高君宇笑着说：“那我就当仁不让了。不过我先就我所理解的来答复读者，待仲甫先生返沪后，他再与思顺君详细讨论吧。”

于是，高君宇挥毫作答了。他根据马克思主义的基本原理，运用辩证唯物主义观点，从中国所处的国际环境和国内现状出发，对以国共合作为基础的革命统一战线这一新课题，从理论上作了科学的阐述。在这篇答复读者思顺的文章中，高君宇客观地分析了无产阶级与资产阶级所处的政治地位和同受军阀压迫的事实之后，明确指出“吸收一切革命的势力都参加这个奋斗，这是一件最大需要”，从理论上阐述了国共合作、统一战线的必然性和必要性。同时，他又运用阶级分析的方法，提出了这两个阶级呼声同而心理不同的科学论断。

在这篇文章中，高君宇还特别提出了国民革命的一个核心问题，就是无产阶级在革命统一战线中的重要地位和领导权。他明确指出：

> 无产阶级较资产阶级为强大，这不止是现在的现象，任何时（候）都是这样。因为无产阶级那（哪）一时总是较多数，只要他们团结起来。所以在国民革命当中无产阶级是要站个主要的地位，资产阶级是被召集而参加；就是说这个革命是要让群众革命的动因来支配，无产阶级要从事这个革命，他很明白

的是为了自己阶级利益，他并不为了任何别阶级利益；他与资产阶级的关系，不过只是个推翻共同仇人的政治连锁……

这是多么闪光的思想！这是多么卓越的见解!这些见解、思想，在当时党内对无产阶级领导权问题还未普遍被人们认识的情况下被提了出来，无疑具有十分重大的意义。它不仅对还处于幼年时期的中国共产党关于第一次国共合作策略方针的制定有着一定的影响，而且成为后来逐渐形成的毛泽东思想的一个组成部分。

就在高君宇、蔡和森通过编辑《向导》大力宣传党的“二大”关于反帝反封建纲领、建立革命统一战线的政策和策略的时候，始终坚持资产阶级革命民主派立场，不断寻求救国救民真理的孙中山先生，已从“排满”“倒袁”“护法”的失败中觉悟过来，清晰地认识到，他所领导的国民党是一个成分复杂而又意志松懈的组织，很难肩负起并完成民主革命的重担。在共产党人的大力帮助下，他吸取历次失败的沉痛教训，开始了他一生中最伟大的转变。他不仅邀请共产党人参与商讨改组国民党的问题，而且在改进党务案起草委员会中吸收了共产党人。

然而，国民党将会改组成一个什么样的党呢？一时间，这一问题成为人们所关注的焦点。

高君宇自然是这些关注者中的一个突出的代表。对于国民党的改组，他不仅十分关心，而且积极帮助。当他看到一份印度社会主义者制定的“全印度中央革命委员会”的纲领草案时，不禁拍案叫绝：

“这是一个紧密联系群众实际利益的纲领，是一个定会被革命群众所能接受的纲领！可以用来作中国民主革命和改组国民党的参考。”

于是，高君宇和春默（张太雷之笔名）两人很快合作了一篇《介绍一篇国民革命的纲领》。文章首先认为，印度革命运动“现下需要的是革命领袖的发展和一个革命的纲领的采取”。国民会议中新产生的左翼虽然提议过一个纲领，“但他们提议的并没比甘地纲领——建设的纲领——多了革命性质”。唯一有希望指导印度革命运动的是印度新分子中的社会主义者所制定的“全印度中央革命委员会”的纲领。文章详尽介绍了这一纲领后，便紧密结合中国国民革命的实际，论述了国民革命所亟须解决的几个核心问题：

一是国民革命必须建立在群众革命的动因之上。文章明确指出，“革命是压迫环境的必然结果，是阶级对阶级的群众行动”。“革命需要有领导群众实际势力的先锋军。但这种领导，不是主观的号召和空泛的计划可做到的”；而“是要接触了群众革命的动因，亲切地站在他们利益奋斗的前面”。

二是希望正在改组中的国民党参考这一纲领，使自己成为一个“亲切于群众利益的革命党”和“先锋军”。文章说：目前，“国民党宣告改组，从（重）新估定他的纲领，我们不能不赞许这是很合实际需要的一件事情。新党纲的采取自然要由群众的利益来决定”。这篇文章从始至终贯穿了“为了群众利益而革命，非为了革命来找群众”这样一个观点。文章结尾时，高君宇还谆谆告诫国民党：

> 唯有亲切于群众利益的革命党，才不会在革命的群众前落伍！
>
> 革命是为了群众利益的呵！

这篇文章在《向导》第4期上发表之后，立即在党内外引起很大的反响，国民党在上海主办的《民国日报》还很快在《觉悟》副刊上予以转载，其用意不消说是供国民党改组和重新确定纲领时参考。

高君宇在大力宣传、贯彻党的革命统一战线主张，热情帮助国民党改组的同时，一刻也没有放松对国民党的警惕。当时局的发展有可能导致国民党与张作霖、段祺瑞等军阀的联合时，高君宇立即在《向导》上发表了《福建现下的局势与国民党》一文，向国民党提出善意的批评。

然而，国民党并未听从高君宇等共产党人的忠告，而是派代表程潜、汪精卫赴奉天（即沈阳）去见张作霖。程潜从奉天归来后，说张作霖表示：一不争地盘，二不亲日，三不复辟，且力思防制日本经济的侵略。当高君宇从《民国日报》上获悉这一消息后，立即撰写并在《向导》上发表了《国民党人应当做胡帅的宣传员吗?》一文，予以针锋相对地批驳。

他在严厉批评国民党人错误言行的同时，并没有忘记建立革命统一战线的大计，因此，他在文中又说：

> 我们要恳切的忠告国民党朋友，国民党是三民主义的革命党，他时时刻刻应当维护的是民众的利益，不是危害民众的封建军阀的利益；他除了向民众宣传革命之外没有别的宣传，更不应当替极端敌对民众的军阀来宣传。国民党的朋友呵，认清了国民党要维护的和宣传的应是什么罢；将孙先生三民主义革命的旗帜高高竖起，向民众的当中来罢！

事事关心

在上海《向导》编辑部里，高君宇可算得上是个大忙人：组稿，编稿，写稿，划版，接待读者来信来访，探讨革命运动中出现的新问题，和蔡和森一起研究制定不同时期的编辑思想和栏目设置……每天忙得就像走马灯似的团团打转。至于中共中央召开的各种重要会议，他作为五名中央执行委员之一，几乎是每会必到。此外，他还有一个从中学时代就养成的习惯，这就是留心时事新闻。因此，每天全国各大报刊的要闻，他几乎总要浏览一遍，否则，他就像丢失了什么似的，心里感到很不踏实。

尽管这样忙碌不堪，但高君宇仍然不断地扩展着与社会的接触面，譬如，只要有机会，他总要参加一些社会活动，或者通过朋友、同学了解社会新闻。因为他觉得，要想通过《向导》有的放矢地宣传党的纲领，指导中国革命运动，如果脱离实践，没有感性知识，而只是坐而论道，那是无论如何不行的。而扩大社会接触面，则是深入实际，获取感性知识的一个重要途径。

当他获悉他的母校北京大学部分学生掀起反对讲义收费的学潮后，立即写信给学生代表，明确指出学生的斗争矛头指错了方向：不是反帝反封建，而是反对以蔡元培校长为首的北大当局。这封义正词严的信，促进了这一学潮的平息，给北大学生运动指出了一条“反帝反封建”的正确方向。

10 月 29 日，高君宇和向警予等同志出席了女权运动同盟会上海支部成立大会。会议气氛倒也隆重、热烈。会上，有几位女权运动的“先驱”纷纷上台演说，会场上不时响起一片掌声……

在回家的路上，向警予问道：“君宇，你对这次大会有什么感受？”

高君宇直言说道：“我在会上听了几位争女权的先驱者的讲演，觉得他们还没有真正了解所从事的运动应具有的性质和奋斗的范围。”

向警予点点头，说：“你说得很对，他们把女权运动局限于一个小圈子里，很难将妇女的彻底解放搞成功。”

高君宇说：“这些争女权的先驱者，只知妇女运动的目的是解放妇女的附属地位，而不知这种附属地位是封建制度和私产社会的自然结果；他们鼓吹妇女参政，但这只是少数特权阶级妇女与官僚议员争座位的活动，而不是一种广大妇女的群众运动。他们只喊‘妇女平等’，而忽略了为劳动妇女争地位的奋斗。如果听信了他们的指导，中国妇女运动必然会误入歧途。”

“我感到现在的妇女运动只是一种太太小姐的运动。”向警予说到这里，眼睛里突然闪现一种光彩来：“哎，君宇，我看你们《向导》编辑部的同志也该作一篇文章，提醒人们不要使女权运动误入歧途。”

高君宇笑而言道：“那就让和森兄去写吧！”

“他最近哮喘病好像更严重了，再说他又没参加这个会，没有发言权。我看，还是你来写吧！”

高君宇开玩笑地说：“既然蔡夫人‘下令’，那我就只有从命了！”

不几天，在《向导》第 8 期上刊载了高君宇写的《女权运动者应当知道的》。他在文中响亮地提出，“惟有是到了打倒私产制度，建立一个共产社会的时候，他们（指妇女）的完全解放才能成功！”

向警予从《向导》上读了这篇文章后，笑着对高君宇说：“谢谢你，你为我们的妇女运动又出了一份力！”

以笔为刀枪

《向导》从创刊之日起，就无愧于它的名字，成为率领千百万革命群众在民主主义革命的道路上高歌猛进的“向导”。因此，《向导》问世之后，就在党内外引起很大的反响；同时，也引起帝国主义和国内反动势力的嫉恨和仇视。《向导》第 4 期出版后，就多次受到帝国主义分子的无理干涉。上海公共租界的捕房经常到总发行所和印刷厂进行搜查，不仅严禁《向导》出版和出售，而且每次查获都对印刷厂或书店收取高额罚金。

在这种形势下，根据中共中央的决定，《向导》编辑部于 1922 年 10 月间随同中共中央机关迁往北京，社址最初设在景山东街中老胡同一号。在军阀政府严密控制下的北京，革命刊物的印刷和发行同样充满危险和困难。但是，高君宇和蔡和森在人民群众的掩护和帮助下，以巧妙的方式，使《向导》的编辑、印刷和发行得以顺利进行。他们把印刷厂设在偏僻小巷，并以承揽市民活计为掩护，以蒙蔽暗中窥视的“狼眼”；他们经常搬迁编辑部，来和敌人周旋、“捉迷藏”。当时，党的经费异常困难，而共产国际资助《向导》的经费又有限，这也给《向导》的印刷、出版带来了困难。高君宇便将自己生活费的一大半拿出来，以补充刊物经费的不足，而他自己却过着节衣缩食的清贫生活。

在《向导》编辑部里，高君宇除了与蔡和森考虑和安排出版、发行等工作外，将大量精力用于组织、编辑稿件工作上。他常常在灯下伏案工作到深夜，有时为了配合突变的斗争形势，他就彻夜不眠，甚至夜以继日地挥笔奋战。高君宇患有严重的肺病，曾多次咯血不止。每当劳累过度时，他就剧烈地咳嗽起来，但他不以为然，只是服点药，或用拳头捶捶胸脯，或在地上走一走，待咳嗽稍稍平息后，他就又立即投入到工作之中。尽管身体这样差，高君宇对自己的生活并不注意。为了节省吃饭的时间，他常常是到附近的小饭摊上买回一些他所喜爱吃的芝麻饼和烧红薯，在写字台前边吃边写。同志们看到他那日渐消瘦、憔悴的面容和常常布满血丝的眼睛，劝他多加保重时，他总是微笑着说“没什么”。高君宇的这种革命精神，使和他在一起工作的同志深受感动。

在编辑《向导》之余，高君宇还站在马克思主义的立场高度，以反帝反封建为宗旨，紧密结合国内外革命斗争形势，撰写和发表了大量旗帜鲜明、论证精当、结构严谨、文锋犀利，富有逻辑力量和战斗性的时事政论文章。有些文章被读者誉为“将醉生梦死的人们惊醒的警钟”。

在《向导》初创时期，高君宇除了通过撰写文章评介印度、蒙古、土耳其等远东弱小民族的民主革命运动，和从理论上探讨、研究以国共合作为基础的革命统一战线的新课题外，还将犹如匕首般锋利的笔锋刺向帝国主义，刺向军阀、官僚，刺向英美派知识分子和文人政客！

在反对帝国主义的斗争中，高君宇一直冲杀在第一线。他多次著文揭露帝国主义的反动本质，一针见血地指出，“帝国主义国家是一以侵略抢夺为事”，它“对于弱小国家，只有侵略抢夺，只有横暴”。他还联系中国经久不息的军阀混战，揭露说：“中国军阀战争，每次莫不有帝国主义在背后操纵利用……帝国主义所以各扶一派军阀，并不是有深惠特爱于某一派军阀，是要借助所扶助的军阀的胜利，造成外国在华优越之地位。”而帝国主义对军阀的操纵，往往是通过经济扶助来实现的。因此，高君宇在反对帝国主义斗争中，一刻也没有放松对帝国主义经济侵略的警惕、揭露和抨击。

譬如，他发表在《向导》上的《好一个以“至诚之意而谋中国之利益”的新银行团!》一文，像一把锋锐的尖刀，戳穿帝国主义的“画皮”，将其狼子野心暴露于光天化日之下。

然而，帝国主义者怎能甘心听任革命浪涛冲击他们在华的权益？他们一有机会，就会对革命运动进行扼杀。当北京大学招待苏俄代表越飞和蔡元培先生表示赞同以“打倒国际帝国主义”为口号的民权运动之后，帝国主义者便借这个题目大做文章。他们通过新闻报道说：“法国传说北京大学过激化了，众料远东情形将被危害。”高君宇立即深感有批驳之必要，于是撰写了《北京大学过激化了吗?》一文予以批驳。他写道：

> 中国要脱离国际帝国主义的压迫而独立，那自然是要使帝国主义产生危惧的；所以法国资产阶级，便诬北京大学为过激化，给东交民巷太上政府般的公使团以一个好题目，好藉着来命令外交系，要他们压迫这个运动了。这和英国帝国主义诬孙中山联德俄政策为过激化，是一样用意。北京大学真是这样的“过激化”了吗？那是我们被压迫的人民要欢迎的呀！

在俄日长春会议宣告决裂、中俄北京会议传言将要举行之际，高君宇立即在《向导》上发表了旨在揭露日本帝国主义丑恶行径和反动本质，号召国人急起纠正北京政府献媚帝国主义外交的《日俄会议及中俄会议》。他在文中号召“国民应催促政府从速开议”，并“承认苏维埃俄罗斯社会主义联邦共和国”。“土耳其国民党胜利给我们证明，世上唯有苏俄是被压迫民族的好朋友；中国要脱离帝国主义的压迫，只有是和他建立亲密的关系”。

但是，高君宇并不把中俄建交的希望寄托在北京政府的卖国官僚身上。他告诫国人说：“这样亲切于中华民族利益的关系绝不是可希望外交系当权的北京政府来成就的。”因此大声疾呼：

> 为了急迫的需要，国民要马上成功一种团结，这团结可叫为“中俄同情大同盟”（我提议由孙中山、蔡元培和陈独秀三先生出头发起），凡是表同情于苏俄的，凡是承认中国脱离帝国主义须与苏俄建立亲密关系的，凡是要为了中华民族的独立和自由奋斗的，都要加入这个同盟；我们要用这个团结的力量来压迫外交系，纠正他们媚国际帝国主义的外交，使他们向中华民族的这个需要上走。

在这一个时期，高君宇在同帝国主义和封建军阀进行斗争的同时，还将一粒粒愤怒的枪弹投向以胡适为代表的英美派知识分子和文人政客身上。

根据革命斗争的需要，作为《向导》编辑、记者的高君宇不断为之撰写和组织稿件，几乎将全部心血倾注在这个中共中央的机关刊物上了。在他和蔡和森的共同努力下，《向导》在党内外的声誉愈来愈崇高。远在法国的读者来信说，《向导》“已飞渡重洋，传入我们的心灵，如梦初觉；国内劳动群众得此‘大雄无畏’‘单刀直入’的《向导》，敌在眼前，枪在手中，决战非远，胜算可操”。并赞誉《向导》“笔底惊雷万鬼哭，天昏地暗一星赤”。还有的读者说，《向导》“是黑暗的中国社会的一盏明灯，二年来的呼声——打倒帝国主义，推翻封建军阀——唤醒了不少在迷梦中的青年”，“我们正赖你们照明我们应走的途径”，“以我们的热血，我们的头颅，起来和他们肉搏”！中共“四大”《对于宣传工作之决议案》说：“中国近几年的民族革命运动受影响于我们党的宣传工作实巨……在全民族的革命运动中，我们党的机关报《向导》竟得立在舆论的指导地位。”

第十一章　冲向工运的战场

暴风雨到来的时候

一座座火山互相呼喊应答，
它们的轰鸣激起四方的回音；
飓风吹起它的喇叭，
汹涌的海洋就彼此唤醒，
冬天宝座周围的冰山也摇震。
……

自从由上海到达北京之后，高君宇在通过《向导》宣传党的政治纲领和进行反帝反封建斗争的同时，他的脑海里就不时迸射出雪莱这首《自由》诗中发烫的句子。因为，他欣喜地看到在李大钊和中共北京地委的领导下，北方工人运动已经掀起一个气势磅礴的滚滚大潮。自从8月间长辛店工人大罢工以来，北方工人罢工运动已形成燎原之势，达到了这次罢工的高潮：10月13日，唐山铁路工厂工人罢工；23日，开滦五矿3万余工人举行大罢工；28日，唐山启新洋灰公司等工厂2万余工人举行同情罢工；而在此前一天，即27日，京绥路车务工人也举起了罢工的铁拳……啊，罢工，一场罢工斗争的大风暴，猛烈地席卷了北方的铁路和矿山！

于是，高君宇便在编辑《向导》的同时，投身到这场大风暴之中！

为了号召各界声援唐山开滦五矿罢工，高君宇等人发起组织的马克思学说研究会在报纸上发表号召同胞们“捐资援助”的启事；中共北京地委利用在《晨报》当编辑的两个同志的关系，在《晨报》上连续发表关于唐山开滦五矿罢工的新闻通讯和评论文章。为了利用这一报纸搞好罢工宣传工作，高君宇、宋天放还根据党的指派，参加《晨报》每星期召开的罢工专栏会议，并以报社的名义撰写了不少社论、文章。就这样，唐山开滦五矿罢工的真实消息通过《晨报》传遍全国各地……

但是，国民党英文沪报对唐山开滦五矿工人罢工不但不予同情，反而发表了保护外国资本家生命安全的电文。对之，高君宇满怀一腔义愤，奋笔疾书，撰写并在《向导》上发表了《国民党报纸不应有这样的记载》一文，痛斥了国民党报纸的错误言论。

不久，作为中共中央执行委员和《向导》编辑、记者的高君宇，奉中央之命离京赴粤，以了解陈炯明叛乱之后的广东局势。

这次叛乱发生后，中国共产党坚决支持孙中山。因此，陈炯明抱怨共产党没有与他合作，于是转而憎恨中共广东党组织了。他下令禁止进步书刊出版发行。广东党组织只好转入半公开秘密活动。高君宇抵达广州时，谭平山、谭植棠已奉中央之命赴北京去了，广东党组织接待高君宇的只是冯菊坡、刘尔崧等人。高君宇在粤期间，广州发生了一起警察查封新青年社书店的事件。高度的革命责任感促使他立即写了一篇揭露、抨击陈炯明的通信文章：《陈炯明与向导周报》。为了避免陈炯明对信件的检查，高君宇只得跑到香港寄信，并在信尾写了一个化名：K·J。这篇通信很快就在《向导》第 11 期上发表了。

在香港，高君宇还从《南华晨报》上读到一篇由该报主笔撰写的一篇旨在“国际共管”中国的文章《中国病的医治》。为了揭露这一阴谋，高君宇以“通迅”形式写了一文，寄到北京《向导》编辑部。

高君宇回到北京后，就看到《向导》第 13 期不仅刊登了他写的《香港通信》，而且在“读者之声”中还刊登了一位师范学生致他的一封信。信中说：

君宇先生：

今日的中国，差不多变成一种国际帝国主义的殖民地，和本国军阀的抢掠场了！什么“平等自由”“国民自决”，都是一种口头禅，全国的人民天天像在十八层地狱下过生活！贵报同人，竟能在这黑暗的中国，给人民一个很光亮的道路，创一种向导周报，全国人民没有一个不欢迎，不庆祝！

……

看到这里，高君宇欣慰地笑了。是啊，作为一个刊物的编辑、记者，还有什么比他所编辑的刊物受到读者的欢迎、庆祝更高兴呢？他感到自己身上的责任更加重大了。

在这一时期，高君宇还密切注视着工人运动遭受压迫和摧残的境况。从一些报纸上，他看到不少关于军阀和外国武力联合镇压罢工工人的事实：

——吴佩孚电王承斌：派兵镇压唐山厂工人；再不从，即解散俱乐部。唐山罢工，由开平镇使调兵往镇。美国军队在场……今日外交团主张：如不速决，由列国派兵往“护路”。

——上海金银业罢工工人因与店主发生冲突，被汇司捕房两次捕去数十人。

——汉口英美烟厂工人因反对洋监工虐待女工而提要求四条，该厂通告：如不愿作工，可领资退工。全体工人愤而罢工，并集千余人围厂。结果被警察解散。

……

这一条条消息，在高君宇的心海上激起一簇簇愤怒的浪花："中国工人是世界上受压迫和掠夺的奴隶，近两年他们蓬蓬勃勃的罢工运动，完全是他们惨苦境遇的反应。但他们迫于生活需要的正当要求，却往往遭到了对方假借武力的蛮横压迫，而这种蛮横的压迫，到现在竟愈演愈烈！"他不能不动笔了，他要用笔揭露和抨击这些恶魔的蛮横和凶残，他要用笔帮助劳苦同胞认清这些恶魔的反动本质，他要用笔号召人们团结战斗！于是，他在《向导》上发表了《美国驻兵——英国巡捕——中国警察》。

然而，高君宇关注的不仅仅是中国劳苦大众，而且还有全世界所有遭受帝国主义压迫和宰割的民族和人民。当他获悉法国派兵强占德国"出煤的一大区域"——鲁尔的消息后，愤然说道："这是何等令我们愤恨的一件事情！"但是，他十分清楚，对于帝国主义的横暴只表示愤恨是无济于事的，必须号召全世界被压迫的民族和人民团结起来共同奋斗，才能反抗成功。因此，他很快就在《向导》上发表了《中国人民要与西方工人一致反抗法帝国主义对德的横暴》。在文中，高君宇再次揭露了帝国主义侵略掠夺的本性，并指出这种侵略和掠夺，又会使帝国主义势力更加强大，这对全世界弱小民族无疑是危险的。由于"全世界弱小民族是站在利害相同的一边，是站在帝国主义国家敌对的一边"，所以全世界被压迫民族和劳苦大众"要联合一致来反对各帝国主义国家"。高君宇还强调说："在这个联合中更不能离了亲切站在全世界工人和弱小民族利益而奋斗的苏俄的助力。"

这一篇篇战斗檄文，这一切迸射着革命火星的文字，激励着正在酝酿罢工斗争风暴的中国工人阶级和人民大众！

“二七”风雷

风起，云涌，浪激，涛猛。

在北方，尽管各地罢工斗争遭到了帝国主义列强和直系军阀的压制，但是，工人运动依然以一种强大的气势，蓬蓬勃勃地向前发展。至1922年初，京汉路沿线16个大站的工会相继成立，各小站的工人也都参加了附近各大站的工会，会员达3万余人。根据中国共产党在北京香山召开的全国铁路工人代表会议决定，1923年1月5日，在郑州召开了京汉铁路总工会筹备委员会，并决定：2月1日在郑州召开京汉铁路总工会成立大会。

这是京汉铁路沿线工人盼望已久的大喜事呀！因为有了这样一个总指挥部，京汉路沿线的斗争星火就会形成燎原之势。消息传开，工人们奔走相告，无不欢欣鼓舞。

中共中央决定通过中国劳动组合书记部及其分部领导京汉铁路总工会成立大会的筹备工作。中共中央执行委员张国焘、高君宇，中国劳动组合书记部主任邓中夏，北方劳动组合书记部主任罗章龙等参加了这一领导工作。李大钊因应湖北教职员联合会的邀请赴武汉讲学，而未能参加领导这一工作。他在离京前鼓励大家说：“不要紧的，你们会搞得好的，我在不在一样。”他还分析了成立总工会的形势：“这次郑州开会，洛阳西宫（即吴佩孚驻地），想无意外？吴子玉（即吴佩孚）近来正在忙着装点门面，笼络人心，想不致做出什么毁坏自己声誉的事吧？如果有什么事，你们去找白坚武谈谈。”

1月底，张国焘、罗章龙、高君宇以不同身份先后由北京到达郑州。张国焘是中共代表，罗章龙是北方劳动组合书记部代表，而高君宇则是以《向导》周报记者的名义而去的。

京汉铁路总工会成立大会的筹备工作颇为周密。为了避免引起吴佩孚和铁路当局的猜忌，这次成立大会采取了合法的方式。譬如，在全国各地报刊登载了启事，请示了铁路当局，并将总工会成立大会的时间、地点，均通知了京汉路局局长赵继贤。喜怒不形于色的赵继贤表示同意。事情的进展可谓一帆风顺。不料，就在总工会成立大会举行前夕，郑州警察局局长黄殿辰急匆匆来到总工会成立会谈话，自称奉上级命令禁止工人在郑州召开大会。吴佩孚还派一参谋（一说是副官）赶到郑州，策划破坏工人开会，并要总工会派代表赴洛阳，请示吴佩孚解决。

真是风云突变！一时间，人们为之震惊了，愤怒了！

果然不出所料，总工会派出的代表史文彬等 5 人 31 日从洛阳带回的消息令人非常气愤：吴佩孚表示“郑州是个军事区域岂能开会？……我已经下了命令，要制止开会；我是军官，岂有收回成命的道理？”人们听了交涉的情况，无不愤慨之极。

这时，参加大会的代表、来宾、记者 220 余人已汇集于郑州城内。大会领导成员当即召开各路代表会议，断然作出如期开会的决定。

但是，反动军阀怎能坐视不理？2 月 1 日，郑州全市戒严，“军警荷枪实弹，沿街排列；商店闭门，行人断绝”，一片白色恐怖！上午 10 时，各代表来宾、新闻记者和郑州的 1000 多名铁路工人的队伍，在赴会途中，被军警拦阻。“冲过去！”突然，有人大喊一声，愤怒的人群像一股不可遏制的洪流，冲决敌人的“堤坝”，最后汇集于作为大会会场的普乐园剧院。往日人们的娱乐场所，今日成了怒涛滚滚的海洋！

没有繁琐的议程，大会主席一上台当即宣布开会，他在简略讲述了成立总工会的意旨和军阀强权压迫的情况之后，便郑重宣布：

“京汉铁路总工会正式成立了！”

顿时，会场沸腾，口号声声：

“京汉铁路总工会万岁！”

“劳动阶级胜利万岁！”

这口号声，如狮吼，似虎叫，如山崩，似海啸，那么雄壮，那么响亮，那么激越……

看到这一情景，高君宇热血沸腾，振奋无比。作为《向导》记者，他自然要将这一情景记录下来，但他不是用笔，而是用心！

这时，会场四周站满了气势汹汹的武装警察。只见警察头领黄殿辰赶到会场，百般恐吓，制止开会。但是已经热血沸腾的工人们无所畏惧。他们在敌人的枪刺威胁之下，虽然手无寸铁，但团结得像一个人一样，不逃散，不后退……大会一直坚持到下午4时才结束。

黄殿辰气得脸色发白，恨得咬牙切齿。

会后，“代表所驻各旅馆，便有兵来监守，不许偶语，总工会在万年青菜馆所定的饭菜，亦不准开售，各代表一时完全丧失自由，饮食不得。各团体所赠的匾额礼物，也尽被毁弃道旁，不许赠送。总工会会所被重兵占驻。且禁止工人出入，室内一切文件什物，尽被捣毁……当晚郑州会所即被封闭。”高君宇耳闻目睹的这一切惨景，自然都写入他与罗章龙后来合作编写的《京汉工人流血记》一书里去了。

当晚，高君宇、张国焘、罗章龙等共产党员参加了全路各分会代表紧急会议。会议当即通过一项决议：

> 我们为抗争自由起见，谨决于本月四号午刻宣布京汉路全路同盟大罢工，同时为事实上的便利起见，总工会决移江岸办公，全路一切进行，于罢工期内，全视总工会命令而定，我们是为争自由作战，争人权作战，决无后退的！

这是京汉铁路工人发出的惊天地、泣鬼神的呐喊！

会后，高君宇、张国焘、罗章龙返回北京。他们立即商讨了援助和指导罢工的办法。

2月4日上午9时至12时，京汉铁路沿线各站先后罢工了！“罢工！罢工！”铁路工人们发出了愤怒的吼声。各站机构顿时全部瘫痪，一副冷冷清清、死气沉沉的样子，而京汉铁路犹如一条僵死的长蛇一动也不动了。

这一罢工斗争，时时牵动着高君宇和劳动组合书记部同志的心。罗章龙后来回忆说：“从二月四日起，我和仲一、孟雄、君宇、梅羹等经常驻守前门车站，与长辛店、郑州及汉口各站联系。”

尽管敌人采用威胁、利诱、分化工人等手段破坏罢工，但团结起来的铁路工人却不理这一套，继续坚持罢工斗争。

罢工斗争的烈火灼痛了直系军阀的神经。曾经高唱过“劳工神圣”的吴佩孚终于撕下“画皮”，露出了凶恶的真面孔，他调动大量的军队分赴京汉铁路沿线各站。一个大屠杀的阴谋正准备实施了！

在这斗争的严重关头，高君宇受党的指派，冒着生命的危险，来到了他参与创办的北方工人运动的红色据点——长辛店。他深入到工人群众中间，了解和调查罢工情况，和工会的同志一起分析敌情，研究对敌斗争的策略。

高君宇欣喜地看到，经历过“八月罢工”斗争严峻考验的长辛店工人群众在政治上愈来愈成熟了。他们不怕威胁，不怕利诱，威武不屈，大气凛然地站在斗争的风口浪尖。无论风云如何变幻，他们的回答永远是那样一句响当当、硬邦邦的话：“我们只听总工会的命令！”

恼羞成怒的吴佩孚向京汉铁路沿线各站发出“武力制止，以遏乱萌”的电令。

据此，京汉路局局长赵继贤下了一道密令：捉拿长辛店工会委员及其职员！

2月6日晚11时之后，大批士兵和警察分别包围了工会干部的住宅，一一缉拿工会干部。顿时，全镇鸡飞狗叫，一片混乱。——寒夜的静寂被打破了，就连夜空中的星星都被惊吓得一闪一闪……

高君宇从一位工人口中得知长辛店工会干部被捕的惨景后，义愤填膺，彻夜未眠。天刚蒙蒙亮，他便置生死于不顾，冒着凛冽的寒风，赶到工会会所，和工人纠察队长崔玉春、副队长葛树贵等商讨了营救被捕工会干部的办法，决定立即召集长辛店大街前后的工人，都到火神庙向反动警察要人。

一呼百应！很快就在工会会所门前聚集了2000多名愤怒的工人群众。

救我们的委员去！在葛树贵的带领下，愤怒的人群像怒潮一样涌向火神庙——在那里关押着工会干部。而在队伍前面，“要求释放被捕工人”的大旗在呼啸凛冽的晨风中哗啦啦地飘动，飘动……啊！此情此景，何等悲壮！走在队伍中间的高君宇激动得满眼是泪，他想起了当年总统府请愿，想起了“五四”大游行……

愤怒的人群来到火神庙门前，便发出一声声雷鸣般的怒吼：

“还我们工友！”

“还我们自由！”

……

接着，工人们派两名代表进庙内交涉，结果其中一名代表也被扣押了。工人们更加怒气冲天，厉声高呼：

“放我们的委员！”

“再不放人，我们就冲进去了！”

正在这时，一队全副武装的士兵匆匆赶来，并跑上庙前的台阶。一个个黑洞洞的枪口对准了手无寸铁的工人们……

然而，已经团结起来的工人们却无所畏惧。葛树贵挺身而出，高声喊道：“你们抓了我们工会的人，我们来要人！”

敌兵头目时全盛把指挥刀一举，恶狠狠地喊道：“轰他们！”

于是，士兵们跳下台阶，端着枪向工人队伍冲来了……

一队从火神庙内走出的手拿绳索的巡警，也向工人们冲来了……

然而，工人们毫不退却。看，葛树贵举起大锤把，向庙门口冲去了；杨诗田也打着大旗冲上去了；一大群工人也跟着冲上去了……

敌人恐慌了，立即对准街上的屋瓦射击，以吓唬工人。

“夺他们的枪啊！”葛树贵像一头被激怒的雄狮，一边高喊，一边带领一群工人冲向士兵。突然，枪声响了，葛树贵和辛克洪倒下了，李诗田倒下了，刘宝善、赵长润、刘川田……也纷纷倒下了。一时间，枪声如沸，弹雨纷飞。火神庙前顿时成了刽子手杀人的屠场……

面对如此惨不忍睹的一幕，高君宇惊骇得以为自己是做了一场噩梦。“啊！惨无人道的刽子手！穷凶极恶的狗强盗！”只见他双眼喷火，拳头攥得咯咯响。若不是他身旁的一位老工人紧拉着他的衣服，他就要冲上去同这群恶魔拼了。这时，时全盛又调来一支骑兵队伍，向工人队伍横冲直撞。顿时，工人队伍被冲散了。高君宇在工人们的掩护下，撤离了现场。

当天，高君宇就怀着沉痛的心情回到了北京。噩耗不断从京汉路沿线传来：江岸、郑州及其他各站也遭到敌人的残酷镇压。全路工人前后被杀 44 人，伤 300 余人，被捕 60 余人，被迫外逃或随后被开除 1 000 余人。这是一场多么令人惊心动魄的惨案啊！

各界人士群情激愤。2 月 7 日深夜，北京学生联合会召开紧急会议，商量援助工人的办法。8 日，北京各大专学校召开全体学生大会，声讨直系军阀的暴行，讨论援助工人的办法。9 日，分别在北京大学和女高师召开全市各大专学校的学生大会，在这两个大会上，长辛店工人及其家属控诉了直系军阀的暴行。会后，两处学生 4 000 多人汇集一起，举行了游行大示威和向总统府请愿……

一个抗议直系军阀暴行，声援“二七”罢工工人的群众斗争高潮渐渐地在北京乃至全国各地形成了。

怒斥总统黎元洪

高君宇回到北京后，长辛店工人被屠杀的惨景就像一个烧得通红通红的烙铁，一直烙烫着他的心，疼得他直想喊叫！有时按捺不住了，他便在同志中间，在他认识或不认识的朋友中间，情绪激昂地讲述着他所亲眼见到的那幕惨景。每当此际，他那满腔的热血仿佛就要涌到喉头上，声音变得颤动而凄厉。有时讲到动情处，他简直就要哭了；但他即刻想道：我为什么要哭？于是，他的脸上便露出坚毅而刚强的神色。他的话滔滔不绝，仿佛一股按捺不住的激流从他的心底喷射出来。而在这股激流中所包含的不仅仅是悲愤，更多的是斗争的激情！你听，他在狂呼：

“我们要为自由而奋争，应当比过去还勇敢努力。我们要努力恢复我们的工会，恢复和扩大我们的势力，以期打倒摧残我们的军阀，争到我们未获得的自由！”

是的，斗争还必须继续进行，而且是更大的斗争！

然而，“杀人狂”已经到了疯狂的地步，他们又在京汉铁路沿线结集更多的军队，准备残杀更多的罢工工人。在这种形势下，中共北京地委召开了紧急会议。身为中央执行委员的高君宇自然也参加了会议。会议认为，目前如果坚持和扩大罢工，势必会遭到反动军阀对工人群众更凶残的屠杀。因此决定：忍痛复工。

啊，忍痛复工，这是一个多么痛苦的抉择！这时，工人阶级虽然组织力量和革命积极性大有增长，但是还没有强有力的同盟军，还没有自己的武装力量，还没有革命斗争的策略，要想在毫无民主权利的条件下战胜全副武装的军阀是绝对不可能的。对此已有初步认识的高君宇只能竭力将愤怒压在胸中，而在他的眼里依然燃烧着不屈不挠的斗争怒火。

复工通电发出后，中共北京地委继续召开会议，总结经验教训，商讨善后方略。

高君宇认为，京汉铁路罢工的失败有两个大原因：一是全副武装的军阀凭借武力的摧残，二是工人阶级的组织还不十分强壮。他说："手无寸铁而组织幼弱的工人们，加以如虎似狼的兵力压迫，那自然抵敌不得，所以京汉罢工就失败了。不过，我们确信，假使京汉工友的组织更为坚固，势力虽终不足抵抗持枪带刀的军队，也不至受摧残到如是地步。"

谈到目前的奋斗目标时，高君宇说："我们现在的责任很明白了，我们要努力去恢复我们的营垒（工会），同时也要努力组织好我们的参谋部（共产党组织），凡是工人阶级的革命先驱，都要加入中国共产党的组织之内。"

高君宇的这些观点自然被北京地委会议所接受和采纳。

经过商讨，北京地委会议作出关于善后方略的决定，其主要内容是，京汉铁路总工会迁往天津办公，由各路增选委员以加强工会组织；组织"二七"善后委员会，立即采取措施办理抚恤伤亡，慰问在狱诸工友，登记失业工友，安置烈士墓葬及家属生活等事务；在北京及其他城市、工矿区组织举行追悼"二七"烈士大会；编印"二七"斗争的宣传品，等等。

会后，根据中央指示和北京地委会议精神，高君宇立即投入了紧张而繁忙的工作。他既要参与善后工作，又要负责编印"二七"斗争宣传品，而《向导》的编辑工作自然是他要考虑的一项首要任务了。

这时，视共产党和劳动组合书记部为眼中钉、肉中刺的北洋军阀政府，经过密谋策划，开始实施其罪恶计划了。一方面下令通缉共产党和书记部人员，诸如陈独秀、李大钊、张国焘、高君宇等均在通缉之列；一方面，由北京卫戍司令王怀庆在通衢大街张贴布告，内云：“主张共产，宣传赤化，不分首从，一律处死。”自此之后，北京军警大肆捉拿共产党人和书记部人员：灯市口工会招待所被查封，捕去负责人；草厂胡同二号被搜查一次，捕去一人；《工人周刊》被查封，捕去二人……一时间，黑云笼罩于北京城，正如罗章龙所言：“真是缇骑密布，陷阱纵横，大有寸步难行之势。”

在这“黑云压城城欲摧”的形势下，高君宇这一看似文弱书生的共产党人，没有惊慌，没有胆怯，没有退缩，依然四处奔波，秘密进行斗争，表现了一位共产党人大无畏的革命精神。1925 年 4 月 3 日《北京大学日刊》发表的一篇文章中曾作过如下描述：“吴（即吴佩孚）萧（即萧耀南）戕杀工人之后，北京当道曾衔命搜索，君宇与焉，即所谓高尚德也。市衢要道，密布探捕，君宇往来自若，为涉步如无事，探者见亦不能识其为高君宇也。镇定机警，有过人者。”

高君宇在北京从事秘密活动期间，还受党的指派到长辛店等地抚慰工人及被害家属。当他踏上北方工人运动的据点——长辛店这块土地的时候，他的心情由沉痛而变为激愤了。他看到白色恐怖依然笼罩在这个小镇上：荷枪实弹的步兵，乘马背枪的骑兵遍布全镇，往来梭巡。密探如幽灵一样出没于街头巷尾，搜索着每一个可疑的行人。而全镇店铺以及工人们的住宅都紧紧关门闭窗，深恐横祸飞入。街道上，行人寥寥，纵然熟人相遇亦不敢交谈……看到这一切情景，高君宇的心不禁一阵酸楚。然而，在与工人们接触中，他敏锐地发现，在人们的眼睛后面还隐藏着斗争的火星……

于是，在返京的途中，高君宇的心中激荡起一曲豪放、高亢的战歌声：

军阀手中铁，
工人颈上血；
颈可折，
肢可裂，
奋斗的精神不消灭！
劳苦的群众！
快起来团结！

在揭露军阀暴行、动员全国人民打倒反动军阀吴佩孚之流的斗争中，作为党中央机关刊物的《向导》自然要冲锋在前。根据党中央的指示，高君宇等同志立即开始准备《向导》第20期的稿件。《中国共产党为吴佩孚残杀京汉路工人告全国工人阶级与国民书》《劳动组合书记部敬告国民》《二七大屠杀的经过》，自然是这一期必刊的文章，但是，仅有这几篇文章还是不够的，还必须从其他角度再组织一些文章，以增强这期《向导》的战斗力。

正在这时，高君宇从报纸上看到总统黎元洪22日发布的一道命令：

……迩者京汉铁路工人偶因集会细故，率尔罢工，竟与军警冲突，致有死伤。罢工为刑律所不容，何得遽以罢工为要挟，置身咎戾，所有此次肇事情由，著由内务交通两部会同查明，呈候核办，并著主管部妥拟工会法案，咨送国会议决，克期公布，俾资遵守……

“这是什么政府总统？这是惨杀工人的军阀的保镖！”高君宇愤然将报纸撕得粉碎，眼睛里冒出一股能焚烧掉一切的怒火。他不禁又想起前些时候，这位总统关于对“秘密团体”要“依法严加取缔，不得稍涉宽纵”的命令，以及授意军警镇压工人运动的丑恶行径。他感到需要“回敬”这位献媚军阀、苟全禄位的总统了。于是他奋然提笔，当即写了一篇题为《勖军阀残民之总统命令》的文章。他在文章中写道：

……明明是军阀破坏约法，工人为保障共和国民应享的自由而抗争，总统反说成是“细故”；明明是军阀任意残杀工人，反说是工人“竟与军警冲突”。照此命令，不但将军阀一场残杀的罪恶替他轻轻遮掩了过去，且将保障“约法”的工人说成了罪戾，且要制造出新的桎梏，让军阀去作更大的摧残了！然而其如同日又申令尊重约法之谓何？要国民遵守约法，而自己却不尊重约法，且反来包庇违反约法之武人，这不是更明显表示政府只是军阀的政府吗？

高君宇在文章结尾大声呼吁：“被压迫的同胞呵！我们若还希望这些军阀的雇人，是不能有什么用处了；我们自由的争得，只有是继续流血，全国人民一致来奋斗呀！”

高君宇刚刚放下笔，就见刘伯青走了进来。刘伯青是北京大学学生，《向导》和《工人周刊》发行通讯处的负责人。他见高君宇又写文章了，忙走过去捧读起来。刚刚读完，他就拍案叫绝：

“写得太妙啦！君宇，你的笔愈来愈锋利了，简直是力透纸背，入木三分啊！你的胆量也愈来愈大了，以前是骂军阀，骂列强，而今连总统也骂起来了！”

高君宇幽默地说：“黎元洪只不过是军阀豢养的一条狗。难道一个堂堂的人还怕狗吗？”

刘伯青被逗笑了，说：“你这篇文章也要刊登在《向导》上吗？”

“对，就在这一期！”

然而，令高君宇愤恨的不仅一个总统，还有一些为军阀张目的组织，譬如献媚军阀、自绝于众的北京的总商会竟发电文为军阀横暴辩解，说工人“一经鼓动，遂相率盲从，迨祸患酿成，悔亦无及，孰知为人所利用”，而将军阀残杀工人说成是“一时误会”。对于如此之商会，高君宇岂能容忍？他愤然说道：“对于军阀暴行，不肯仗义执言，还不免有凉血之诮，而今竟冒天下之大不韪，为军阀张目，其罪恶远在消极为恶者之上啊！”

就在高君宇为商界如此之举而激愤之际，北京各报24日披露了一则消息：上海商界为了声援京汉路工人，抗议军阀暴行，决定于3月2日举行罢市示威运动。高君宇看了这一消息后，在振奋之余，挥笔写下了《全国商界的好榜样》一文，号召全国商界“一致起来加入这个战线！”

2月27日，《向导》第20期在白色恐怖笼罩着的北京秘密出版了。这期《向导》激荡着一个高亢激越的主旋律：号召全国人民与工人阶级站在一起，打倒残杀工人的军阀吴佩孚，打倒替军阀大保其镖的北京政府！打倒献媚军阀、苟保禄位的总统黎元洪！

不久，这期《向导》通过上海亚东图书馆、民智书局、公民书局、北京大学出版部、武昌时中书报合作社、太原晋华书社、长沙文化书社、济南齐鲁书社、南京乐天书馆、成都宁洋书报流通处、杭州古今图书馆等发行渠道，传向全国各地……它如号角、似战鼓，激励着全国人民向反动军阀开火！开火！！开火！！！

第十二章　迎着腥风血雨，前进

“工人们需要一个政党”

“二七”惨案后，中共中央机关便由北京秘密迁到上海。

但是不久，陈独秀认为，上海的反动势力强大，不利于发动国民运动，而现在西南形势好转，主张把中央机关迁到广州去。马林和共产国际也有这样的建议。于是，中共中央决定，中央机关迁往广州，而设于北京的《向导》编辑部亦随之迁往广州。考虑到北京地委肩负的处理“二七”善后工作和发动群众声讨吴佩孚的斗争任务颇为艰巨等原因，中共中央决定让中央执行委员高君宇暂留北京，协助中共北京地委工作。

编印《京汉工人流血记》是中共中央交给北京地委的一项重要工作。中共中央认为，关于“二七”惨案的真实情况的宣传，虽然《向导》发表了劳动组合书记部写的《二七大屠杀经过》，但因限于篇幅，未能将这一震撼中外的惨案的全貌反映出来。为了让全国人民对这一惨案的真相有一个全面的了解和正确的认识，作为领导京汉铁路大罢工的中国共产党很有必要组织力量编写一本书，以广为宣传。

这一重担自然落在了高君宇、罗章龙等人的肩上。罗章龙是《工人周刊》的主编，而高君宇不仅是中央执行委员，还是《向导》的创办人、编辑、记者，两人都熟悉报刊的工作，富有编辑经验。但这一任务颇为艰巨，既要从京汉全路各站搜集资料，又要综合编写，还要组织印刷、发行等等；加之，中共中央要求出书时间颇为紧迫。因此，中共北京地委决定，由李梅羹等人协助高君宇、罗章龙缮校诸事，由《向导》北京发行通讯处负责人刘伯青负责排版和封面设计；而搜集资料、照片的任务则由长辛店支部和北京大学支部组织力量，分赴京汉路沿线各站进行。

然而此时，白色恐怖愈来愈严重了。自从黎元洪下达了对“秘密团体”和“聚众干政”的活动“依法严加取缔，不得稍涉宽纵”的命令之后，“接着就有军警抄查铁路工人罢工后援会。因该会发起后，竭力为工人筹经济的援助，并且又是公开组织，故首当其冲。9日下午3时，中一区巡警即往拘捕该会职员，幸该会职员，事先走避，未及于难。然会中一切什物，被劫殆尽”。北京政府还“下令搜捕从事劳动运动有名之11人，并于车站密布暗探，防其逃逸。于是近年来最活动的北京中国劳动组合书记部，遂在严密搜捕之下，失其公开活动的势力。他们的活动便天天在军警包围之下了”。形势如此严峻，而高君宇、罗章龙又是被军警通缉的对象，他们编著《京汉工人流血记》的工作就异常艰险了。

然而，高君宇他们却是越是艰险越向前。由长辛店支部和北大支部组织力量在京汉铁路沿线搜集的资料、照片，陆续送来后，3月初，他们便开始进行整理和编写。

……开始动笔时在高师宿舍，后因环境纷杂，敌人眼线很多，工作未便，乃在沙滩附近骑河楼临时找了个小房子继续写作……当时天寒无炉火，工人用芦花败絮裹腿，盘坐在土炕上。呵冻挥笔，日夜不辍，边写边印……

环境是如此艰险，条件是如此恶劣，而工作又是如此紧张。高君宇因劳累而脸色苍白，眼睛里常常布满血丝，他那潜伏于体内的咯血症又露出了复发的先兆——咳嗽。每当劳累过甚，他就剧烈地咳嗽起来，而咳嗽过后，就是冷汗淋漓。见此情景，罗章龙、李梅羹、刘伯青等同志劝他休息。他只是风趣地说："没关系，这是老毛病了。我以前多次领教过它的厉害，但每一次都是我战胜了它！"说完，他又伏案疾书起来。

一次，他正编写第七章《献媚军阀的北政府及奸商》时，剧咳这一恶魔又缠住了他的身子。他不得不将手中的工作暂时停了下来。刘伯青赶紧凑过来劝慰了一番。

3 月中旬，书稿即将编写完毕，刘伯青设计的封面、宋天放题写的书名也均已完成。高君宇便拿起封面稿看了起来，只见上面绘的是一位体格强健的工人正挥动大锤，颇有气势，他所要砸碎的东西虽然画面上没有，但人们看了都会想到他所要砸碎的是军阀，是官僚，是整个黑暗的旧世界。他正欲称赞刘伯青构思很好时，忽见何孟雄走了进来，他向众人报告了一个消息："施洋、林祥谦暨'二七'烈士追悼会已经筹备就绪。地委决定召开一次会议，就此事进行研究。"然后对高君宇说，"范鸿劼同志还特意邀请你参加，因为你是中央执行委员啊！"

高君宇出席了中共北京地委会议。会议研究决定，追悼会定于 3 月 22 日以北京学联的名义召开，并拟在《北京学生联合会日刊》上刊登启事。此外，根据中共中央指示，北京地委以中国共产党名义敬献挽词。范鸿劼最后说："启事和挽词已拟好，请君宇同志和大家过目之后，提提意见！"

"启事"文字简洁，但是意旨十分明确："天祸中国，武夫暴横，'二七'屠杀，施林被难。嗟我平民能无寒心！然'死或轻于鸿毛'、

‘亦或重于泰山’。烈士殉名，国亦有光。吾人悼亡，所以奇思；有同感者，曷兴乎来！”高君宇看毕，点头称是。接着，他从范鸿劼手中接过那篇以中国共产党名义撰写的挽词，认真阅读起来。挽词云：

> 自由是我们被压迫人民共同的需要，军阀是我们被压迫人民共同的仇人。你们——解放中华民族的先驱，为争我们共同的需要，被我们共同的仇人残杀了。我们后死者的责任，不尽是一哭你们就算了事。在追悼你们的今天，我们且要继续你们壮烈的行动：从此就一致起来，打倒我们共同的仇人——军阀，争得我们共同的需要——自由！

这是每一位共产党人的心声啊！高君宇脑海里又浮现出长辛店工人前仆后继、英勇奋斗的情景来……

1923 年 3 月 22 日下午，高君宇和罗章龙等同志来到高师风雨操场时，早见那里已站有千余人。“花圈挽联甚夥，后来者几无隙地”。高君宇细看那挽联，无不充溢着一股悲壮之浩然正气：

烈士之死重于山岳
正气所在炳若日星

血染江流至死不忘劳工神圣
气冲霄汉有生共起拥护人权

……

这一副副素色的挽联，犹如一阵阵强劲的东风，在高君宇的心海上掀起了滔滔激浪：啊，这就是民心，这就是任何反动派都不可抗拒的民心！

3时许，大会开始。先由主席致辞；继而致祭，在场者行三鞠躬礼；接着宣读祭文；然后，各界代表讲话，词皆沉痛。其中何孟雄讲道："我们以后的革命工作，非和平所可成功，要继续施林诸烈士之志方可。施洋……此次无辜惨死，是我们很痛心的事。我们应该体贴他的意思，完成他的工作。他最大的本领是领导数万工人与军阀宣战，我们也应该团结起来与军阀宣战！"

大会最后通过四项决议：一、由本会通电恢复解散的工会；二、抚恤被难家属；三、恢复因罢工被捕者自由；四、惩办祸首。

这次悲歌慷慨、震动幽燕的追悼会，深深地铭刻在高君宇的心上……

会后，高君宇、罗章龙等人又经过两昼夜的奋战，《京汉工人流血记》终于编写完毕。经研究，决定由罗章龙作序，高君宇作后序。

高君宇便将后序的题目确定为：《工人们需要一个政党》。他在序言中说："我们决然要继续这个战争，最后的胜利一定是我们的！"最后，他将满腔赤诚和激情倾注于笔端："中国共产党万岁！"

《京汉工人流血记》终于在1923年3月底出版了！它不仅将"二七"惨案的真相展示在全国人民面前，而且"使京汉工人争取民主自由的精神流布海内"，有力地推动了打倒残杀工人的军阀的斗争洪流滚滚向前！

在这部气吞河岳、炳若日星的书里，倾注了高君宇的无数心血和对党的一片赤诚！1981年"二七"纪念日，85岁高龄的罗章龙教授回顾往事，不禁激情汹涌，提笔蘸墨，为《高君宇文集》题诗一首：

论交八载忆红楼，笔阵纵横荡九州。

京汉工人流血记，千秋碧血赋同仇。

“愿你自信……”

高君宇从中共北京地委回到住处——“静庐”时，天色已经黑了下来。他一开门，就见门缝间塞着一封由邮差送来的信。他回屋开灯一看，只见信封上用娟秀的字体写着：“高君宇先生启”，而在信下方铅印的“北京高等女子师范学校”的字样后，又有一个用毛笔书写的“梅”字。啊，多么熟悉的笔迹！不用看信文，就知道是石评梅的来信。

高君宇的心顿时激动起来，就像有许多小鹿在胸中乱跳乱撞。哦，好长时间没见评梅的面了！

自从在同乡会里高君宇、石评梅相识以后，两人因交往而渐渐产生了较为深厚的情感。特别是高君宇介绍石评梅加入马克思学说研究会后，两人之间的情谊之树因根植于共同理想的土壤上而愈发茁壮成长起来。这一情谊自然成为石评梅蓬勃向上的一个动力，她对高君宇既有着崇仰的敬意，又有着一种说不清的绵绵情意。而高君宇则对石评梅产生了一种愿望，一种想了解她的心的愿望。但他却时时在抑制着对她的这一愿望。

然而，“感情”真是一个怪物，你愈想扑灭它，它反倒燃烧得愈热烈。尽管高君宇努力抑制自己对石评梅的感情，但在他的心底却不时流淌着对她的一股深情厚谊之溪。

可是，高君宇是一位矢志为伟大的共产主义事业献身的人。在他心灵的天平上，革命事业高于一切；而爱情尽管价值千金，但与革命事业相比，就显得微不足道了。因此，自从参与领导京汉铁路大罢工以来，他就无暇、无心顾及对石评梅的感情的事了，他不但没有时间去看望石评梅，甚至连信也很少写。——他的整个身心都扑到这一伟大的罢工斗争上去了。这一时期，他的感情世界里没有一缕儿女情长的涟漪，有的只是悲愤、沉痛的浪涛！而今，“二七”惨案善后工作已近尾声。因之，当他接到石评梅的信之后，他的感情潮水又一次在心头上奔腾起来……

在灯下，高君宇轻轻拆开信封，从中取出信笺来。啊，还是那他所熟悉的印有“梅作主人月作客”淡蓝色字样的梅花笺，上面似乎还萦绕着一缕缕清香。高君宇便急匆匆地读起信文来，信文的大意是，石评梅近来愈来愈烦闷、痛苦和绝望，心中常有一种说不出的悲哀。而她自己又无法跳出这一悲哀之海，只能浮沉于这悲哀的惊涛骇浪之中。她为自己营造的“象牙塔”轰然倒塌了，她为之追求的理想像海市蜃楼一样蓦然消失了，她对人生厌倦了，绝望了！她希望高君宇能帮助她，救济她，使她恢复对生活的信心和勇气。她最后还渴望高君宇将“以后行踪随告，俾相研究”。

高君宇的双眼又被吸引到信笺上。从字里行间，他仿佛听到石评梅凄婉哀怨、如泣如诉的声音，而几乎与此同时，他的眼前便浮现出石评梅悲伤的情景：她脸色苍白，白得像窗纸似的；而在那似蹙非蹙的细眉下，那双常像含着泪水似的眼睛里闪烁着晶莹的泪花；小而好看的芳唇在微微颤动着，时而吐出一声轻轻的长叹，微弱得就像一缕游丝……

啊，这就是他仰慕的女友石评梅吗？不，不是的。她不应是这样一朵在风雨中摇曳的梨花，她应是一朵在冰雪中昂然挺立、充满勃勃生机的梅花！

石评梅是一位在“五四”浪潮冲击下成长起来的新女性。“五四”之后，各种新的学说激荡着她，各种新的思想诱惑着她。她考入北京女子高等师范之后，在认真完成课业之余，一方面如饥似渴地阅读古今中外的文学名著，从中汲取着丰富的精神营养；一方面留心时事，关心着祖国的前途和民族的命运。

然而，正当她像百灵鸟一样纵情欢唱的时候，严酷的现实将她的希望之花击碎成了点点落红。如果说社会的虚伪、残忍，在她那颗真诚、美丽、善良的心灵上烙下了斑斑伤痕的话，那么爱情上的挫折就像撒在伤口上的盐！她的心因之而流血、而疼痛、而颤抖。啊，“欢乐的泉枯了，含笑的树萎了，生命中的花，已被摧残了”。

对于石评梅从“春之波在爱之河荡漾着”的梦境中坠入茫茫苦海的遭遇，一直关注着“二七惨案”和与反动军阀进行殊死斗争的高君宇一无所知。但是，他从石评梅信笺的字里行间，已经深切地感受到石评梅的痛苦、悲伤和绝望，知道她“像只小白羊，离群倒卧在黄沙凄迷的荒场”。而这只“小白羊”，现在正向自己呼救了。蓦然间，一种拯救“小白羊”的责任感在他心中油然而生，并且愈来愈强烈起来。于是，他随即提笔给石评梅回信。他在信笺上写道：

……“说不出的悲哀”，这恐是很普遍的重压在烦闷之青年的笔下一句话罢!我曾告你我是没有过烦闷的，也常拿这话来告一切朋友，然而实际何尝是这样?只是我想着：世界而使人有悲哀，这世界是要换过了；所以我就决心来担我应负改造世界的责任了。……

评梅，你还是受制于那运命之神吗?还是诉诸你自己的“力”呢?

愿你自信：你是很有力的，一切的不满意将由你自己的力量破碎了！……我们抢上前去迎未来的文化罢！

信寄起后，高君宇心中依然时时牵挂着石评梅：她读信后会怎样？她能“从悲惨黑暗的地狱里挣扎出来”吗？……高君宇愈想愈觉得心里不安然。于是，他抽暇看望石评梅去了。

那是一个细雨绵绵的夜晚。夜，很黑、很静；雨，很细，很密。高君宇来到女高师时，石评梅寝室里正亮着灯。他便上前轻轻叩门。然而，开门迎接他的不是石评梅，而是石评梅的同学、好友素文。素文一见是高君宇，高兴地说："评梅正和我念叨着你呢！"

屋内，一灯荧然。借着淡黄色灯光望去，只见室内没有以前那样整洁了，桌上的"文房四宝"以及报刊书籍堆放在一起，显得杂乱无章。半卧在床榻上的石评梅脸色异常憔悴、苍白，就像那盆置于墙角下枝叶横斜的梅花一样毫无生气。她微微向高君宇点点头，脸上露出一种凄然的微笑——这是一个人在生命的旅途上经历过一场感情上的暴风骤雨的摧残之后才有的那种微笑。

高君宇搬了个凳子坐在石评梅旁边，很关切地询问道："评梅，你这一段时间到底发生了什么事情？"

殊料，不问还好，一问反倒使石评梅呜呜咽咽地哭了。

素文说："还不是因为那个吴天放。这个人'金玉其外，败絮其中'，看上去还人模人样，其实是一个最没德性的人。他已经是有妻室的人了，但还要'得陇望蜀'，用他的虚情假意来骗取一位纯洁、真诚的少女之心。春节前夕，评梅发现他的虚伪、奸诈之后，一下子从彩云霞光的空中摔到了痛苦的深渊。但是这个人还缠着评梅不放，今日一封情书，明日两首情诗，扰得评梅心乱如麻，你看看，这就是这个人的'杰作'！"素文说着，将桌上的几封信拿给高君宇。

高君宇翻动了几页，有的是情诗，如"一树梅花一树霜，东风不解客愁长。自此时时春梦里，毕生遗恨系心乡"；有的是情书，如"……我活了二十五岁，没有一天幸福过。在这个世界上，只有你能给我幸福。亲爱的珠妹（即评梅），你愿意帮我解除痛苦吗……"信笺是粉红色的，左下角还印有一株金色梅花，旁边还写着两行宋体小字："唯有梅花知此恨，相逢月底恰无言。"

高君宇匆匆翻看了一遍，只从牙缝间迸出两个字来："卑鄙！"

素文说："高先生前两天给评梅的信，我已经看过了。写得好极了，不仅论述精当，对社会问题一语中的、入木三分。评梅自从读了你的信之后，情绪好多了。你看看，她在前一段发表的诗作吧，那简直是血泪之吟啊！"素文将一本刚刚出版的《诗学半月刊》第2号递给高君宇。

高君宇翻开一看，上面有一首评悔写的诗《别后》。这是石评梅在"心弦上弹着，心波中拥着，在笔尖上涌着那悲哀的残痕"啊！高君宇的心不禁因之而颤动起来。但他没有去安慰她，他知道，她的不幸的初恋已把她生命中最灿烂的热情耗去了很多、很多；而要重新点燃她胸中的热情，绝非几句安慰的话所能奏效的。于是，他在和评梅、素文的交谈中，谈人生，谈社会，然而谈得最多的则是血淋淋的"二七"惨案。他讲述他亲眼目睹的长辛店工人被军阀杀戮的惨景，讲述总统黎元洪献媚军阀、苟保禄位的丑恶表演，还讲述施洋、林祥谦暨二七烈士追悼会的悲壮情景……

石评梅静静地听着高君宇的讲述，一会儿发出同情的叹息；一会儿激愤得紧攥拳头，一会儿情绪振奋异常。这一切表明，石评梅这时已暂时忘记了个人不幸的遭遇。她忽然间无意地发现高君宇更加稳健，更加刚毅，更加豪放了。他是那么神采奕奕、生气勃勃。他的眼睛里充满了思想的智慧，他的胸膛里燃烧着一团烈火，而在他的身上则蕴藏着一种高尚的人格力量。

临辞别时，高君宇给石评梅留下两本书刊，一本是他和蔡和森编辑出版的《向导》周报第20期，上面刊有《中国共产党为吴佩孚惨杀京汉路工告工人阶级与国民书》，和高君宇写的《勖军阀残民之总统命令》《全国商界的好榜样》两篇文章；另一本是他和罗章龙等人合编的《京汉工人流血记》一书，上面载有高君宇作的后序《工人们需要一个政党》。高君宇用一双真诚而充满热情的目光望着石评梅说："你可抽空看看这两本书刊，它可以告诉你许多道理。临走之前，我给你朗诵一首刊在《京汉工人流血记》一书补白处的《赤军进行歌》吧！"说完，便高声朗读起来：

> 兄弟们！向大阳，向自由，向着光明前进。
> 光辉从黑暗的过去，炫耀着将来呵！
> 看亿万的兵丁，滔滔不绝地从幽暗中出来，
> 直到我们的希望达到，天地澄清的时候。
> 兄弟们，只前进罢；兄弟们，死正在嘲笑我们：
> 永远做奴隶以终生，抑出于神圣的最后一战！

这声音，回响在静寂的雨夜里，也回响在石评梅那忧思缠绵的心上。

纪念血腥过后的"五一"

曾经像浩浩荡荡的长江大河一样以一泻千里之气势奔腾前进的中国工人运动，此时已经到了曲折回环的艰难境地，四周是悬崖、峭壁、黑云、白雾……

"二七"惨案之后，京汉铁路总工会、武汉各工会及北方其他铁路工会均遭封闭，中国劳动组合书记部也在被查抄后迁往上海。全国各地工会组织，除广州、湖南尚能存在并可公开活动外，几乎全部被迫停止活动或转入地下。中国工人运动暂时转入了低潮。

在这种严酷的形势下，有人迷惘了，有人怯懦了，也有人动摇了。

然而，地火没有熄灭。中国工人阶级正在血泊中日益觉醒，正在积

蓄着新的革命斗争的力量。

为了推动处于低潮的工人运动再掀巨澜，中共北京地委决定恢复被查封的《工人周刊》。这一重任自然又落在该刊的创办人高君宇和罗章龙的身上。

《工人周刊》原是北京党组织以“工人周刊社”名义创办的。1922年5月1日，第一次全国劳动代表大会以后，中国劳动组合书记部由上海迁到北京，《工人周刊》就成为劳动组合书记部指导工人运动的总机关报。从此，这一刊物犹如战斗号角，回响在1922年1月至1923年2月中国第一次罢工运动高潮之中，激励着工人阶级艰苦奋战。“二七”惨案以后，该刊出到第62号，便被北洋军阀政府以“实含过激主义，关系地方治安颇大”的罪名查封了。

经研究决定，《工人周刊》拟于1923年5月1日正式复刊，并将复刊第一期定为“五一特刊号”。而这一特刊号的重点是：回顾中国现代工人运动的历史，总结工人运动、特别是“二七”大罢工的经验与教训，向工人阶级指明进一步开展斗争的方向。在研究稿源问题时，罗章龙说：

“君宇，你才思敏捷，识见超群，这一期你得写一篇!”

“我当然要写。”高君宇笑着开玩笑道，“可是你呢？总不能只动嘴，不动手吧!”

罗章龙也笑了，说：“我已经写好一篇，是《年年五月一日》。”

晚上回到“静庐”，高君宇就开始思考起给《工人周刊》“五一特刊号”写文章的事来。“二七”惨案后，摆在每一位共产党人面前的重大问题是，被反动军阀暴力摧残的工人阶级队伍如何重新集结？党领导的反帝反封建的政治斗争该如何进行?高君宇从工人运动、特别是京汉铁路大罢工中愈来愈深刻地认识到团结的重要性，这种团结不仅仅是工人阶级内部的团结，而且更重要的是无产阶级和全国一切革命群众的团结。唯有这种团结像钢铁、像磐石一样坚不可摧，才能反对帝国主义的侵略，推翻封建军阀的统治，工人阶级以及全国人民才能争得真正的民主和自由……想到这里，高君宇决定写一篇题为《我们应当怎样纪念今年的五一?》的文章。

他在文中记述了世界各地以往纪念“五一”劳动节的盛况之后，笔锋一转写道：

> 在中国，今年的“五一”要怎样做呢？自一九一九年以来，我们纪念了好几次了，我们的工友也渐渐组织起来了，这几年各地工友勇敢的罢工奋斗，就是因为我们工人已有团结可表现我们力量的缘故。但中国工人这两年奋斗的经过，是怎样受摧残和压迫呢？

高君宇回顾了上海纱厂、唐山煤矿罢工，回顾了香港海员、粤汉铁路和汉口花厂罢工，更回顾了不久前发生的京汉铁路大罢工，而这一切罢工无不受到中外反动派的武力摧残。他接着明确指出：这一切事实证明，只要有军阀、洋资本国势力存在，“中国工人的团结便不得自由，便日日要受摧残危害，甚至根本不使其存在”。高君宇在作了上述论述之后，便响亮地提出了中国工人阶级目前的使命，他写道：

> ……须努力不避艰苦的团结起来，去打倒军阀和洋资本国的势力。而今年五月一日迫及要求，就是争“工人团结的自由”了！

然而，在毫无民主权利的条件下，要打倒帝国主义列强和封建军阀，只有工人阶级是不够的，还必须有强有力的同盟军，必须有一切革命的人民群众。从“二七”惨案中获得这一认识的高君宇接着写道：

> ……“五一”之在中国，不但是工人团结的节日，且应为一切被压迫人民纪念的日子了！今年“五一”的口号，应是“争工人团结的自由！”

最后，高君宇在文章中大声呼吁“中国的工人、农民、智识者、学生、小商人，以及一切派别的社会主义、民治主义者，都要一致纪念‘五一’。”要集会，要讲演，要散发传单，要举行大规模的示威游行，还要在集会中追悼死难工人，致敬意于被囚罢工工人，抚恤救济被害工人家属和被革工人，并特别注意于殷血未干的“二七”惨案，提出诸如恢复被封工会，立即释放因罢工被捕者，政府拨款抚恤被害工人家属，立即惩办屠杀工人的祸首，废止治安警察条例及一切压迫工人的法律等要求。

最后，高君宇以“工人团结的自由万岁”这一口号作结。他将笔一放，伸了伸懒腰，然后信步走向窗前。此时，夜已深沉。只见窗外夜色像阴霾一般笼罩了整个世界，又像墨汁一般浸透了一切景物，就连夜风吹落树枝上的露滴也仿佛是点点墨珠……然而，在高君宇眼中映现的却是一片艳丽的朝霞。他坚信，只要全国人民和工人阶级团结战斗，黑暗终究会消遁，而朝霞必将会出现在神州的天际！

当 1923 年的“五一”劳动节到来的时候，高君宇的这篇《我们应当怎样纪念今年的五一?》随着《工人周刊》第 63 号已飞到人们手中……

而在“五一”当天，高君宇则满怀战斗豪情来到了天安门前，参加在中共北京地委领导下，由中国劳动组合书记部、北京社会主义青年团、俄罗斯研究会、民权运动大同盟、少年中国学会及北大、高师等

30 余个学校数千人举行的纪念“五一”劳动节国民大会。在会上，高君宇、何孟雄、缪伯英等“许多人相继演说，说到万恶军阀残杀我们无产阶级的惨状，无不愤慨激昂，恨不得生食军阀之肉”……看到会场上群情激愤的情景，高君宇心里不禁激情汹涌起来：

啊，人民正在进一步加强团结，正在积蓄着无穷的战斗力量！

第十三章　火热的斗争　火热的情

点燃滴血的诗心

天上飘移着几缕淡淡的云烟。缀在深蓝色天幕上的星星，今夜仿佛被那一轮明月的灿灿光华惊呆了，惊退了，而显得是那样稀疏寥落，光彩黯然。而月光，犹如从天河里满溢出来的透明的流水倾泻下来，但没有一点潺潺之音，有的只是空明的静谧。于是，地上的一切：街道、房屋、树木、花草……都悄然浸泡于其间。

一走出石评梅的寝室，高君宇就被眼前这迷人的夜色吸引住了，他不禁默默地惊叹道：

“啊，多么美妙的初夏之夜！”

自从“二七”惨案发生以来，高君宇为躲避军警的追捕，一直过着“一夕数迁、不遑宁处”的漂泊生活，何曾有闲情逸致去领略风花雪月？如今见到如此迷人的月夜景色，他自然感到格外心旷神怡。其实，像这样的美妙景致并不鲜见，只是由于在艰险的环境下，他为了革命事业奔波不息而未曾发现罢了。

在返回“静庐”的路上，行走在月色下的高君宇不禁又回想起刚刚告别的石评梅来。

自从上次看望了石评梅之后，高君宇就很少和这位女友联系了，原因很简单，就是他太忙了！——他是为促进工人阶级和全国人民团结战斗，以打倒共同的敌人帝国主义和封建军阀而不停地呐喊、奔波！然而，在斗争的空隙，他何尝有一刻忘记过石评梅？他永远也不会忘记他在“山西同乡会”里第一次见到石评梅时的情景：那天晚上，当别人将石评梅介绍给他时，他才发现石铭老先生的女儿是一位出水芙蓉般的少女。她那两道似蹙非蹙的细眉下，一双仿佛浸泡在泪水中的眼睛格外招人喜欢，抬起来亮闪闪，低下去静幽幽。面庞端庄而清丽，体态苗条而健美。她的一颦一笑，一举一动，都是那么文雅、自持、适度。然而，最吸引高君宇的是她在谈话中所流露出来的新颖的思想，卓绝的才华，以及冰清玉洁的气质……从此，印在高君宇记忆中的石评梅，就像是一枝清丽脱俗的素梅，一朵不染尘埃的奇葩，一株充满庄严、神秘色彩的菩提树！然而，不幸的是，在黑暗势力的狂风和不幸爱情的暴雨的摧残下，这树，这葩，这梅，一下子枯萎了，衰败了，飘零了！自从石评梅向高君宇发出希求“救济”的呼唤后，高君宇就已下定决心拯救她跳出悲哀苦痛的深渊。然而，他无暇常去看望她，只能通过书信传情达意。在信中，他没有用普希金那“假如生活欺骗了你，不要悲伤，不要心急，阴郁的日子须要镇静”的诗句，去抚慰她那颗创伤累累的心；也没有用莎士比亚那“谁要是能够把悲哀一笑置之，悲哀也会减弱它的咬人的力量”的名言，去激发她那被悲哀紧紧包裹着的对生活的勇气；而是用一颗坚定的无产阶级革命战士的赤心，去点燃她那冻结在感情冰雪下的人生信念。他希望她能将自己与祖国的命运、民族的前途紧紧地联系在一起。因为，唯有如此，才能将个人的不幸置之度外，使她感到人生真正的意义。为此，他常给她寄《向导》《先驱》《工人周刊》等革命报刊，以启发她的政治觉悟，激发她的革命热情。

也许是他的这一切努力产生了效果，他从石评梅的回信中，从她寄来的几首已经发表的诗歌中看到，尽管她的“笔尖上涌着那悲哀的残痕”，但是她企盼着“最后的光荣，赞颂那未来的芬芳”。她不仅仅关心着自己的不幸，而且已开始重新关注着人民大众的苦难了。她诅咒“陷阱布满了人间，罪恶都隐在心间”；她“为云雾沉沉的女界吊”；“为了创造新文化，为了建设新国家，为了警觉沉睡的同胞，为了领导迷途的朋友”，她愿将“心花”“藏在鸿雁的翅下，向云中翱翔去呵”！她开始吟唱道：

同情之泪呵，
我不禁为人类而洒！
罪恶之迹啊，
我不禁为人类而悲！
压在心尖上的雁儿，
终于为了宣传正义，
飞在空中狂呼了！

看到石评梅的这一细微的变化，高君宇心里坦然了一些。他多么希望她能成为一株能迎风抗雨的大树，成为一位为劳苦大众的幸福而奋斗的战士，和他，和所有共产党人，和整个无产阶级站在一起，投入到改造社会的伟大事业之中啊！于是，他在这个月夜看望了石评梅。他看到，石评梅虽然脸色苍白，眼睛里似乎还飘移着哀丝悲缕，但她的精神比起前一个时期来算是好多了。她说，她前几天一直忙于毕业考试，现在毕业考试刚刚结束，虽然感到疲累，但那感情上的风暴已经席卷过去了。她还告诉高君宇说，她已经和女高师体育系、博物系的一些同学组成一个国内旅行团，准备一两日内南下旅游，时间大约一个月。

对此，高君宇表示极为赞同。他说：“这很好！你借此旅游的机会，既可开阔眼界，了解社会，又可换换你的心情。这对你是极有好处的。”他还嘱咐石评梅，乘车南下时，要留意看看京汉沿线的情况，那里的工人正在军阀的压迫下流血、流泪和呻吟呢！

石评梅默默地点了点头。

这天晚上，他们在灯下谈了很多、很多：从学生运动，到北京各校千余名学生前不久在石评梅所在的女高师举行的“五四”纪念会；从“二七”大罢工，到这年在天安门召开的“五一”劳动节国民大会……高君宇神采飞扬，谈锋颇健。在柔和的灯光下，他那乌黑的大背头把他白净的脸庞衬得越发清秀；他的眼角、嘴角含着充满自信的微笑；隐藏在黑框眼镜背后的眼睛里时时流露着热情的光芒，使人一见就难以忘怀。而容纳在他那饱满的额头里的卓越而又崇高的思想，则通过他那滔滔话语而闪现出耀眼的光芒……石评梅听着、听着，不禁生出一种浓浓的感动来。

他们坦诚地交谈着，不知不觉之间，两颗心在一分分地缩短着距离。而友情，就像钻石般地闪烁着瑰丽的光彩。

离别时，石评梅说：“待我南下旅游归来时，你再带我到陶然亭走走吧！那里真是一个令人留恋的地方，我常常在寂寞时会想起我们那次游览陶然亭的情景。前些时候，我还写了一首《陶然亭畔的回忆》，发表在《诗学半月刊》上。当时我没有给你寄这期刊物，现在你来了，就奉送你一本吧。”

就在高君宇伸手去接那本《诗学半月刊》的一刹那间，他突然感到石评梅的手在微微颤动，而在她清秀端庄的脸上则泛起了一片淡淡的红晕。

高君宇微笑着说：“来而不往，非礼也。那就让我来给你朗诵一首诗吧，不过这诗不是我写的，而是海涅的。”说完，便吟诵起来：

心啊，我的心，不要苦恼，
你要忍受命运的打击。
冬天夺走的东西，新春又会还给你。
……

石评梅静静地听着，眼睛里不觉流露出一种感激的神色……

不久，高君宇接到了南下旅游的石评梅的信，信中还有一首题为《京汉途中的残痕》的诗歌：

人生都在付在轮下转着，
　谁能找到无痕的血泪啊！
命运压在满伤痕的心上，
　载着这虚幻的躯壳遨游那茫茫恨海！
……
呵！
夜幕下是何等地寂寞萧条哪！
　幢幢地黑影，
　伴着那荒冢里的孤魂。
……
在永镌脓血的战地，
　值得纪念吗？
我只见鲜血在地中涌出！
我只见枯骨在坟上蠕动！
　恨呵！
　在这荒草中何能瞑目！
……

这不是对“二七”惨案中遇难烈士的悼诗吗?高君宇欣慰地笑了；女诗人啊，这才是你应当呼喊出的声音！在人生的旅途上，你不应当彷徨，而应当呐喊！你不应当悲泣，而应当战斗！

就在石评梅南下旅游到达杭州西湖的时候，作为党的二届中央执行委员的高君宇已经离京赴粤，参加党的“三大”去了。

“三大”的会址是在广州恤孤院路 81 号（现为恤孤院路 3 号）。这是在空旷地上独立的一座砖木结构的二层楼，看上去与普通居民住宅别无二致。在这楼房底层南侧是会议室。会场几乎没有作什么布置，“壁上没有张贴或悬挂什么，没有马克思、恩格斯像，也不挂党旗”。然而，就在这间会议室里，党的“三大”解决了中国共产党与国民党合作，建立革命统一战线问题。

会后，高君宇由粤返京。而石评梅也已从南方旅游归来。一天，高君宇来到女高师时，石评梅恰好刚刚送走庐隐、吴婉贞等几位女友。一个月不见，石评梅的脸色不再那么苍白了，变得微微发黑；而心情也似乎不再那么忧郁了，变得开朗起来。她给高君宇谈了南下旅游的情况后，便说：“我已从女高师毕业了，北京师范附中校长林砺儒先生要聘我到他那里任教，我已经应允了。”

……

加拉罕抵京

1923 年 9 月 2 日，风和日丽，天气格外晴朗，简直使你不能相信北京的夏季已经过去。街道旁、公园里的树叶还是那么碧绿，花圃里的花草还是那么艳丽。只是偶尔从枝叶间吹来的秋风中含着的一缕凉意，在提醒着人们：秋天开始悄悄地来了！

高君宇在前门车站参加了北京数千群众欢迎苏俄政府外交代表团团

长加拉罕一行莅京的仪式后，便和范鸿劼、何孟雄等同志乘车返回“三大”之后成立的北京区委（兼北京地委）秘密所在地。他今天显得异常兴奋，一想到数千群众在前门站前欢迎加拉罕一行的热烈情景，他的嘴角上便会漾起一种抑制不住的微笑。

加拉罕此行的目的是与北京政府谈判两国复交事宜。早在一年之前，北京政府和苏俄政府就已约定在北京召开中俄会议。之后，为了促成这次会议的召开，早日与苏俄建立和平友好的关系，高君宇曾满怀激情地撰写并发表了《日俄会议及中俄会议》《北京大学过激化了吗?》《工人们需要一个政党》等一系列文章，热情歌颂苏维埃红色政权，明确指出“世上唯有苏俄是被压迫民族的好朋友；中国要脱离国际帝国主义的压迫，只有是和他建立亲密的关系”，并提议由孙中山、蔡元培、陈独秀发起组织“中俄同情大同盟”，用以压迫外交系，纠正他们媚国际帝国主义的外交，促成中俄建交。但是，事事听命于“东交民巷”的北洋军阀政府不顾全国人民的呼声，对中俄会谈态度极为冷淡，致使中俄会议迟迟不能举行。为了早日实现中俄邦交正常化，对中国人民抱有真挚感情的苏俄政府又派代表加拉罕来到了中国。

然而，高君宇知道，在实现中俄复交的道路上还存在着帝国主义和北洋军阀政府设置的重重障碍。而要排除这些障碍，还须鼓动和组织各界群众一致奋斗。高君宇这位曾经考察过苏俄、并对苏维埃红色政权及苏俄人民怀有崇高敬意和深厚感情的中国共产党人，深感肩上责任之重大。因此，在中共北京区委兼北京地委的会议上，高君宇就促进中俄建交一事发表了许多精辟的见解和建设性意见。他的这一切努力，得到与会者的热烈回应。

加拉罕抵达北京之后，中共中央驻北京代表李大钊和中共北京区委兼北京地委为这位苏俄政府代表举行了欢迎会、招待会、座谈会等一系列活动。高君宇除了在这些场合与加拉罕接触之外，还曾单独和这位苏俄代表晤谈过。从交谈中，加拉罕发现这位年轻的温文尔雅的中国共产党人不仅对苏维埃政权和人民怀有极为深厚的感情，而且思维敏捷，言词锋锐，对所交谈的问题都有精辟而又深刻的见解。当他得知高君宇曾赴苏俄参加过“远东大会”时，高兴得一把抓住高君宇的手直摇晃。而高君宇则对这位来自列宁故乡的苏俄政府的使者充满了敬意。因为苏俄政府对华的两次友好宣言都是由这位革命经验丰富的布尔什维克党人发表的。后来他俩结下的深厚的革命友谊，就是从这时开始的。

这一时期，高君宇在积极参与李大钊和中共北京区委兼北京地委领导的北方国共合作工作的同时，一直密切地关注着中俄会谈的动向。

经过认真观察和分析，他更加深刻地认识到：“对于中俄外交，显然有两种相反而冲突的趋向。一是国际帝国主义的政策，他所代表的势力现已在王正廷背后努力活动，忙着替教徒编脚本，要他于会议时照之演唱。一是国民强烈要求政府改正外交上亲帝国主义之惯习，而来成就自家独立的利益，与苏俄建立友好亲善的关系。”

因此，当报纸上透露“苏联代表加拉罕与王正廷之间，已有了解的倾向，渴望经年之中俄会议，不久即可望开始”，以及“会议开始已定期在十月十一日”的消息时，高君宇告诫人们说：“这些消息恐未见得已如是确定。只有北京政府的外交能摆脱历来‘东交民巷’的牵制和愚弄，站在人民利益的立场上接待苏联，中俄会议的召开才有可能。但政府是不会自动摆脱外国帝国主义的牵制和愚弄的。因此，我们当前的任务是动员全国人民一致奋斗，监视外交系洋奴，迫使政府承认苏联，与苏联缔结同盟！”

这时，高君宇、范鸿劼等中共北京区委兼北京地委的负责同志，虽然受到被外交系王正廷收买的学生韦青云等人旨在分裂北京学联、破坏学生运动的造谣、诽谤，但他们还是通过北京学联掀起一个要求打开中俄关系僵局的运动，发出了“采取国民外交方式，由国民自动承认苏联，并于最短期间实现中俄会议”的呼声！

在致力于这一运动的同时，高君宇挥动颇令国内外反动势力胆寒的雄笔，写下了《中俄会议——为了谁的利益?》一文，响亮地提出两个口号：“国民要速起监视外交系洋奴!”“承认苏联——中俄同盟是中华民族脱离压迫的第一要件!”

高君宇的文章素以观点鲜明、论证精当、分析透彻、言辞犀利著称党内外。他的这篇文章自然也体现了这些风格。他在文中首先指出，对中俄外交有两种“相反而冲突的趋向”：一是帝国主义的破坏，一是国民为促使成功而作的努力。接着，分别进行了深刻透彻的剖析。

在论述帝国主义的破坏时，高君宇列举了美国利用新闻舆论破坏中俄会议的种种丑恶行径，接着以辛辣的笔触写道：

> 这种对中国突锋露骨的态度，说他是友谊的提醒，实在不如说他是命令口气的警告；不啻公然说：美国据这些“理由”不承认俄国，看你附属于列强的中国，还敢不遵从洋大人的指挥，单独去承认过激派俄罗斯!这能不说是对“有独立主权的中国”一个公然的侮辱?

一针见血，入木三分，真乃投枪、匕首！然而，“帝国主义因何不让中国承认俄国呢”？高君宇分析道：

> 这理由是很容易看出的。假使中国竟敢拿起独立外交的态度，无畏怯的将俄国承认了，结果必然俄代表要搬入东交民巷，成为外交团之一员，那时俄国本着外交公开和反帝国主义的精神，与列强代表团周旋起来，不但列强对华一切阴谋要被公布于外，而像铁路共管一类的提案在外交团会议的席上就要

先遭了俄代表无情的抨击。

这是何等有利于中国的事！况且俄代表将来种种反对帝国主义的事实，必然日增月进的很广遍的博得中国人民的了解，认识苏联是中国唯一的朋友；这种情谊必然要促成了两民族亲密的同盟……其势力必成为（对）列强很大的一个危险，是要使帝国主义的全世界震骇而战栗的。这更是何等有利于中国的事！然而中国的‘利’，正是列强的‘不利’，承认俄国既然将与列强有这么些可怕的害处，则他们当然要指挥中国洋奴式的外交家勿承认俄国。

谈到广大人民群众为促使中俄会议召开而努力的情况时，高君宇也以事实为依据作了精辟的论述。他认为，“人民所以对苏联有如是热忱，显然不单是为了俄国放弃帝政时代的侵略，将依一九一九及一九二〇年两次宣言以为对华之准则，而且是了解与苏俄联合共抗帝国主义的需要”。他十分赞赏地说：“与俄国成立亲交的关系，共同来反对英美等帝国主义国家，争得中国之独立与自由。这种意向，是显然已在人民中猛烈发展了。”

在分析了对中俄会议两种截然不同的趋向之后，高君宇笔锋一转直指北京政府的代表王正廷：“现在是有两条路横在王教徒面前，他将走的是哪一条？遵从帝国主义的阴谋呢？还是依照人民争独立利益之意向呢?”通过对其言论和宣传的剖析，高君宇尖锐地指出，王教徒是“甘心做帝国主义之走狗”！写到这里，高君宇还与王正廷这个外交家开了一句玩笑：“用一句外交套语，真是‘不胜遗憾’!”

“然而，”高君宇最后写道，“英美曹吴外交系主奴结托之北京政府，我们何能责他们以爱国，又何能责他们以不卖国?这次中俄外交重要使我们认清军阀官僚帝国主义和我们势不两立了!”

然而，高君宇对中俄会议并不失望，他将希望寄托在这里：

国人起来，起来自动地与苏俄联结成反帝国主义的同盟！

此情绵绵

……我在西湖逗留了五六天，所得的印影，都如电光一瞬；现在想起来，依然是梦境，所余的仅仅一点模糊回忆。我现在幽居在山城里，窗外雨声淅沥，恼人愁怀；攲斜花影，反映纸上；我披卷握管，预备把我的回忆和当时情形，写在纸上；但这是最令我胆怯的。我的心异常的懦弱，竟使我写不下去。这时候我接到君宇的一封信。

读到这里，高君宇不禁激动起来，又急匆匆地读下去：

他这信是和我谈风景的，中有一段和我现在濡毫难下的情形相同：

“本来人与宇宙，感着的不见得说得出，说出的不见得写得出；　口头与笔端所表示的，绝不是兴感的整个。就像我自己，跑遍了半个地球，国内东部各省都走过了，山水之美虽都历历犹在目中，但是要以口或笔来形容它们，我总是做不出。有时我也找得最好的诗句，恨笔不在手底不能写出来，然而就是当时笔在手边又何尝写得出呢?好的诗句，是念不出的，更是写不出的；好的风景是画不出的，更是描不出。越是诗人，越多兴感，越觉得描写技短，又何怪你觉你游过的景物不可写出呢?然而我总愿世人应得把他的才能志愿，将宇宙一切图画了出来。你不笑这是个永不能达的妄想吗?”

“这封信不正是今年7月间我寄给在平定故乡度假的评梅的那封信中的一段话吗?”高君宇将手中的《晨报副刊》放在桌上，脑子里便浮想联翩起来。

这些日子里，高君宇除了继续努力推动中俄会议运动外，又开始了另一项工作——筹办《平民周刊》的复刊。但是，工作再紧张，他也要抽暇阅读《晨报副刊》。因为这一副刊从9月4日起开始连载石评梅南下归来写的长篇游记——《模糊的余影——女高师第二组国内旅行团的游记》。这一长篇游记不仅对她南下旅游沿途各地名胜古迹、风土人情、社会新闻作了生动形象的描述，而且抒发了她的襟怀，表达了她决心投身教育事业，改造教育，改造社会的意愿。从中不难窥见石评梅那从痛苦深渊的沉沦中努力奋起的心迹。因此，高君宇对之自然喜欢阅读。今天，他读的是其中第10章中的开头部分，没想到刚刚读了前两段就读不下去了，他的心被文中引用他的信文扰乱了，就像一石击水，泛起缕缕涟漪。

随之而来的是，高君宇的生活也泛起了一片涟漪。不少熟识高君宇的人在看了石评梅文中引用的这一信文之后，联想起他们频频通信的情景，便对他们两人之间的关系揣度起来，甚至有人还将之演绎成充满浪漫色彩的风流韵事。于是，在高君宇的耳畔经常出现这样的话语：

“君宇，你是不是被丘比特的神箭射中了?”

“你真艳福不浅啊！就连北京著名女诗人都向你暗送秋波了。”

“评梅给你的情书，一定很浪漫动人吧！拿出来，让大家开开眼界。”

还有人见了高君宇，便朗诵起石评梅的诗句来：

我常愿将我的心花，
藏在鸿雁的翅下，
向云中翱翔去呵！

诵毕，便嬉戏着问："君宇，那鸿雁是指谁呢？"

每当此时，高君宇便笑着回答道："我们不过是泛泛的朋友，仅通信罢了！"

然而，人们哪里相信他的话，依然和他开着玩笑。

高君宇在给石评梅的信中顺便提及副刊引文及其招来追问的事情。殊料，石评梅在回信中说了许多抱歉之类的话。这使高君宇颇不安然：评梅那颗多愁善感的心刚刚经历了一场感情风暴，现在尚未宁静下来，自己怎能再给她增添不安呢？他当即给石评梅写了一信。

很快，存在于两人之间的"误会"消除了。当得知石评梅乔迁的消息后，高君宇便抽暇看望了石评梅一次。

这时，石评梅已应聘到北京师范附属中学担任了女子部主任，兼体育教师。她的"新居"实际上是在一座荒废了的古庙前进院里的一间南屋，是师大附中租赁给部分教职员住的宿舍。"屋前有棵大槐树，像把伞一样地罩着评梅住房的半边屋顶。从院中央通第二进院的那圆洞门看进去，最触目的是一个蔓草环绕着的古亭"。高君宇来到石评梅屋前，只见在窗纸上贴有一张印有一株淡红梅花的诗笺，上面写着两个毛笔字："梅窠"，一望而知是评梅的笔迹。这时，从屋里传来一位青年女子的笑声——这笑声是那么甜美而又陌生。

"这位小妹妹名叫陆晶清，她还在女高师国文科读书……"没等石评梅介绍完，陆晶清就接过话茬说："我原名陆秀珍，云南昆明人。我和评梅姐一见如故，她是梅花，我是小鹿（陆），梅花小鹿，天生一对！"说完，便咯咯地笑了起来。

高君宇一看便知她是个天真活泼的女孩。她个头不高，看上去只不过十六七岁，但酷爱诗歌，因慕石评梅诗名，便与之结为好友。后来，她和石评梅还合编了一本诗集，诗集名就叫《梅花小鹿》。

石评梅将高君宇介绍给她时，她的眼睛里立即闪烁出一种惊喜仰慕的光芒，兴奋地说："您就是高先生呀！我听评梅姐说，您是一位充满献身精神的革命志士；我还读过你的一些文章，论证那么精当，言词那么犀利。想不到你竟是这样温文尔雅！"说到这里，陆晶清像突然想起什么似的，抱歉地说："看我尽顾与你讲话，忘了请你坐下了。高先生，您请坐！"

高君宇嘴角露出一种高雅的微笑。他在一张藤椅上刚刚坐下，陆晶清就端来一杯清茶。他呷了一口茶水，便打量起房间的陈设来。房间不大，陈设十分简单，除了两把藤椅、一套茶具外，就是花色素雅的窗帘，盆栽的菊花和小梅桩，嵌在镜框里的李清照画像，以及从古玩店买来的廉价小摆设。自然还有一张书桌以及置于书桌上的书刊和"文房四宝"。石评梅告诉高君宇说，这房间的陈设是陆晶清帮着设置的。接着便谈起她来到师大附中的情况来。

北京师大附中自 1921 年即实行男女同校，这在当时自然是一项很冒险的试验。"倘若所任非人，不但得不到好处，还要生出许多的枝节来"。但石评梅任女子部主任兼体育教师以来，其"品学才干，已如锥处囊中，其末立见"。她的好友、著名女作家庐隐有一段文字说："一方面她用一种理智的指导法，一方面用一种坦白热烈的真情，来感化她们（指学生）。所以学生们对她，不是怕而守规则，而是心悦诚服的，受她的指导，有时学生做错了事，她总是极忠诚地开导她们，以至于声泪俱下。真仿佛一个温和的大姐姐，对待她的小妹妹似的。所以没有一个学生不受她的感化的。因此师大附中的女子部，自创办以来，没有发生过什么意外的事，而且养成一种正大的优美的学风。"

高君宇以赞赏的口吻说道："我看你是受了意大利亚米契斯的《爱的教育》影响了。我认为，这一教育思想应在我国大力推广。"

"是啊，面对那一个个活泼纯洁、天真烂漫的苹果似的小脸，一个为人师表的教师怎能板起一副面孔训斥呢？我此生决心实施爱的教育，处处都用真情感化她们。"石评梅一谈到学生，便流露出一种挚爱的感情，她接着说道："为了将她们培养成具有新风貌的青年，我还指导她们要学男子的爽直、决断、勇敢和强健等优点，而又保持女子留心、精细，有一种温柔典雅的感情的优点。"

好半天没有说话的陆晶清接口说道："评梅姐已立下了誓言：'要为神圣的教育事业献身，要在灿烂似锦的文艺园中开放出朵小小的花！'"

高君宇用充满期望和热情的目光望了一眼石评梅，只见她那双泉水般纯净的眼睛里，蕴含着柔和的光芒，他心中暗想："她会成功的。"

后来，话题转到了山西的革命斗争上。高君宇告诉石评梅说，他正准备把被阎锡山查封的《平民周刊》复刊。临别时，高君宇悄悄对石评梅说："现在正是北京最好的季节，如果你工作不太忙的话，是否可以一块儿到外面走走？"

石评梅感激地点点头。

从此之后，高君宇、石评梅便开始频频约会：他们在北海划过船，在五龙亭品过茗，在森隆饭馆用过餐，在陶然亭畔谈过诗，在中央公园赏过菊……"这两个人眼见一天比一天趋近恋爱的区域了。虽然沁珠（即评梅）倔强地说她不会再落入第二次的情网，但她能反抗自然的趋势吗？爱神的箭穿过他俩的心，她能从那箭镞下逃亡吗？"石评梅的朋友们暗中这样议论道。

然而，一位真正的革命者是不会沉湎于卿卿我我之中、迷恋于花前月下的。他追求崇高的爱情，但更忠于革命事业。即使在与石评梅约会的日子里，高君宇也未尝有一刻忘记革命工作。他时时用革命真理去点燃她人生的信念，并鼓励她投身到革命斗争中去。当他亲手筹办的《平民周刊》复刊工作即将妥当的时候，他写信告诉石评梅说："《平民》已定于20日复刊了。第一期请你做稿，你可有工夫吗？"

石评梅欣然应允，并很快寄给高君宇一首短诗：

在烟雾弥漫，
波涛汹涌的海上，
青年的勇毅舵工呵！
小心操着你宝贵的孤舟，
驰向人类希望之岸。

高君宇读后，觉得"排列上似乎偏单"，便"大胆把它重新排列了"，并将"孤舟"改作"船儿"。

石评梅看到高君宇修改后的诗稿时，高兴地说道："经这么一改，诗的思想境界一下子提高了好多，尤其是将'孤舟'改为'船儿'，更见其妙。"

10月下旬，正是西山红叶艳艳如霞的时候，高君宇、石评梅与好友相约乘车到西山登高访秋。在这些好友中，有云生、乃贤、素文。

抵达西山时，已是下午4点了。碧云寺院内，黄菊凋零，丹桂也只余下些残瓣落英；但天清气爽，雁影横空，别有一番自然的情趣。高君宇说："我们今晚要登高看月，就住甘露旅馆吧！"

晚饭后，他们来到甘露旅馆前面的石台上。好友相聚，自然欢娱不已，简直把世界的色彩都变了。在他们之间，"没有顾忌，也没有虚伪，大家都互示以纯真的赤裸的一颗心"。

深山之夜，分外幽静、迷人。秋空澄碧，犹如一片无涯无际的海水；而一轮明月则仿佛是沉浸在这海水中的一块玉璧。在淡淡的月色下，一切景物都失去了原有的颜色，山是黧黑的，树是黧黑的，只有附近像琴声一样淙淙流淌的泉水是晶亮的……面对如此景色，人们都似乎有点陶醉了。石评梅独倚一株老松旁默默沉思。高君宇不时望望她，只见她身着玄色黑绸袍，脚穿黑丝袜、黑皮鞋，衬着白皙的面庞，似有一种神秘色彩。高君宇知道，她心灵的伤口尚未完全痊愈，说不定现在又回想起不堪回首的往事呢！

突然，一股低沉、悦耳的音流从云生手中的洞箫里流淌出来，像龙吟，似鹤唳，弥漫于这静谧的深山，这空明的月夜……云生吹的是一曲《水调歌头》。高君宇听着、听着，不禁激情汹涌，便低吟起来：

明月几时有，把酒问青天，不知天上宫阙，今夕是何年……人有悲欢离合，月有阴晴圆缺；此事古难全。但愿人长久，千里共婵娟。

高君宇刚刚吟毕，众人就鼓起掌来。乃贤说："东坡此词，经君宇吟诵似乎更加豪放了！但今晚聚会，不可无舞。听说评梅姐妙舞惊人，何不让我们一饱眼福！"

乃贤的提议，自然得到了大家的赞同。

石评梅推辞不得，便来到台中，舞了起来。她如飞燕惊鸿，似鹤翥凤翔，舞姿优美极了。

石评梅舞毕，众人欢声顿起。高君宇激动地说道："看了评梅的舞，我想起了唐明皇梦游月宫时看到霓裳舞的传说。今夜，我的灵魂是受了一次神圣的洗礼呢！"

热闹一番后，素文、乃贤、云生都看山谷间的流泉去了，石台上只留下了高君宇和石评梅。两人沉默了一会儿，高君宇关切地说："我知道你那颗破碎的心还似乎在渗着血，这从你不时出现在脸上的愁容就可以看出来。”

“唉！愁惨就是我的命运……”说话间，石评梅的眼睛里已涌出热泪，泪珠在月光下莹然闪亮，像草木上滚着的露珠。

高君宇怕石评梅伤心，便将话题转了。他侃侃而谈，从《平民》的复刊谈到了山西的革命斗争，从中俄会议谈到了国民革命……他的声音，他的态度，他发表的理论和见解，无不在石评梅的心中引起回响。她从他炯炯闪亮的眼睛里，似乎看到一个崇高、热情的灵魂。她感到，在他那颀长的身躯里有一股浩然正气，有一股不可遏制的力量。他的生命是燃烧的。而这一切，在吴天放的身上是不存在的啊！石评梅叹口气说：“我若像你一样坚强有力，就不会沉沦于痛苦的深渊了！”

“其实，在以前我也是很懦弱的。”

“你怎么会懦弱呢？”石评梅疑惑地望着高君宇那张沉静而刚毅的脸。

“我确实曾是一个懦弱者。在封建礼教面前，我无力进行反抗，这不是懦弱吗？”说到这里，高君宇脸上呈现出无限的惆怅，接着低声说道，“我在中学毕业的前一年，在家父的逼迫下与一位素不相识的女子结了婚……”

“什么？你已经结过婚了？”石评梅惊骇地问道。但当她意识到自己的失态时，便默不作声地低下了头。

高君宇长叹一声，说：“那真是一场噩梦啊！”

石评梅缓缓抬起头，向高君宇投去一瞥惋惜、同情的目光。

两人默然不语了，只听得山谷间的流泉在淙淙流淌……

回到甘露旅馆房间里，石评梅神思恍惚。素文问道：“评梅，你好像有什么心事？”石评梅只是凄然一笑。这天夜里，石评梅失眠了。

第二天一早，他们便穿越灌木，顺着泉溪，登山看红叶去了。一路上，人们嬉戏着，唯独石评梅郁郁寡欢。乃贤问道："梅姐，你少精无神的，莫不是身体欠佳吗?"石评梅点了点头。

当人们气喘吁吁地爬上一个山头，忽听云生喊道："看，红叶!"

众人望去，只见山坡向阳处有几树红叶，像火焰般殷红，似朝霞般艳丽。云生立即奔过去，采摘了几片红叶，然后分送给众人。经霜的叶确实红得可爱，那叶柄，那叶络，那周身里外红得格外鲜艳媚人。人们观赏着手中的红叶，无不赞叹。乃贤竟然高声吟道：

停车坐爱枫林晚，
霜叶红于二月花。

云生说道："你吟错了！此红叶不是彼红叶，杜牧这首诗写的是枫叶，而这里的红叶是黄栌树叶。"

乃贤不好意思地笑了，但他辩解道："反正都是红叶!"

临走时，众人又采摘了好些红叶。乃贤见高君宇手中的红叶有一片不仅硕大，而且艳丽无比，殊觉可爱，便央求道："宇哥，你将它送给我吧!"

高君宇笑着拒绝道："满山都是红叶，你为何只看中我的这一片?"

乃贤见高君宇不给，便取笑道："宇哥这片红叶是不是要送一个心上人呢?"说完，故意瞟了石评梅一眼。

众人会意地笑了。

一片红叶

果然如同梁乃贤所言，高君宇采摘的那片硕大而艳丽的红叶，两天后便飞到石评梅手中，成为一个充满浪漫色彩的爱情信物。这片红叶，在高君宇逝世后，一直由石评梅珍藏着，她将它视作是“一个灵魂孕育的产儿”“悲惨命运的纽结”。她满怀深情地说：“我已经是泣伏在红叶下的俘虏……”

然而，当高君宇将这片红叶寄给她时，面对红叶上“满山秋色关不住，一片红叶寄直思”的诗句，她心乱了，犹豫了，退缩了。正如我国著名女作家庐隐所说：“评梅本是富于情感的女子，对于天辛（即高君宇）的忠诚，焉能毫无所动？不过她为了W君（即吴天放）的伤痕故，她不愿接受别的爱了。”她在红叶的反面写了几个字：“枯萎的花篮不敢承受这鲜红的叶儿。”

仍用原来包着的那张白纸包好，写了个信封寄还高君宇。

接到石评梅退还的红叶题诗后，高君宇一度感到非常伤心。然而，他毕竟是一位坚强的无产阶级革命战士，他没有因此而改变他的人生信念，他怀着一颗痛苦的心，默默地说：“我是可移一切心与力专注于我所企望之事业的！”

这是多么崇高的革命情操！他对爱情的态度，正是无产阶级革命感情在个人生活中的反映。

几天后，在《晨报副刊》的显著位置上，刊登着高君宇撰写的《“赤色帝国主义”吗?》，大标题下，还有一行副标题：“中国应排除一切疑念及阻碍，毅然与劳农俄国为第一朋友”。这篇识见不凡的文章，很快在人们中间传阅开了。

当石评梅看到这篇文章时，不禁为之深深地感动了：“这是一位多么令人敬佩的革命志士啊！想不到他在感情上刚刚受到挫伤之后，就又如此勇猛地投身到火热的斗争之中去了。无奈，我的黄金明珠结扎的美丽花冠，已被个狂疯的青年撕碎！我的一颗创伤累累的淌着血的心，再也难以容纳任何人的爱了。今生今世，恐怕没有人能夺走我‘独身’的素志。我的人生信念是‘超’——超然物外啊！唉，君宇，我真对不住你！怜君青衫感飘零，怨她红粉弹别弦；世事无常唯余恨，人情悟尽便是禅。”于是，她将一腔幽情倾洒在“几生修得到梅花”的浅蓝色的信笺上，寄给了她“仍二十四分尊重”的高君宇，一封，两封……

这期间，高君宇致力于《平民》复刊的工作，几乎到了废寝忘食的地步，以至说“把我疲极了”。他所以如此拼命工作，一方面自然是工作之需要，但另一方面则与红叶被退有关。他觉得，这种紧张的工作，似于他“极有补益，因为身被忙碌占去，神思再不得去专注一些绞思，陷入空洞无可依托的烦闷”；并将之称为“经验”。他说：“烦闷的避免，就在人们不停的工作中呀！”1923 年 11 月 1 日，由高君宇亲手筹办的《平民》复刊了，该刊由周刊变为半月刊，高君宇任该刊主编。这时，新创刊的《中国青年》代替 8 月 15 日停刊的《先驱》而成为团中央机关刊物。为了提高这一刊物在青年读者中的知名度，不久前被选为中共中央教育宣传委员会委员、负责《向导》编辑工作的高君宇在 11 月 23 日出版的《平民》上以《〈中国青年〉周刊》为题对这一刊物作了介绍：

> 中国现在是被昏乱的思想统治着，青年们在乌乌漫漫的毒瘴中，他们需要解救之迫切，实是中国目前最重要的工作之一。《中国青年》既毅然出而背负此重任，这又无庸说是青年们应当共庆的好消息。

不久，根据党组织安排，高君宇于 12 月 15 日搬离“静庐”，移居于党的秘密工作地——腊库胡同 16 号杏坛学社公寓。与高君宇同住于此的还有范鸿劼、张国焘及其妻子杨子烈。这时，孙中山已经发表了《中国国民党改组宣言》；而中共中央三届一次会议亦已通过了《国民运动进行计划决议案》，要求中共党员应努力争取“站在国民党中心地位”。因此，高君宇的工作任务更加繁重了。

尽管如此，高君宇和石评梅的书信往来依然频频不断。一日，高君宇接到石评梅一信，大意是说：君已是有家室之人，如果我答应君的求爱，岂非会落个破坏他人家庭幸福的罪名？因此，“愿我自珍自爱的朋友，也绝不肯出此下策溺我于不义”。这封信，犹如一石投水，顿时在高君宇的心海上掀起轩然大波：是的，我确实已有一个妻子，但那只是名分上的妻子啊！我和她之间，互不了解，互无爱情。这是在封建礼教束缚下的一场婚姻悲剧！于是他在复信中回顾了这场悲剧的始末。

接着，他以坦诚的态度叙述了对石评梅热求的心理。

石评梅接读此信后，对高君宇的心更了解，也更理解了。然而，她发誓要做“情场逃囚”的夙愿，又使她难以接纳这颗真诚、鲜红的心。这种矛盾的痛苦像一团火一样烧灼着她的心。她不得不忍着痛苦，在复信中劝慰高君宇不要和那位可怜的女子离婚。然而，高君宇所以作如是决定，是经过多年深思熟虑的。

情感是个魔鬼，谁要是落在她的手里，谁便会立刻成了她的俘虏。高君宇尽管多次表示要熄灭对石评梅的爱情之火，但是，在他心中依然有“罗曼舞蹈着”，诚如他对石评梅所言：我的心灵“不能自禁为君而焚烧，且将是永远赤炽的焚烧”。正是由于怀着这样炽烈的情感，高君宇将那片寄托情思的红叶珍藏起来，一直珍藏到逝世之日。当石评梅在整理高君宇遗物时，那片红叶又出现在她眼前！她突然觉得，这片红叶就是高君宇生命的象征。从此，红叶就作为她寄托对高君宇思念之情的形象而时时出现在她的诗文之中。

第十四章　国共合作形成之后

遥祭列宁

各位同志代表诸君：今天在此开中国国民党全国大会，这是本党自有民国以来的第一次，也是自有革命党以来的第一次。我们革命党用了三十年工夫，流了许多热烈的心血，牺牲无数的聪明才力，才推翻清朝政府，变更国体。但在这三十年中，我们在党内从没有机会开全国国民党大会。所以，今天这个盛会，是本党开大会的第一次，也是中华民国的新纪元……

读着孙中山先生这篇刊于《民国日报》的在中国国民党第一次全国代表大会上的致辞，高君宇眼睛里闪烁出异常兴奋的光彩，他的手禁不住因激动而微微颤动，而他手中的《民国日报》亦随之而跳起舞来，发出“窸窸窣窣”的声响。“啊，人们盼望已久的盛会终于开幕了！以国共合作为基础的革命统一战线就要建立了！”

为了这一天，中国共产党人作了多么巨大而艰苦的努力！而高君宇就是其中一位贡献卓著者。早在1922年初他参加远东各国共产党及民族革命团体第一次代表大会之后，他就根据列宁接见中国参会代表时的指示和“远东大会”关于中国革命问题的决议，开始思考无产阶级和资产阶级民主派结成联盟，建立革命统一战线的问题，并为之而作了不懈的努力。从1922年7月党的“二大”发出关于建立反帝反封建的联合战线的号召，到同年8月中共中央西湖特别会议决定与国民党“党内合作”；从党的“三大”关于以国共合作为基础的革命统一战线政策的制定，到帮助孙中山改组国民党、推动国民党“一大”的召开，高君宇不仅积极参与许多重大决策，而且积极宣传和坚决执行党的革命统一战线政策，为实现第一次国共合作，建立革命统一战线，作出了不可磨灭的贡献。

在高君宇等共产党人的帮助下，以孙中山先生为首的国民党迅速转变，并召集共产党人参与研究改组国民党计划，于1923年底发表了《中国国民党改组宣言》。而现在，国民党通过党内改组的方式实行联共的大会——国民党第一次全国代表大会召开了，高君宇怎能不为之欢欣鼓舞呢？他深信，随着以国共合作为基础的革命统一战线的建立，一场轰轰烈烈的国民革命就会到来了！

然而，就在国民党“一大”开幕不久，一个不幸的消息由遥遥万里之外的红色苏俄传到了北京：全世界无产阶级革命的导师列宁于1924年1月21日逝世了！当高君宇听到这一噩耗时，他的心里忽然感到一种没有着落的空虚，眼睛渐渐地湿润了，接着，泪珠一滴一滴地落下来。他神情沮丧，再没有话了，仿佛哀伤压住了他的舌头。

然而，列宁之死是千真万确的，是高君宇为了证实这一消息而跑到苏俄代表团住处听加拉罕亲口说的。“列宁死了，但他现在比活着的人们还富于生命，他的话将永远像警钟在激励着人们去战斗，他领导的无产阶级革命事业必将像一泻千里的大江滚滚向前！”想到这里，高君宇感到是该化悲痛为力量的时候了！于是，一个念头萦绕在他心上：通过组织追悼列宁活动，迅速掀起一个促进中俄建交的运动，这不是列宁的一个遗愿吗?

然而怎样悼念列宁呢?

“追悼列宁的第一要义，在于忠实地了解列宁主义，若是离开了此种立足（点）而谈追悼列宁是不会有什么重要意义的。”高君宇在他发表在《平民》上的《对列宁主义的误解》一文中如是说。

高君宇在以此文指导人们追悼列宁活动的同时，还根据中共北京区委兼北京地委的指示，为组织召开追悼列宁大会而四处奔走。

在高君宇等共产党人的积极串联下，北京大学马克思学说研究会、北京学生联合会、青年国民俱乐部、北大平民教育讲演团决定发起举行遥寄列宁大会。

1924 年 1 月 26 日，天低云暗，寒气袭人。在遥祭列宁大会的会场上，挂一幅列宁遗像，下衬松枝，旁挂黑纱，显出一派庄严肃穆的气氛。会场上虽然聚集了千余人，但没有一点儿喧哗之声，有的只是充满悲哀气氛的静寂，仿佛空气都给凝固了。在参会者中，最多的是青年学生。驻北京的苏俄代表团也派代表参加了。每一个人的面孔，都清晰地描绘出他们内心的无限悲痛。

主席马叙伦致词后，默哀 3 分钟。在庄严的哀乐声中，悲痛者的头颅低垂着，一个接一个，黑压压一片。而那深沉的哀乐则一声声地叩击着人们的耳膜。人们的心弦颤动了，发出无声的沉痛的哀恸。

接着，主席马叙伦庄严宣布：“请高君宇君报告列宁的生平事迹。”

人们的目光纷纷投向主席台。只见高君宇神情异常严肃，浓眉下的一双眼睛虽然充满了悲痛的神情，但依然炯炯有神，闪烁着一种刚毅、坚定的光彩。然而有谁知道，此刻痛苦正撕裂着他的心，犹如万箭穿心一样……他略略镇定了一下情绪，便以极其沉痛的口吻讲述开了。他在介绍了列宁的丰功伟绩后说：“列宁虽然逝世了，但他的思想和意志依然活在全世界无产阶级的心中！……我们应当立即行动起来，促进中俄亲善关系早日建立，以实现列宁的遗愿!”

高君宇满怀激情的报告，就像一股从高崖上倾泻下来的瀑布飞落在深潭里，在人们的心上掀起了轩然大波。但是，人们依然静静地倾听着，深恐漏听一个字。有的人因被深深感动而泪流不止。直到高君宇报告结束后，人们才纷纷议论起来。

紧接着，许多代表纷纷上台讲演。当有人在讲演中提出“要求我国政府，承认苏俄政府，如政府不肯承认时，可由国人自发向苏俄政府表示态度”时，一阵暴风雨一般的掌声顿时回响在会场上，人们一致举手赞成，并高呼：

“劳农政府万岁!”

这次遥祭大会一致决议，要求北京政府承认苏俄，并在中央公园建立列宁纪念碑。

一场促进中俄建交的运动更加高涨了。

会后，高君宇遵照党的指示，参与领导了北京促进中俄建交运动。2月3日，600余人汇集北京法政大学，举行了追悼列宁大会，加拉罕到会作了热情洋溢的演说，重申了苏俄政府的对华态度，以及对中国人民的感情。而要求中俄建交的呼声，不仅出自学生们的口中，而且也来自教授们的笔下，2月15日，李大钊（已离京）、蒋梦麟、顾孟余、马叙伦等47名教授，致函参加中苏谈判的中方代表，要求恢复中俄邦交。

就在这时，高君宇从报纸上读到了孙中山先生祭列宁文，其文云：

茫茫五洲，芸芸众生，孰为先觉，以福齐民?
伊古迄今，学者千百，空言无施，谁行其实?
唯君特立，万夫之雄，建此新国，齐我大同。
并世而生，同洲而国，相望有年，左提右携。
君遭千艰，我丁百危，所冀与君，同轨并辙。

敌则不乐，民乃大欢。邈焉万理，精神往返。

天不假年，与君何说。亘古如生，永怀先哲。

对此祭文，高君宇十分喜爱，吟咏再三，爱不释手。与他同居腊库胡同 16 号的范鸿劼问：“君宇，你为什么对这篇祭文这样喜爱呢?”

高君宇微微一笑说：“我所以喜爱这篇祭文，不因其文笔，而因其思想、其意义。你想想，孙中山先生如此崇拜列宁，不正可以窥见其对联俄联共政策的一颗真诚之心吗？再者，此文虽系孙中山先生所作，但代表的却是整个国民党。我深信，这次国民党“一大”一定会圆满成功!”

果然不出高君宇所料，在国民党第一次全国代表大会上，以李大钊为首的共产党人和国民党左派团结战斗，挫败了国民党右派反对中国共产党、破坏国共合作的阴谋，从而实现了以国共合作为基础的民主主义联合战线，使这次大会成为大革命高潮的新起点。

国民党“一大”的成功，极大地鼓舞了高君宇的革命斗志。他和范鸿劼、张昆弟、何孟雄等同志更加致力于推进中苏建交运动。在他们的努力下，北京青年国民俱乐部、北大平民教育讲演团、马克思学说研究会等 6 个团体又联名致函参加中俄谈判的中方代表王正廷，要求承认苏俄。

在国内舆论的压力下，北京政府于 3 月 14 日与苏俄代表签订了《中苏协定大纲草案》。正当人们为之欢欣之际，又一个消息透露出来：在帝国主义的干涉下，北洋军阀政府反悔了，竟然厚着脸皮收回了业已签字的《中俄协定大纲草案》!

听到这个消息后，高君宇勃然大怒，愤然说道：“这真是我国外交史上的耻辱！一个政府居然能够如此出尔反尔，真是我们民族的一大不幸!”

张昆弟说："君宇，你不是在一篇文章中说过'当权媚外我们劝说早不生效'吗？现在，我们还应当发动人民群众起而奋争！"

"对！"高君宇情绪激昂地说，"我们是不能寄希望于向'东交民巷'磕头的北洋军阀政府了，必须继续唤起民众，纠正北洋军阀政府的媚外外交政策，迫使他们承认苏俄！"

不久，促进中俄建交运动又掀起高潮。3月20日，北京学联召开会议，响亮地提出："承认苏俄，勿失时机！"3月21日，北京教育会等9团体发表宣言，指责政府"朝四而暮三"的态度。3月28日，北大、高师等40余校代表召开紧急会议，决定次日全市学生举行示威游行，赴北洋军阀政府外交部部长顾维钧住宅要求承认苏俄。由于军警七八百人包围了学校，这次示威游行未能实现，但学生们的斗争锋芒却深深地刺痛了外交系官僚的神经。

时隔一个月之后，在全国人民的强大压力下，北洋军阀政府于1924年5月31日与苏联政府正式签订《中俄解决悬案大纲协定》，宣布废除帝俄与中国签订的一切不平等条约及在华特权，恢复了正常外交关系。然而，此时高君宇因被北洋军阀政府追捕而离京赴并了。当他在太原听到这个消息时，不禁激动得流下了热泪：

"我们的斗争终于取得了胜利！"

"虎口"脱险

在国民党"一大"上被推为国民党中央执行委员的李大钊等共产党员和国民党左派，为了推动北方地区的国民革命运动，4月20日正式筹建了国民党北京执行部。北京执行部辖京、直、鲁、豫、热、察、绥、奉、吉、黑、内蒙古、哈尔滨、晋、甘、新疆等15省区。

接着，李大钊开始筹划建立北京市、天津市、直隶省等地党部的工作。而北京市党部的筹建重任就落在高君宇的身上。于是，高君宇凭借早此之前他亲手创建的具有革命统一战线性质的“青年国民俱乐部”“平民政治学会”，以及他任主编的《平民》编辑部开展工作，积极从青年中特别是共产党员中发展国民党员，为建立国民党北京市党部而奠定了基础。同时，他还参与创办了中共北京区委机关刊物《政治生活》，并担任了该刊的编辑（据罗章龙先生回忆说是主编）。

就在这时，印度著名诗人、哲学家泰戈尔抵京。因高君宇英语甚佳，他被人拉去为这位诗人的讲演作过几次翻译。一次，泰戈尔在城南公园举行的文学青年聚会上讲演。高君宇特意约了石评梅、陆晶清参加这一聚会。当她们来到公园雩坛时，就见泰戈尔和几位青年正在那里谈论着什么。这些青年中有徐志摩、林徽因等，自然还有高君宇。只见高君宇身着一身玄色西装，脚穿一双锃亮的皮鞋，显得神采奕奕。陆晶清低声对石评梅说：“你看宇哥今天多精神，简直是一位衣冠楚楚、风度翩翩的雅士！”

这时，高君宇也发现了她俩，便快步迎了上来，口中吟咏着一首诗：

> 太阳等着来欢迎你，
> 因为你是他的游伴。
> 他的光明的抒情诗唤醒你心中金色的诗歌，
> 来吧，光辉的你！

陆晶清笑着对高君宇说：“你吟的这首诗是献给谁的呢？”

“你二位呀！”高君宇说。

“那‘太阳’又是谁呢？”

“就是作这首诗的泰戈尔先生。”

说笑了一番后，高君宇将她俩介绍给泰戈尔，还有徐志摩、林徽因。林徽因拉着石评梅的手，热情洋溢地说："我读过你不少诗。你的新诗写得好，就是旧体诗也很有韵味。"说完，便吟了石评梅的一首七绝：

怜君青衫感飘零，怨她红粉弹别弦；
世事无常唯余恨，人情悟尽便是禅。

石评梅说："我虽然很喜爱旧体诗，但总写不好，只是偶尔习作一二首。"

"你这首诗情真意切，十分感人。"林徽因说，"只是你为什么要写一句'人情悟尽便是禅'呢?"

石评梅凄然一笑，便低下了头。

泰戈尔讲演的内容是关于东方文学的问题，讲得颇为精彩。石评梅、陆晶清听得竟入了迷。泰戈尔讲演完毕后，高君宇因要陪泰戈尔到别处走走，便与石评梅、陆晶清告别。临别前，他对石评梅说："我改日再去看望你。"

不料第三天，石评梅病了，头疼吐血，遍体发现许多红斑，医生说她患的是猩红热。高君宇得知后，立即赶到"梅窠"，悉心照顾这位患病的女友。

高君宇的一片赤诚，深深地感动了石评梅。她愈来愈觉得，这位温文尔雅的青年，无论思想、抱负、情操、品格、心地……都是吴天放无法比拟的啊！假如早在吴天放之前能结识他，她会毫不犹豫地投入到他的怀抱的。然而现在，她的心已支离破碎、鲜血淋漓了，她已经是立誓要使自己作冰清玉洁一生的"情场逃囚"。于是，她陷入了矛盾的痛苦之中，正如她所说："心上插着利剑，剑头上一面是情，一面是理，一直任它深刺在心底鲜血流到身边时……辗转哀泣在血泊中而不能逃逸。”

在石评梅患病期间，高君宇忙得就像走马灯似的团团直转：除了照顾石评梅外，他还要主编《平民》，编辑《政治生活》，筹建国民党北京市党部……他不停地忙碌着，有时甚至到了废寝忘食的地步。于是，他的身体消瘦了，脸色苍白了，眼睛里常常布满了血丝。然而，他的心里却格外振奋。因为，他欣喜地看到北京地区的国民革命运动呈现出一派欣欣向荣的新景象。

然而，令高君宇等共产党人振奋的事，正是北洋军阀政府仇恨的事。眼看着国共两党革命活动愈来愈高涨，革命党人反对曹锟贿选、反对北京政府的言论愈来愈激烈，民众运动愈来愈活跃，北洋军阀政府难以容忍了。还有，5 月 15 日发生的外交总长顾维钧住宅爆炸案，使北洋军阀政府对国共两党的忌恨更深了。于是，北京军警当局策划了逮捕革命党人的阴谋。而在逮捕人的黑名单上，写上了李大钊、张国焘、高君宇等共产党人的名字。

这一消息，很快由直系内情王法勤传到了李大钊耳中。李大钊随即制定了应变措施，通知有关人员从速躲藏起来。他在通知高君宇离京避难的同时，还给高君宇指派了一个重要任务——回晋建党，并筹划山西的国共合作。这是他早在头脑中思考的一个问题。他亲切地望着高君宇说：“在以国共合作为基础的革命统一战线形成的形势下，为了进一步扩大革命势力，促进北方革命运动的迅猛发展，迎接大革命高潮的到来，建立山西党组织，筹划山西的国共合作，就显得十分迫切了。而近年来，在你的直接指导和帮助下，山西的共产主义启蒙运动搞得有声有色，社会主义青年团活动成绩卓著，民众运动大有起色，在太原地区建立党组织的条件也已经成熟。因此，党组织决定，尽快在太原建党。”

听到这里，高君宇激动得热血沸腾，眼睛里立即闪现出兴奋的光彩。他急急问道：“不知派谁去完成这一任务？”

“你!”李大钊微微一笑说，“你想想，在太原建党，除你之外，还有谁是更合适的人选呢?”

一句话，把高君宇说得笑了。

高君宇正欲走时，李大钊又突然叫住他，说：“不过有一点，我要提醒你：无论在北京，还是太原，一定要搞好隐蔽工作，北京当局此次捕人是不可避免的。”

高君宇感动地点点头。

然而，就在这天深夜，北京军警当局开始动手了。当晨曦微现、夜色未退的时候，一大批全副武装的军警突然包围了腊库胡同16号杏坛学社公寓。

“咚咚咚!”一阵骤然而起的敲大门声，将正在睡梦中的高君宇惊醒。他立即警觉起来，一边急急穿衣，一边听着外面的动静。

公寓的掌柜起床开大门去了，一边打呵欠，一边问：“谁呀!”

“快开门!”门外传来粗暴的声音。

大门“哗啦”一声开了，只听掌柜发出一声“啊”的惊叫。接着，就听到有不少人冲进院内……

高君宇立即感到情况异常。便透过窗户向院子里望去。只见一群如狼似虎的军警已冲入院内，正气势汹汹地直奔张国焘夫妇的住房去了。

张国焘后来回忆说：“我打开房门，警探们一拥而上，没有出示任何证件，也没有说明原委，便把我和我太太都逮捕了。警探们在我的房间内翻箱倒箧，捡去大批文件。他们的言语态度极其粗野。我太太气得高声斥责他们是‘土匪强盗’，没有经过法律手续，便乱捉人，乱拿东西。”

高君宇素以胆略过人著称，他看到军警冲入张国焘夫妇住处后，并不惊慌失措。他一边急忙将尚未销毁的重要文件撕碎，浸入脸盆，扔入痰盂；一边思考着脱身之计。他知道，军警所以没有冲来抓他，是因为他住的这间夹在门房与厨房之间的南房既破旧又简陋，暂未引起军警的注意。但军警在抓了张国焘之后，下一个目标必然就是他和范鸿劼了。因此，无论如何必须在军警未出正房之前脱离此地。然而，怎样脱身呢？突然，他的眼睛亮了：在椅子上放着伙夫遗放下的一件油渍污黑的白布褂和一个菜篮。于是，他急忙穿上这件白布褂，摘掉眼镜，化装成伙夫模样，然后，提上菜篮走了出来。可是，刚到大门口，就被两把寒光凛然的刺刀拦住了去路：

“站住！干什么去？”

高君宇抬头望去，原来是军警布下的两个岗哨，便镇静地回答道：“买菜。”

“你是干什么的？”

“伙夫，公寓里新雇来的伙夫。”

“伙夫？”两个岗哨仔细打量起来，只见这个“伙夫”身穿油渍斑斑的白布褂，面有污迹，神态自若，眼睛里根本看不出一丝惊慌。两个岗哨对视了一下之后，其中一个厉声喝道：“滚吧！”

高君宇便不慌不忙地走了出去。他看到，在大门外还停着一辆警车。

当他刚刚转入另一个胡同时，就听到一阵刺耳的警笛声鸣叫传来。他的心突然一阵紧缩：张国焘恐怕是被抓走了！范鸿劼的情况如何呢？

智脱“虎口”后，高君宇暂避于一个朋友家中。他知道，此刻市衢要道，军警密探遍布，如若乘车离京，必会自投罗网。因此决定，待夜晚时再乘车赴并。这时，他想起了李大钊、张国焘、范鸿劼等革命同志，他们的情况如何呢？后来，他又想起了病卧荒斋的石评梅：她的病情如何呢？她是不是还等着我去配药呢？他的心又不安然了，便默默地说：“离京之前，我必须见上她一面！”

这日，天低云暗。傍晚时分，起风了，风愈刮愈大，直吹得垂柳乱舞，就像疯僧手中挥动的拂尘一般。突然一道闪电划空而过，接着就是一声震耳欲聋的巨雷。几乎与此同时，一场暴雨就铺天盖地般地倾落下来。这雨，时而急骤，像瀑布似的倾泻下来，粗大猛烈的雨点，在地面上激起一簇簇水花；时而舒缓，像摇动的筛子里漏下来的颗颗粮食，发出“嘀嘀嗒嗒”的声音……

已经化了装的高君宇看看表：8点多了，而窗外的雷雨还似乎没有停顿的意思。“不能再待下去了！”于是，他借了一把雨伞，便冒雨直奔“梅窠”去了。幸好此时雨小了下去，要不，他就要被淋成个“落汤鸡”了。

然而，当他望到“梅窠”院内那座古亭时，暴风雨又袭来了，震撼得“梅窠”像大海汹涌中的一叶小舟，而在附近的一片树林里发出极响的啸声。他急忙来到“梅窠”前，轻轻叩门。

开门的是女仆，她一见是高君宇，便说：“啊，是高先生！快请进来吧！”

此时，石评梅正在灯下写家书。听到脚步声，她猛然抬头一看，只见女仆身后跟着一个陌生的军人，便责怪女仆为何不通报一声就让生人入室。谁知，女仆不但不认错，反而笑了起来，说：“你看看是谁呀？他是高先生！”

石评梅站起来细细一看，果然是高君宇。只见他身着戎衣，披着斗篷，蓄着短髭，显得格外英武。石评梅不解地问：“你为什么要化装成这个样子，而且是在这狂风暴雨之夜跑来？”

高君宇只是微微一笑，将斗篷脱下，没有说话。

待女仆走开后，他神情严肃地对石评梅说：“今天，北京军警开始大肆逮捕共产党人了，形势很严峻。”

石评梅问：“你莫非也是共产党人吗？”

“是的！”高君宇口气坚定地说，“我就是共产党人，而且是被反动军警当局列入黑名单的‘共产党要犯’。”接着，高君宇说起军警在杏坛公寓捕人及自己智脱“虎口”的事来。

石评梅听着、听着，一颗心不禁紧缩起来。她在后来一篇文章中这样回忆道：“我病中骤然听见这消息，自然觉得突兀，而且这样狂风暴雨之夜，又来了这样奇异的来客。当时我心里很战栗恐怖……”

高君宇说：“杏坛公寓现在还有游缉队守候着，准备将我捉拿归案呢！我是冒了很大风险来向你告别的，今夜11点我就要乘火车离开北京了。”

看到石评梅脸色愈来愈苍白，高君宇镇静地笑着说：“评梅，你不要替我担心，我就是被捕、坐牢，也是不怕的。假如要是怕，我就不做这种事业了！”

石评梅被高君宇的这种威武不屈、视死如归的大无畏革命精神感染了，她不禁用仰慕的目光望着高君宇，耳畔又仿佛回响起以前高君宇给她朗诵过的李大钊先生写的一段文字：“人生的目的，在发展自己的生命，可是也有为发展生命而必须牺牲生命的时候。因为平凡的发展，有时不如壮烈的牺牲足以延长生命的音响和光华。绝美的风景，多在奇险的山川。绝壮的音乐，多是悲凉的韵调。高尚的生活，常在壮烈的牺牲中。”想到这里，石评梅心里默默地说：“君宇不正是用他的行动来实践守常先生的思想吗？他是多么可敬重的人！”

见石评梅默然无语，高君宇说：“你不要替我担心，倒应好好珍重自己的身体，要继续服药疗养。”说到这里，他从口袋里掏出一张药单，“药单留给你吧，我走后，只好让你自己配药去了。”接着，他告诉石评梅，他此次还想顺便回家看看阔别多年的父母，并解决自己的婚姻纠葛。石评梅没有说什么，但心里却久久不能平静。

到9点半时，高君宇便起身告辞。他见石评梅一再挽留，便解释说：“情况紧急，不可久留了。到车站上，说不定还要和军警、密探周旋一番呢！”说着，他从日记本上撕下一页纸，写了一个“Bovia”，递给石评梅说，“我们今后通信因检查关系，彼此都要另呼一个名字。这个名字我最喜爱，所以赠给你，愿你永远保存着它。”

石评梅眼含热泪，要送高君宇到门外。但高君宇阻拦说：“不准你出去，病后的身体是要禁风雨的！”说完，便快步走了出去。等石评梅追到门口时，他已经消失在风雨之中了……

恰在这时，突然一道耀眼的闪电划破沉沉雨幕而闪亮了。石评梅看到，在那道蓝光映射下，高君宇的身躯就像一柄闪闪发光的宝剑。蓦地，她又想起高君宇常常给她朗诵的那首大气磅礴的诗来：

我是宝剑，我是火花，
黑暗里我照耀着你们，
战斗开始时，
我奋勇当先
走在队伍的最前列。
我周围倒着
我的战友的尸体，
可是我们得到了胜利。

晋阳建党

高君宇乘火车来到石家庄时，就发病了，而且病得不轻：头疼，咳嗽，浑身烧得就像着了火。显然，这是昨夜那场可憎的暴雨“赐予”的啊！

他不得不找一家医院去治疗。医生诊断后说，这是重感冒，而且肺部也有问题，需要住院治疗。

住院治疗？高君宇不禁焦急起来，暗自思忖道："我是一个从北京政府布下的天罗地网中脱逃的'共产党要犯'，怎能在这人生地不熟的地方住院治疗呢？更何况，我此次返并还有重任在肩啊！不行，我不能滞留于此！我必须走，而且愈快愈好！"于是，他一再请求医生只给打上一针，再给开点药就行。

医生见他这样，以为他药费不够，便按他的意见做了。

高君宇离开医院后，便乘上了由石家庄开往太原的火车。在车上，他碰到他在省立一中读书时的同班同学温承泽。温承泽从省立一中毕业后，就考入金陵大学。后来，学成返并，从事学术研究和教育。两人久别重逢，自然格外亲热。温承泽见高君宇脸色憔悴，便问道："尚德，你身体不舒服吗！"

高君宇说："昨天不小心，受风寒了，上车前打了一针，又服了点药，现在好多了。"

接着，两人便叙起旧来。温承泽说："离开母校后，我知道你到北京大学读书去了。前些日子，我在钟楼街碰到了苗培成和韩克温。苗培成说，他从一中毕业后，也考入了北京大学，与你是同学，但你俩的信仰不同，你信仰马克思主义，而他则是信仰三民主义。"

"对，他已经是国民党员了。"高君宇说，"今年1月，他和王用宾、刘景新、邓鸿业等人以山西国民党员代表的身份，还赴广州参加了国民党'一大'呢！"

"我听说，现在是国共合作。这是真的吗？"温承泽问道。

高君宇郑重地点点头。

温承泽眼睛里流露出迷惑不解的神色，说："既然合作了，那苗培成、韩克温为什么还说共产党的坏话呢？"

"他们说什么呢？"

"他们说了很多，但主要意思是说共产党员加入国民党是一个阴谋。”

高君宇不禁哈哈大笑起来。

温承泽说：“他们现在正在太原等地秘密发展国民党员，扩建自己的组织。我听说，他们的活动好像受到了阎锡山的压制。阎锡山早年不也是同盟会员吗？他为什么要压制国民党的活动呢？”

“阎锡山早就在1913年就宣布脱离国民党了，而且同时解散了国民党在山西的各级党部。”高君宇解释说，“阎锡山历来就是一个两面派、阴谋家。就拿现在来说吧，山西名义上属于北洋政府管辖，实际上他正打着‘保境安民不与外人相争’的招牌，玩弄‘闭关自守’和‘愚民政治’的把戏，企图独霸山西，做着山西土皇帝的美梦。因此，凡是不利于他实现这一美梦的团体和活动，他都绝不允许存在。他反对共产党，也限制国民党。”

温承泽听后，方才如梦初醒。他不好意思地说：“我这个致力于学术研究和教育的人，对政治实在是一无所知啊。”

高君宇来到太原后，就秘密地在他的母校省立一中青年学会住了下来。这时，王振翼、贺昌早已先后离开太原，奔赴北京从事革命斗争去了。而在太原社会主义青年团创建之初的骨干还有李毓棠（一名李叔荫）等人。从团组织的汇报中，高君宇了解到：经过革命斗争风浪考验的太原社会主义青年团，已发展成为组织领导山西青年运动、工人运动的先锋军了。其组织已由原来的一个团小组发展成为几十个团支部、团小组。而且斗争不再局限在学校范围，在工厂、矿山也都播下了革命的火种。该组织发动和领导的太原大国民印刷厂工人罢工、太原第一中学的反校长斗争等，有力地推动了山西革命运动的发展。这种情况，正如李大钊所说的那样：“革命种子已播撒在广阔的土地上，必然会开花结果。”

经过认真的思索，高君宇最后断然决定：“从团组织的骨干分子中发展共产党员！”他认为，在斗争中逐步壮大的太原社会主义青年团不仅是党的有力助手，而且是党的后备力量。太原的党组织应当建立在团组织这个基础之上。

于是，高君宇在已是共产党员的李毓棠的协助下，开始对团组织中的骨干分子一一进行考察。在考察中，高君宇摒弃“门户之见”的偏见，广泛团结进步青年，注重主流，不求全责备。经过一段时间的认真考察，在青年团骨干中选中两个对象：一个是侯士敏，字捷庵，山西平遥人，是太原法政专科学校学生；另一个是潘恩溥，又名潘泽卿，山西文水人。不久，这两个团员骨干，经高君宇介绍而加入中国共产党。

紧接着，高君宇将这两个新党员和李毓棠召集在一起，举行了共产党太原小组成立会议。

会议地点就在省立一中青年学会的一间屋子里。会场几乎没有什么布置，然而会议气氛却颇为热烈。在会上，高君宇代表中共北京区委兼地委讲了话。他首先讲了在太原建立党组织的必要性和紧迫性。他说，自从 1921 年 7 月中国共产党诞生以来，在李大钊和北京党组织的领导下，北方地区的革命运动已呈燎原之势。单就罢工斗争而言，北方地区已先后爆发罢工大小百余次。而在我们太原地区发生的罢工斗争却次数极少。究其原因，就是我们太原地区没有一个能够领导工人阶级及广大人民群众战斗的核心力量。这个核心力量，就是共产党组织。他说，随着国共合作为基础的革命统一战线的建立，国民革命运动正在蓬勃发展。为了适应这一形势的需要，迎接大革命高潮的到来，在太原地区建立党组织就显得尤为必要。因此，太原党小组的建立，是关系到太原乃至整个山西革命运动的大事。

接着，高君宇详尽地阐述了党章、党纲。谈到当前的任务时，高君宇指出，当前党小组的一项重要任务就是筹划山西的国共合作，建立革命统一战线，以开展工农运动，开创国民革命的崭新局面。最后，他满怀豪情地高声宣布：

“中国共产党太原小组正式成立了！”

这一声呼喊，奏响了山西革命斗争主旋律的序曲，而永远激荡在历史的回音壁上。

山西第一个党组织——太原党小组成立后，高君宇旋即就开始筹划起山西的国共合作来。侯士敏不无忧虑地说：“这事恐怕难度很大。苗培成参加国民党‘一大’从广州回到太原后，就和韩克温等人一起在秘密发展国民党组织的同时，创办了一份《太原晓报》。他们常常在报纸上发表反共文章，能乐于和我们搞国共合作吗？”

高君宇微微一笑说：“我倒要看看他们有什么花招来破坏国共合作！”

当高君宇见到苗培成、韩克温时，这两人正商谈《太原晓报》的事情。一见高君宇，这两人立即假惺惺地表现出一种异乎寻常的热情，一口一句“老同学”，叫得怪亲热。一番寒暄后，高君宇便直言提议，希望在太原实行国共合作。

两人一听，不禁为之一怔。韩克温刚想说点什么，就被苗培成的一个眼色给挡了回去。苗培成干笑一声，便字斟句酌地说道：“关于国共合作，无疑是两党都希望的事情。苗某虽然愚顽，但对于此等有利于国民革命的大好事，还是理解和赞同的。不过，此事关系重大，若没有上级的正式通知，苗某是不敢擅自做主的。我想，苗某的这一苦衷，老同学你定然是会理解的。”

不软不硬，听起来何等冠冕堂皇！

然而，高君宇一眼就看穿了这个同窗的真实心肝。但他知道，此时若与他们辩论起来，不但不会有什么好结果，还会把事情弄僵。于是，高君宇起身告别，临走时，留下一句话：“如同培成君所言，这可是有利于国民革命的大好事。所以，请二位再认真考虑考虑。”

之后，高君宇又和苗培成、韩克温商谈过几次，均未有突破性进展。

高君宇感到，对于这两个顽固的国民党员，只晓之以理是不行的，必须改变斗争策略。因此，当苗培成、韩克温又施虚与委蛇之计时，高君宇当即严肃地指出："'联俄、联共、扶助农工'是国民党的三大政策。二位是国民党员，培成君还是国民党'一大'代表，想不会忘记在国民党'一大'上通过的《纪律问题决议案》吧！《决议案》中说：'讨论既经终了，执行机关既经议决，则凡属党员，均有遵守此等决议案或命令并实行之之义务，此即所谓政党的集权制度'。'党内遇有党员破坏纪律或违背主义，当加以最严厉之制裁'。二位是明白人，假若有人将二位的言行报告国民党中央监察委员会，岂不也要受到最严厉之制裁吗？"

听了高君宇这席义正词严的话，苗培成、韩克温噤若寒蝉了。

高君宇见他俩内心动摇了，便乘势说道："退一步说，假如没有纪律制裁这一说。二位是忠诚的国民党员，总该不会不替国民党的利益着想吧？在太原，在山西，国共两党同是受阎锡山压迫的，如果两党不合作，国民党有力量单独反抗阎锡山的压迫吗？合则胜，分则败。为了取得国民革命的胜利，合作是两党唯一正确的抉择啊！"

苗培成、韩克温终于对国共合作没有异议了。

于是，双方达成一些原则性协议，决定双方共同派人组成国民党山西省党部筹备委员会。

完成这一历史使命后，高君宇便回到了阔别多年的故乡——山西静乐县峰岭底村。

这是 1924 年 6 月 5 日，端阳节前一天。当高君宇看到村里断壁残垣的破败、衰落的景象，看到少年时代的小伙伴们眼睛里流露出的凄苦、迷惘的神色，看到父母亲鬓发斑白、皱纹纵横的样子时，他的心里涌起一股说不出的难受。

在故乡避难的日子里，高君宇还下定决心结束那场历经 10 年的婚姻悲剧，以从封建礼教的桎梏中挣脱出来。他历来认为，“无爱情而勉强结合，是轻爱情而重伦道，且必增益人之痛苦”。于是，他和那位他所陌生的“可怜女子”正式言明了离婚之事，并极耐心地讲解了所以提出离婚的种种理由。终于，那位“可怜女子”噙着眼泪，默默地点头了。

1924 年 6 月 21 日（农历五月二十日），高君宇接到石评梅以“波微”化名由京寄来的一封信，信中说，党组织正在“等候”。第二天，高君宇就告别亲友，离开故乡了。父亲不放心，还派一个名叫“宝同”的家人将他送到了太原。

这时，阎锡山早已在省立一中等地，以及市衢要道，密布暗探，准备捉获高君宇，一来向北洋军阀政府总统曹锟献功，二来消除自己多年来的心头之恨。而富有地下斗争经验的高君宇岂会自投罗网？他早想好了脱身之计。

据其胞弟高全德在一篇回忆文章说，来到太原大北门之后，“君宇吩咐宝同：‘你到天平巷荣庆栈住下等我，千万不要随意离开。我说不定几时去找你。你不用找我，我有地方。’说完，一瞬间便不见了。宝同住在荣庆栈，一等就是好几天。忽一日，君宇来到店里通知他，明日一早买好车票，去站台上等候。第二天，宝同老早就买好票进站等候了，等呀等，乘客们都纷纷登车了，但不见君宇到来，宝同手持车票，四下张望，急得满头大汗。一会儿，开车前的预备铃摇响了，站台上空荡荡的，只剩下几个乘警和少数送行的人了，还是不见君宇的影子……就在那行车的绿旗张开，汽笛长鸣，火车徐徐启动的瞬间……忽从搬道闸的小房内闪出一个人，身穿铁路工人服装，箭步登上火车。他一手紧握车栏，一手伸出来，高喊：‘宝同，快拿来车票。’宝同一怔，细瞅方才认出是君宇。他立即快步走向前，递给车票，目送着火车远去。”

高君宇在故乡时，本想给岳父李存祥写封信，说明离婚缘由，殊料走得匆忙，未及进行。于是，他便在太原写了一封信让宝同带了回去。

高君宇离开太原后，便到北京去了。

阎锡山精心策划的逮捕阴谋又一次遭到破产，但他却打肿脸充胖子，托人转告高君宇，伪称其“故纵不捕”，企图拉拢高君宇能为他服务。但是，高君宇始终未上他的圈套，表现了一位共产党人对无产阶级革命事业坚贞不渝的高尚气节。

来到北京后，高君宇立即与党内同志取得了联系。经过秘密商讨，决定恢复中共北京区委兼北京地委的工作，以继续领导北京地区的革命斗争。恢复工作后的中共北京区委兼北京地委的领导成员是：何孟雄任委员长，范鸿劼任组织部长，高君宇任宣传部长，李国暄任国民运动委员会秘书。

“野火烧不尽，春风吹又生”。在这一摧不垮的红色堡垒领导下，北京地区的国民革命运动很快又蓬勃发展了。不久，由高君宇等人积极筹办的国民党北京市党部正式成立，高君宇被推为总务股主任。

待北京的革命工作重新启动后，高君宇在这年 7 月离京赴沪，接受了中共中央指派的一项重要任务：赴广州协助参与中共两广区委工作，发动和领导广州工人的罢工斗争。

这时，高君宇接到石评梅的一封信，信中说，她已回到故乡平定度暑假去了。高君宇当即复信一封，在信中叙述了他回乡离婚的事情。石评梅时隔不久，便在一篇散文中提及此事，她说：“十二日那晚上我接到天辛由上海寄我的信，长极了，整整的写了二十张白纸，他是双挂号寄来的。这封信里说他回了家的胜利，和已经粉碎了他的桎梏的好消息。”著名女作家庐隐在《石评梅传略》中援引的石评梅日记中也说：“接天辛信，详叙到家后情形，洋洋洒洒，像一篇小说，真的！并且是确实，他已得到她的谅解，而粉碎了他的桎梏。”

不久，高君宇受中共中央指派离沪赴粤去了。

向国民党右派开火

一踏上国民革命的策源地——广州这块土地，高君宇就立即感受到一股革命运动的热浪向他迎面扑来。

国民党第一次全国代表大会后，由于以国共合作为基础的革命统一战线的形成，一度时期处于低潮的全国工农群众运动在共产党人的组织、推动下日渐高涨起来。而在广州，工农群众运动更是呈现出一派蓬勃发展、欣欣向荣的景象。

面对着如此激动人心的革命景象，高君宇欣慰地笑了，而在他的胸中则涌动着一股渴望斗争的激情。在苏俄和中国共产党的帮助下，孙中山为建立革命武装而在广州黄埔建立了陆军军官学校。于是，广州的革命运动犹如春潮怒涨……

恰在这时，盘踞在沙面租界的帝国主义当局悍然宣布实行“新警律”，规定中国人出入沙面要携带出入证，晚间（9时后）禁止往来；而一切外国人都可自由通过。这分明是对中国人民的歧视和欺压！望着河沟对面飘扬着米字旗、星条旗、太阳旗、三色旗等外国旗帜的沙面租界；望着桥头上的铁门、碉堡，以及耀武扬威的哨兵手中的枪刺；望着离沙面不远的深水江面——白鹅潭上面往来的帝国主义的军舰，高君宇勃然愤怒了，一颗不容有丝毫伤害的民族自尊心顿时冒起了一簇火苗，而在脑际则翻开一页沙面屈辱的历史……

因此，当中共两广区委决定通过广州工代会发动沙面洋务工人举行罢工，以示对“新警律”的强烈抗议时，奉中共中央之命前来协助工作的高君宇便挺身而出，表示愿意参与领导这一斗争。

对于高君宇的主动请战，中共两广区委负责人谭平山自然十分欢迎，他向区委其他领导成员介绍说：“现为党中央教育宣传委员会委员的高君宇同志，是我在北大读书时的同学、五四运动和马克思学说研究会的战友，北京社会主义青年团的首任书记，我党二届中央执行委员。他有很强的组织领导能力，曾参与领导包括京汉铁路大罢工在内的北方工人运动，富有实际斗争经验。”介绍完毕，他对高君宇说：“你能参与领导沙面罢工，我们是非常欢迎的！”

在高君宇等共产党人的直接领导下，广州工代会很快将罢工的火种撒向沙面租界。弥漫于洋务工人中间的痛恨帝国主义的情绪，一经这火种所点燃，便立即燃起了冲天烈焰——1924 年 7 月 15 日，沙面洋务工人罢工了！就连华捕（即华籍警察）也加入了罢工的行列。于是，往日热闹非凡的沙面租界顿时变成了一个死气沉沉的孤岛。

这是“回敬”帝国主义的一记耳光！

然而，向来肆无忌惮的帝国主义态度颇为强硬，答复是冷冰冰的：新警律不能改变！

“新警律不能改变？那就发动更多的人民群众继续进行斗争！”在中共两广区委召集的关于沙面罢工紧急会议上，高君宇态度坚决地这样说。

很快，在中共两广区委的领导下，广州工代会号召广州各界人民，组织一个沙面罢工后援会，发动广大群众从物质上和精神上作大力的援助，罢工斗争的声势愈来愈大！

“不取消新警律，决不复工！”

这个强大的声音，在沙面租界上空激荡了一个月。

终于帝国主义者胆怯了，惧怕了，最后竟然像泄了气的皮球一样扁了。——8 月 17 日，不得不取消了歧视中国人民的“新警律”。

沙面罢工的胜利不仅打击了帝国主义的威风，而且促进了工人武装的建立，推动了广州工团军的成立和各地工人运动的发展。它成了中国工人运动自“二七”罢工以来的低潮转向高潮的信号。

就在高君宇参与领导沙面洋务工人罢工的同时，他还在另一个战场上冲锋陷阵——向企图破坏国共合作的国民党右派分子发起猛烈的进攻！

自从孙中山先生提出实行“联俄、联共、扶助农工”的三大政策，决定改组国民党第一天起，国民党右派就一直为国民党将被“共产”“赤化”的“厄运”而忧心忡忡，并对国共合作进行造谣破坏。1924 年国民党第一次全国代表大会后，这些右派分子将他们的倒行逆施，名之曰“反共产派运动”，打出一杆“动人听闻，易于号召”的破旗：排斥共产主义者，防止国民党共产化。

这一招果然厉害，国民党内“不大注重分析实情的人们”，“就信以为是那么一回事”了。

“不！”高君宇每当听到人们如此议论时，便会慷慨激昂地反驳道，“国民党一部分老分子此等行为所代表的性质，并不是所谓共产派与纯粹国民党对立的冲突，而是国民党内部左右派的分化。”

此语一出，众皆惊愕！

高君宇接着阐述自己的观点：“国民党第一次全国代表大会不仅制定了一个革命纲领，而且在组织上使国民党革命化，不少颇有朝气的革命分子参与承担党务，这些不但不合右派的脾胃，而且也是他们最看不过的。所以大会闭幕后不久，右派的反对运动就开始了。”

这是何等卓绝超群的见解！不久，人们便在《政治生活》上看到了高君宇撰写的《国民党左右派的分化》。这篇文章所选择的发表时间是颇有深意的，正如此文前面的编者按所说：“国民党中央委员会将于本月（8 月）十日在广州开会，这篇文章的意思很可供献给他们，为评判此次党内纷争的参考。”在这篇文章中，高君宇在论述了他的上述观点和见解之后，便针对国民党右派的“防止国民党共产党化”的谬论，进行了无情的鞭挞和批判。

高君宇在揭露和抨击了国民党右派的反革命本质之后，笔锋一转便指向国民党左派了。他针对国民党左派“至今尚无何等明确的表示”说：

> 我们要警告革命分子：现在国民党已到了一种新的境地，你们旧日一味只知合作的态度不能适用了！你们亟须要起来做种拥护国民党反帝国主义精神的奋斗：当了国民党要为一种恶影响所弥漫的时候，若革命分子不起来努力，坐听国民党革命精神消失，那便是对国民党怠工，那便是国民党莫大的罪人！同时要知：对国民党分化不但不要痛心他之不可避免，且当欢迎此种分化之已来， 因为国民党目下分子复杂情形，只有是经过一番分化之后，才能使他组织上真正革命化。

这篇文章犹如黄钟大吕一般在国民党内外轰响了，震慑了右派，鼓舞了左派，有力地推动了左派对右派的斗争。就在这时召开的国民党中央委员会上所通过的决议明确指出：“中国国民党对于加入本党之共产主义者，只问其行动是否合于国民党主义政纲，而不问其他。”国民党右派的进攻再次遭到了失败。

这年秋天，根据李大钊的要求，为加强北方共产党组织的领导力量，中共北京区委兼北京地委改组，赵世炎被中共中央任命为委员长，范鸿劼为组织部主任，高君宇为宣传部主任，陈为人为农工部主任，李国暄为国民运动委员会书记。看到中共北京区委兼北京地委新的领导班子充满勃勃朝气，富有很强的战斗力，李大钊满意地笑了。

第十五章　北京政变前后

笔底风雷吼

高君宇抵达上海时，江浙一带已是战云密布。1924 年 9 月 3 日，一场军阀之间争权夺利的战争——江浙战争正式爆发了！对其本质认识深刻的高君宇立即撰文予以剖析。

9 月 10 日，《向导》第 82 期上刊载着高君宇的《江浙战争与外国帝国主义》一文，其分析之透彻，文笔之锋利，令人赞叹：

> 中国军阀的战争，每次莫不有帝国主义在背后操纵利用。
>
> 直皖战争的时候，站在直系背后的是美国，站在皖系背后的是日本；直奉的战争，所表现的国际关系，亦系美国与日本的对垒。帝国主义之所以各扶助一派军阀，并不是有深惠特爱于某一派军阀，乃是要借所扶助的军阀之胜利与发展，造成外国在华优越的地位……他们存在一天，中国就一天不得和平；而且要觉悟一切哀求的方式是不能损及他们的毫毛，只有是我们组织在国民革命旗帜之下，把他们推翻才是真正的自救。同胞们！中国除了国民革命之外，还有第二条解救的道路吗?

这时，邓中夏正在上海全力以赴指导南洋烟厂的罢工。一日，邓中夏终于露面了。他向高君宇介绍了这次罢工的有关情况：罢工后，那个所谓“爱国”的资本家，对待罢工工人就像洋资本家一样狠毒。他一面出示恐吓；一面于9月9日派出打手50余人，拉工人回厂上工，有不答应的，则被殴打。同时将工会代表4人开除，并将代表顾君殴打后拘留在公司；有女工50余人监押厂内，不准她们回家哺儿，饮食亦不得出外购取，她们哭泣了一日方才放出。这个资本家以为这样就可以使工人解体，以达到破坏罢工的目的。但是，工人们威武不屈，依然斗争不止……介绍到这里，邓中夏愤激地说道：“可是，对于这一罢工，上海各报却毫不援助。唉，真是……”

高君宇说：“上海各报对罢工毫不援助，这倒不奇怪；令人奇怪的是《民国日报》的态度。你看看近几日的《民国日报》吧，那上面竟然刊登着三则攻击罢工的启事！”

邓中夏从高君宇手中接过几张《民国日报》，一一翻看起来。只见上面分别刊登着三则以不同名义发表的启事：一则是该厂员工邝某、李某发的，一则是所谓“粤侨工界”10人发的，还有一则是用的该厂“工厂工友”的名义。这三则启事的措辞，莫不一致攻击这次罢工，企图破坏社会各界对工人的同情。

高君宇说：“《民国日报》的采编人员中确有不少这样的人。今年8月1日，一个笔名叫“兰”的记者在《民国日报》上发表了一篇《少谈主义》的短文，其中引用了胡适之的“少谈主义”等语句。孙中山看后，就原报批示道：“‘编辑与记者之无常识，一至于此，殊属可叹……’并责令国民党中央执行委员会将这个记者革除了。我看《民国日报》也该改组了！”

邓中夏说：“对于《民国日报》的错误做法，我们必须予以批评。我因忙于罢工事，无暇提笔。我看，还是你写一篇批评文章吧。”

高君宇欣然应允了。

不久，高君宇就在9月17日出版的《向导》第83期上发表了《南洋烟厂罢工与上海的报纸》一文，对《民国日报》予以抨击。

这篇文章发表后不久，高君宇受中共中央指派前往广州协助孙中山先生工作。中央所以作出如是决定是基于这样的考虑的：高君宇同志是一位革命统一战线促进派。他不仅在理论上对国民革命和国共合作具有深刻的认识和卓越的见解，而且用自己的革命行动实践了自己的思想。因此，他在国民党中知名度很高，而且深受国民党"左派"的敬爱和器重。派他到孙中山身边工作，无疑是很理想的人选。临行前，陈独秀嘱咐高君宇说："你此次赴广州协助孙中山工作，责任重大。你知道，在国民党内右派很有影响，他们包围着孙中山。孙中山每前进一步，都要经过巨大的努力。因此，你一定要巩固国民党'左派'之力量，尽力排除右派势力，协助孙中山坚定地推行三大政策，以推动国民革命大踏步前进！"

高君宇目光坚定地回答说："绝不辜负中央的期望！"

"双十节"的血

船舷外，是浩渺无边的深蓝色的海洋。海上无风，漫漫波涛动荡着，发出一种低沉的声音，仿佛是大海的呼吸声。一只只海鸥不时从船上飞掠而过，在万里碧空划过一条条黑线……

这是1924年9月22日，乘坐着由沪赴粤的轮船的高君宇欣赏了一番眼前这壮丽的海上景色之后，不禁又思念起远在千里之外的石评梅来了。自从5月下旬从腊库胡同16号智脱"虎口"后，高君宇为革命事业奔波于京、并、沪、粤之间，简直就像一个四海为家的漂泊者，女友石评梅自然很难见得上他一面。他们只是通过书信保持联系。但因高君宇居无定处，他们的通信受到了很大的限制。因此，书信往来很难像往昔那样频频不断了。高君宇此次离沪前一日接到石评梅的一封信，自然格外高兴。此信是石评梅在中秋前一日写的，或许是“每逢佳节倍思亲”吧，字里行间弥漫着一种淡淡的离愁别恨和“但愿人长久，千里共婵娟”的情调，信中还说她可以做高君宇“唯一知己的朋友”。犹如一石投水，这封充满温馨情谊的信在高君宇的心海上激起一缕缕涟漪。高君宇又将这封信看过一遍后，便拿出纸笔来给石评梅复信了。他用饱蘸深情的笔触写道：

> ……我是有两个世界的：一个世界一切都是属于你的，我是连灵魂都永禁的俘虏；在另一个世界里，我是不属于你，更不属于我自己，我只是历史使命的走卒。假使我要为自己打算，我可以去做禄蠹了，你不是也不希望我这样做吗？……
>
> 我何尝不知道：我是南北漂（飘）零，生活日日在风波之中，我何忍使你同入此不安之状态；所以我决定：你的所愿，我将赴汤蹈火以求之；你的所不愿，我将赴汤蹈火以阻之。不能这样，我怎能说是爱你！……从此，我决心为我的事业奋斗……

写毕信，高君宇的心境就像船舷外的海水一样渐趋平静了。他眺望着碧空中的海鸥，思绪飞得很远、很远……

俄顷，海上起风了，只见水天相连处绽开一朵朵、一簇簇白花。随着海风愈来愈大，波涛愈来愈猛烈地动荡起来，汹涌澎湃，奔腾不息。而海涛的声音仿佛是无数面战鼓在擂，又仿佛是接连不断的闷雷在炸……望着这海上变化莫测的景象，高君宇思绪纷飞：一会儿想到相隔千山万水的女友石评梅，一会儿想到即将开始的新的战斗生涯……于是，热血沸腾，心潮澎湃，他不禁高声吟咏起李大钊的一首七绝来：

壮别天涯未许愁，
尽将离恨付东流。
何当痛饮黄龙府，
高筑神州风雨楼。

高君宇抵达广州时，早于9月初决定兴师北伐的孙中山先生已于9月12日亲率北伐军先头部队离开广州到韶关大本营去了。高君宇便以共产党员身份留在广州革命政府协助工作，并与苏俄顾问团、中共两广区委、广东工代会等取得了联系。

对于孙中山先生毅然北伐之举，高君宇颇为欣慰、振奋。因为此举再次表明：孙中山先生对帝国主义的态度已经彻底转变到坚决反对上了。孙中山先生早年总以为帝国主义国家会同情和帮助中国革命，曾多次向其呼吁过援助，结果得到的不过是嘲弄和轻侮，破坏和干涉。严酷的现实终于击碎了孙中山的幻想。在苏俄和中国共产党的帮助下，他终于认清了帝国主义是中国人民的死敌，并公开向帝国主义高举起反抗的旗帜。他在不久前致苏俄代表加拉罕的信中，更加明确指出："现在，中国同世界帝国主义展开公开斗争的时刻已经到来了。"面对帝国主义的威胁，他不但未被慑服、吓倒，反而毅然给予坚决的回击。这次北伐，孙中山先生明确指出："此战之目的，不仅在推倒军阀，尤在推倒军阀所赖以生存之帝国主义。盖必如是，然后反革命之根株乃得永绝，中国乃能脱离次殖民地之地位，以造成自由独立之国家。"从孙中山先生的北伐之举中，高君宇预感到一个大革命的高潮将要到来。

然而，在欢欣、振奋之余，高君宇对广东的局势还有几分忧虑：在英国帝国主义的唆使下，广东商团正在加紧实现推翻以孙中山为首的广州革命政府的阴谋，而且反动气焰愈来愈嚣张。

令高君宇颇为愤慨的是，在国民党内竟有人主张处理商团事件应当“和平审慎”，甚至有人在商人罢市之初，在内部暗中配合，反对孙中山对商团采取果断手段和准备强制商人复市等革命措施。而留守广州代理大元帅的胡汉民则与商团谋求妥协，步步退让。

对魔鬼的忍让是无济于事的，你送给他一个指头，他就会吞掉你一只手。商团正是这样的魔鬼。他们见广东政府妥协、忍让，其反革命气焰更加嚣张起来：10 月 9 日，商团狂妄地发出第二次罢市的通牒；并以举行全省商团军成立大会为名，命令各县商团军于 14 日到广州集中，以与陈炯明里应外合，企图推翻革命政权。尤其令人不能忍受的是，商团在“双十节”竟制造了骇人听闻的惨案！

10 月 10 日，广州革命群众隆重举行纪念武昌起义 13 周年大会。会场上，人山人海，革命气氛格外浓厚、热烈。从讲演者慷慨激昂的讲演中，从会场上森林般高高举起的无数手臂中，从像雷霆般轰鸣的口号声中，高君宇深深地感受到广大工人、农民、军人、学生那种坚不可摧的革命意志和如火如荼的斗争激情！

下午 2 时，大会结束后，游行开始了。工团军、农团军、学生军，以及人民群众，一队一队地前进，前进！如果说游行队伍是一江汹涌澎湃、滚滚向前的春水的话，那么，时时爆发出的口号声就是惊涛骇浪发出的声音。

当游行队伍从长堤转入太平南路（即今人民南路）时，突然枪声大作，弹雨纷飞，而队伍中便有人纷纷倒地，队伍顿时乱了……而乘坐在指挥车中的高君宇一看这情景，立即意识到这是商团所为，便镇定自若地说：“商团已经动手了，我们必须组织还击，并疏散群众！”接着，便命令司机将车开上前去。

司机见前面火力密集，便劝说道：“我们不能上去，前面是危险区。如果我们的车开到那里，商团军必然会将我们作为主要攻击的目标。”

高君宇神色异常严肃，他以不容解释的口吻命令道：“情况紧急，不能迟疑，赶快开上去！”

于是，指挥车向前驰去。高君宇沿路呼喊着，指挥群众疏散。突然，一颗流弹呼啸而来，“砰”的一声，洞穿了车窗上的玻璃，从他的手上擦了过去。他的手顿时鲜血淋漓，一片殷红，而在他的衣服上则溅上点点血迹……

司机回头一看，不禁惊呼起来：“哎哟，你受伤了，我赶快送你到医院去！”

“不！”高君宇口气坚定地说：“疏散群众要紧，快把车开到群众密集的地方去！”

汽车，又在弹雨纷飞中奔驰起来……

惨案发生后，高君宇不顾伤痛，径直来到中共两广区委。在区委，他见到了谭平山、张太雷、邓中夏、彭湃，还见到了归国不久的陈延年等人。这些区委的同志正在针对“双十节惨案”商讨对付商团的办法。从这里，他了解到在这次惨案中革命群众伤亡的情况：当场死亡 20 余人，被捕者数十人，受伤者不计其数。那些假充土匪的商团，将遇难者剖肝剖肺，割首断脚，然后拿上沿街示众。其情景惨不忍睹。听到这里，高君宇不禁双目喷火，义愤填膺，他挥动着拳头说：“这笔血债，一定要陈廉伯之流来偿还！”当两广区委作出关于组织革命群众举行反对商团叛乱示威大会的决定时，高君宇坚决表示赞同。

在反对商团叛乱的群众示威大会上，由参会的 16 个团体组成了“工农兵学革命大同盟”，发表了宣言。令高君宇深感鼓舞的还有周恩来的讲演。这位从法国勤工俭学归国不久的共产党人，神情庄严，剑眉高耸，眼睛里闪烁着睿智、刚毅的光芒。他强有力地指出：“我们不要以为反革命派的势力很大，反革命的气焰嚣张，我们只要下我们团结的决心，我们有工人可以武装，有农民可以自卫，有士兵可以作先驱，我们的实力便在此处！”

紧接着，中共广州党组织发表告广州市民书，号召知识分子、国民党与工农兵联合起来，解除商团的反革命武装；广州工代会发出通电，表示坚决消灭商团，“誓为政府之后盾”；工团军、农团军，纷纷表示愿尽一切力量帮助孙中山镇压反革命叛乱。黄埔军校学生军表示“准备与商团作战”。

在中国共产党和工农群众的支持下，孙中山决心采取断然措施，镇压商团叛乱。于是，镇压商团叛乱的权力机关——革命委员会成立了，孙中山亲任会长，廖仲恺、谭平山等人为全权委员。紧接着，调兵遣将，一场平叛战斗就要打响了。

商团头目陈廉伯也加紧进行武装叛乱的部署：在西关架设天桥、构筑炮台，并将全市商团枪支集中于此；在沿着长庚路、丰宁路、太平路以至西濠口，凡通入西关的孔道都加设木闸，堆置沙包，择要撬起街石，筑起街头堡垒，分队防守。并不断派兵在主要地段巡行。而在西关一带，贴遍“驱逐孙文”“反对国民党”等标语；并将孙中山像剪开两截或两片，倒贴街上。同时，陈廉伯还催促各县商团迅即围攻广州，策动粤汉铁路沿线新街、源潭、琶江等处民团响应。

在革命委员会部署战斗中，高君宇挺身而出，请求参战。谭平山劝他安心养伤，但他哪里肯听。谭平山没奈何，只得答应道：“好吧！你曾参与组织过工团军，你就协助施卜、刘尔崧指挥工团军作战吧！”

高君宇旋即来到工团军驻地，和团长施卜、副团长刘尔崧一起进行战前准备。

10 月 14 日，孙中山由韶关电令：“收缴商团枪支，刻不容缓，务于 24 点钟内办理完竣，以免后患……”

当天深夜，战事爆发。早已埋伏在广州政府机关附近高大巍峨的当铺里的商团军，居高临下，向政府机关开枪扫射。枪声，在五羊城内像爆豆似的响着……

凌晨4点，平定商团叛乱的战斗开始了。警卫军于太平门、普济桥奋力还击商团军；滇、湘、桂、赣、许军分五路进攻市区商团；永丰舰开炮助战；高君宇和施卜、刘尔崧率领的工团军与农团军协同袭击商团之后；黄埔学生军则担任清剿的任务。战斗十分激烈。由于商团盘踞的西关街道设有层层木闸和碉堡，易守难攻，一时难以直捣敌巢。怎么办？火攻！于是，两辆水箱里盛满煤油的灭火车开来了。当战士们迅捷将煤油用胶管喷射在木闸等处之后，只听一声令下，十几名军校学员一起向木闸等处掷出苏俄式手炸弹，“轰！轰！轰！”随着手炸弹的爆炸，木闸等处顿时烈焰腾空。接着，警卫军冲了过去，与商团展开激烈的巷战，而各军则将商团军团团包围。

街巷里，传来骤雨般的枪弹声，令人分不清哪是步枪声，哪是机枪声。时而，有大炮轰鸣，震得大地、房屋微微颤动。高君宇与工团军并肩战斗在一起，呼啸而来的子弹不时在他头上飞过，但他此时早已忘记了危险，只觉浑身热血沸腾，心潮激荡——他沉浸在战斗的激情之中。

战斗进行未及半日，平叛各军犹如疾风扫落叶般地将商团的叛乱活动全部镇压下去了。嗅着尚未散尽的硝烟，高君宇笑了。他知道，这次事变的平息，粉碎了英帝国主义及其走狗颠覆革命政府的阴谋，巩固了广州这一革命策源地。

此时，太阳正升腾于碧空之中，大地上一片灿烂。

偕孙中山北上

商团叛乱平定后，高君宇在同志们的强拉硬扯下，被迫留在医院里休息了几日，这倒不仅仅是因为他的枪伤未愈，还有一个原因是，这些日子里他因劳过甚，咯血症又出现了复发的先兆——剧咳。每一次剧咳之后，他就冷汗淋漓，面色苍白得像窗纸一般。他每天除了服药、打针之外，几乎别无他事。在寂寞中，他又想起了石评梅。不知咋的，自从钟情于这位冰清玉洁、才华横溢的女子后，他就无论怎样都无法从心灵深处抹去她的倩影。相反，随着时间的推移，这一倩影似乎在他心灵的镜子上愈来愈清晰了。他是那样真诚地爱恋着石评梅，同时又十分尊重她的意愿，诚如他所言“你的所愿，我将赴汤蹈火以求之；你的所不愿，我将赴汤蹈火以阻之，不能这样，我怎能说是爱你！”因为，他是那样深刻地理解她，理解她不幸的遭遇和挫折，理解她铭刻在心灵上的隐痛，理解她愿做“情场逃囚”的素志。于是，他给石评梅写了一封信，又一次表露了这一心迹：

……我虽无力使海上无浪，但是经你正式决定了我们命运之后，我很相信这波涛山立狂风统治了的心海，总有一天风平浪静，不管这是在千百年后，或者就是这握笔的即刻；我们只有候平静来临，死寂来临，假如这是我们所希望的。容易丢去了的，便是兢兢然恋守着的；愿我们的友谊也和双手一样，可以紧紧握着的，也可以轻轻放开。宇宙作如斯观，我们便毫无痛苦，且可与宇宙同在。

双十节商团袭击，我手曾受微伤。不知是幸呢还是不幸，流弹洞穿了汽车的玻璃，而我能坐在车里不死！这里我还留着几块碎玻璃，见你时赠你做个纪念。昨天我忽然很早起来跑到店里购了两个象牙戒指；一个大点的我自己带在手上，一个小的我寄给你，愿你承受了它。或许你不忍吧，再令它如红叶一样的命运……

信写好后，高君宇便将信连同那个象牙戒指一起寄给了远在北京的石评梅。

不久，高君宇病情略有好转，便离开广州到达韶关拜见了孙中山先生。

当在韶关大本营见到孙中山这位伟大的革命先行者时，高君宇的心中顿时涌起一股崇敬、仰慕之情，同时想起远东共和国通讯社、俄罗斯通讯社的两位记者合写的《和孙中山的一次谈话》中的一段文字：

> 孙中山博士体格健壮，身材匀称……他举止文雅，镇定自若，使人觉得他是一位坚强的人，是一位对自己的一言一行都很自信的人。

多么传神的笔触！除了“体格健壮”一词与眼前因患肝病而消瘦的孙中山不相符外，其余的描写几乎达到了惊人的逼真地步。然而，高君宇之所以崇敬、仰慕这位伟人，还不仅仅是因为这些，更重要的是因为在这位历史巨人的身上蕴藏着的那种屡败不屈、屡挫不馁、坚韧不拔地寻觅救国道路的精神。

孙中山也十分喜欢和器重眼前这位年轻的共产党人，他望着高君宇，眼睛里流露出一种和蔼、热情的光彩。对于高君宇的名字，他因常看《向导》而颇为熟悉。尤其令孙中山赞赏的是，高君宇在报刊上发表的一系列与国民革命和国民党有关的文章，颇有真知灼见，对于实现国共合作、改组国民党、制定国民党党纲、纠正国民党的错误言行，推动对国民党右派的斗争等，无不起了推波助澜的作用，虽然其中不乏锋利、激烈的言词，但对极具领袖风范、胸怀坦荡的孙中山来说，这些言词都是苦口之“良药”，逆耳之良言。他渴望在他身边有这样一批共产党人协助工作。于是，他便将高君宇留在身边，并委以秘书之职。

在孙中山身边工作，高君宇感到颇为振奋。当他看到孙中山先生忙于思考，制定建国之方略、民生之大计时，当他看到孙中山先生精心部署北伐时，当他看到孙中山义正词严地痛斥少数国民党右派破坏联俄、联共政策的言行时，他的心中就会充满信心、希望和力量！

然而，在振奋之余，高君宇不禁为孙中山先生的健康而担心。他听宋庆龄说，近来孙中山先生感到身体不适，体力不支，腹部常隐隐作痛。她劝孙先生休息，但孙中山先生却说，一俟北伐部署就绪，国民军出征后，就回广州休息。宋庆龄对高君宇说："自去年 2 月由上海来到广州后，先生就没有一天好好休息过。就连在白云山养病期间，每天也都工作到深夜，再三催促，他才肯歇手就寝。你想他能在北伐部署完毕后休息吗？再说，目前政局动荡，说不定哪天会发生什么大事。假如真的这样，他又要拼命工作了。"

果然，10 月 23 日，直系将领冯玉祥在全国革命形势高涨的推动下，突然竖起反直的旗帜，发动了北京政变。翌日，接到冯玉祥邀请孙中山北上共商国是的电文时，孙中山先生异常高兴，振奋不已，随即召集有关人员开会商讨此事。在商讨孙中山是否北上时，出现了两种截然不同的意见。一种是力主北上，高君宇就是持此主张者中的一个。他们认为，此次北上议政虽然不会有任何结果，但出于对形势的顺应，出于曹（锟）、吴（佩孚）已倒，冯（玉祥）、段（琪瑞）又提倡民主共和与护法，颇有必要与之周旋，争取以和平方法达到民主共和制。否则，人们会说革命党好战。再者，即使北上议政，也不会影响北伐行动。一种是认为北方危险，力劝孙中山不宜北上。孙中山爽朗地笑着说："汝等以大元帅视我，则我此行诚危险；若以革命领袖视我，则此行实无危险可言。"最后议决：孙中山先生北上参与国是之商讨！于是，孙中山向冯玉祥发电：

……义旗聿举，大憝肃清，诸兄功在国家，同深庆慰。建设大计，急需决定，拟即日北上，与诸兄晤商……

自此，孙中山先生在积极部署北伐的同时，还组织力量进行北上的准备工作，高君宇奉命参与了这一工作。

10月30日，高君宇随孙中山先生由韶关来到了广州。在大元帅府，高君宇从《京报》上看到段祺瑞29日给冯玉祥的电文：

……漾电痛陈祸国残民之非，发救世止戈之愿，赫然返旆，底定神京，民国顿苏，舆情大慰，懿欤壮哉！所称政治善后，请全国贤达速商补救之方，共开更新之局数语，所见远大，洞中机宜……窃谓庶政共诸舆论，舆论务返本以求；安危须仗群才，群才务推诚相与。法善人得，何政不平？所有乱源，根株可尽。瑞忧患余生，心知其意，法式安出，端赖询谋……

看毕，高君宇不禁冷冷一笑："这个段合肥（即段祺瑞）真是奸雄之辈！既会逢迎，又善自炫。尽管他极善乔装打扮，祸心包藏，但人们还是从他对政见的高谈阔论中，嗅到了一种稳定政局非他不可的味道。看来，孙中山先生此次北上共商国是还面临着一场激烈的斗争！"当他将自己的想法说知宋庆龄时，宋庆龄高兴地说："你和先生的想法真是不谋而合！先生认为，段合肥有出山执政的野心。"

高君宇愤然说道："要是这个清朝的军谘府大臣，袁世凯的国务总理上了台，还不是和曹锟、吴佩孚之流一样的货色吗？中国'所乱之源'，绝难'根株可尽'。中国现在需要的是统一，是独立，是打倒列强、打倒军阀，成立一个独立的民主自由的国家啊！"

"因此，先生对解决对北京政变后时局的主张是召开国民会议以统一中国！”宋庆龄说。

高君宇说：“孙先生关于召开国民会议的主张也正是中国共产党1923年提出的主张，是符合全国人民的意愿的。但是要实现这一主张，还需要和段祺瑞作针锋相对的斗争！”

宋庆龄说：“近年来，先生有你们共产党人和工农群众的支持，革命坚定性进一步加强了。他不屈服于帝国列强，不屈服于封建军阀，自然也不会屈服于段祺瑞了！”

“孙先生那种大无畏的革命英雄气概，确实令人敬佩！”高君宇赞叹道。

11月10日，孙中山以国民党总理的名义，发表《北上宣言》。高君宇看到，孙中山先生虽然明显消瘦，面有病容，但那浓黑的剑眉下的一双眼睛里依然闪现出一种凛然不屈的光芒。孙中山重申了反对帝国主义和军阀的主张，指出“对外要消灭帝国主义在中国的势力，使国家独立自由可保；对内要消灭军阀势力，使民治之基础莫能动摇”。他竭力主张“召集国民会议，以谋中国之统一与建设”。最后，他慷慨激昂地讲道：“本党于此，敢以热诚告于国民曰：国民之命运，在于国民之自决，本党若能得国民之援助，则中国之独立自由统一诸目的，必能依于奋斗而完全达到。”对于这一宣言，高君宇深表赞同。

北上准备工作一切就绪后，孙中山决定离粤北上。11月12日，广州各界及机关团体纷纷组织欢迎仪式。晚上，约数十单位、2万余人隆重举行提灯游行大会。高君宇随孙中山立于财厅楼上，纵目望去，只见楼下一片灿烂的灯海。俄顷，游行开始了，灯海又变成了一条金鳞闪闪的长龙，蜿蜒曲折地飞向远处的黑暗之中……看着眼前如此激动人心的场面，高君宇不禁想到了国民革命的前景。

11月13日是孙中山先生启程北上的日子。

当高君宇等20余名随从人员登上永丰舰时，码头上早已伫立着一大群饯行的党、政、军要人。将近10时，忽闻军乐大作，鞭炮齐鸣。高君宇一看，原来是孙中山先生偕夫人宋庆龄乘电船正向永丰舰驰来。登上永丰舰时，孙中山脱帽向送行者频频致意。10时20分，永丰舰启碇。望着码头上的人群，高君宇默默地说："再见！"——他想都没有想到，此次一别竟成永诀！

下午3时许，永丰舰抵达黄埔。在前来迎接的蒋介石的陪同下，孙中山、宋庆龄，以及随行人员在黄埔军校内巡视一周，接着，检阅了学生战术实习。然后，蒋介石设宴饯行。宴毕，全体学生列队恭送孙中山一行登舰。

6时，永丰舰在俄国兵舰的护卫下启程驰往香港。

至香港时，孙中山令舰上高挂青天白日旗。一个港府指派的人员匆匆跑来相告："如挂五色旗，则予礼遇。"然而，孙中山愤然表示：不予理睬。高君宇不禁为之而暗暗赞叹。

14日，孙中山一行改乘日轮"春阳丸"离港赴沪。高君宇站立轮船上，纵目望去，只见无边无际的大海汹涌着、澎湃着，仿佛有一种神秘的力量在大海深处不停地搅动、搅动……啊，眼前的大海，不是李姆斯基·柯萨考夫《谢赫拉萨达组曲》里古老的阿拉伯的海，不是安徒生描绘的绚丽多姿、奇幻神秘的海，也不是高尔基笔下的暴风雨到来前的海，是什么样的海呢？高君宇说不清楚。他只感到这大海充满一种勃勃的力量，给人以鼓舞和信心！当他看到不远处一股巨大的浪涛气势磅礴地呼啸着向前滚动、翻腾时，他的脑际蓦然间浮现出孙中山先生的一条题词来：

世界潮流，浩浩荡荡；顺之则昌，逆之则亡。

于是，他的胸中涌起一阵激动：是啊，当今中国革命的潮流正奔腾向前，是任何力量都阻挡不了的！

16 日夜半时分，日轮“春阳丸”抵达上海吴淞口。凌晨 2 时，孙中山从轮船休息处出来，与随从人员相见。他因病势渐重，在离港赴沪期间一直在寝室休息。孙中山重又露面时，高君宇看到这位革命先行者面呈苍白色，已无广州时之气色，心中不免生出几分忧虑来。

17 日上午 9 时 25 分，孙中山等人乘小火轮向上海法租界码头驰去。在小火轮上，孙中山接见了驻上海各国新闻记者团。他表明一定要收回租界的立场不变，而且益发坚决，他说：

“上海是中国的领土，我是这上海的主人，他们都是客人。主人行使职权，在这个领土之内，要想怎样便可以怎样。我登陆之后，住在租界内，只要不犯租界中的普通条例，什么事都可以做。英国人一味蛮横，拒绝主人，则我唯有采取断然之处置，取消不平等条约。”

这种反帝的决心何等坚决！高君宇听着、听着，眼睛里涌出激动的泪花。

小火轮至上海法国租界码头时，只见码头上人山人海，人们高呼着口号，足有万余人。

在这群情激昂的口号声中，孙中山先生面带微笑，向欢迎群众颔首示意。接着，便乘车到莫里哀路 29 号寓所去了。

来到上海后，高君宇向陈独秀汇报了在广州的工作以及孙中山北上的情况。陈独秀对孙中山先生北上议和表示反对，他认为冯玉祥是英美的新工具，而孙中山北上的目的是要同军阀、帝国主义达成协议。而高君宇则不同意陈独秀的看法，他说，我党早在 1923 年 7 月发表的《第二次对时局主张》中就已提出召开国民会议的主张，这次孙中山北上也主张召开国民会议，主张反帝反封建，主张废除不平等条约。我党应支持孙中山北上，并推动国民会议运动。

在高君宇等同志的说服下，陈独秀改变了态度。11 月 19 日，中国共产党发表第四次对时局主张，向全国人民进一步发出召开有各革命阶层的人民代表参加的国民会议和废除不平等条约的号召。同时，中共中央通知各级党组织，要推动各地人民团体，组织国民会议促成会，在城乡发动群众举行示威，要求废除不平等条约。

遵照中共中央指示，高君宇离开孙中山先生，赴北京开展组织国民会议促成会和废除不平等条约运动去了。

为国民会议而战

这一天，在北京骑河楼梁乃贤住宅里，欢声绕梁，笑语盈屋，显得格外热闹。

高君宇从上海回到北京后，就暂居朋友梁乃贤家里。亲朋好友闻讯后，都纷纷赶来看望高君宇。久别重逢，自然有说不尽的话。高君宇虽面容清瘦、苍白，略带几分困倦之色，但谈锋犹健。他侃侃而谈，谈广东的工农运动，谈黄埔军校和国民军北伐，谈偕孙中山北上途中的所见所闻和《北上宣言》……他的话语，犹如从心海深处流淌出来的一股溪流，滔滔不绝。人们激动地聆听着，不时插进一两句问话，使他的谈话激起一簇簇新的浪花。

到后来，朋友们散了。屋子里除了高君宇外，就只剩下石评梅和他的胞弟高全德。全德告诉哥哥说，他此次来京，本欲报考高等院校，不料北京各大专院校招生工作刚刚结束。而他又不想回太原农专读书，于是，就在西城大仆寺街罗家大院一家公寓住下，每天到宏达学院补习，准备来年应试。

高君宇听了，颇为高兴，说："既然来了，就安心读书吧！"

高全德点了点头。他见哥哥身体羸弱，刚才与人们谈话时还不时夹着一两声咳嗽，便不无忧虑地说："哥哥，我看你的身体越来越差了，你可要多多保重啊！”

石评梅也用关切、忧虑的目光望着高君宇那略带几分憔悴的面容，接口说道：“静弟（即高全德）说得很对，你的气色确是大不如前了。你近年来，一直四处奔波，风餐露宿，不要说你以前还患过咯血症，就是一个健康人也难以承受啊！你现在回到北京了，就好好休息上一段吧！”

“休息？这哪能行呢！北京政变后的局势错综复杂，变化莫测。段祺瑞、张作霖虽然邀请孙中山北上共商国是，但我认为这是别有用心的。他们是企图利用孙中山来转移全国人民的斗争目标，同时也想软化孙中山，使孙中山参加军阀集团，作他们的傀儡。而共产党人和孙中山的主张是召开国民会议，这无疑是这些军阀难以接受的。因此，围绕时局的解决问题必然是一场尖锐、激烈的斗争。在这种形势下，我怎么可以休息呢？生活在这样一个动荡不安的时代，我们的责任就是永不停息地奋斗啊！评梅，我见你最近发表了一篇《露沙》散文，其中有几句话我很欣赏。”

“哪几句话呢？”石评梅问道。

高君宇说：“你在文章中写道：‘一想到中国妇女界的消沉，我们懦弱的肩上，不得不负一种先觉觉人的精神，指导奋斗的责任。那么，露沙呵！我愿你为了大多数的同胞努力创造未来的光荣，不要为了私情而抛弃一切。’你这话说得多好！既然我们同负有‘指导奋斗的责任’，哪能因考虑个人的私情、健康而抛弃一切呢？”

几句话说得石评梅无言以对。她笑着说：“我说不过你这位政治演说家，但我还是希望你多多保重你的身体。你的身体已明显地垮下去了，真的！”

高君宇感激地说：“谢谢你们的关心，我今后一定尽量注意自己的身体！”说到这里，他像是突然想起什么似的，“评梅，我此次给你带了一件非同寻常的纪念品，你一定会喜欢的。”说完，便转身打开手提箱，从中取出个小纸包，交到石评梅手中。当石评梅伸手去接时，他蓦然发现，在石评梅的纤纤手指上正戴着他寄赠的那只象牙戒指。

石评梅很郑重地将纸包打开，只见里面放着几块三四寸大小的玻璃片。啊，这不是高君宇从广州来信中提到的纪念品吗？她的眼睛里立即闪现出一种异样的光彩。高全德拿起来看看，不以为然地说：“我还以为是什么精制的纪念品呢，原来是几块玻璃片！”

石评梅说：“你可别看轻了这几块玻璃片。这是你哥在广州‘双十节’商团叛乱中负伤的纪念物，也是广州商团反革命叛乱的罪证！”

“真是这样吗？”高全德望着哥哥问。

“是的。”高君宇接着将商团叛乱以及平息叛乱的情况略略说了一遍。

高全德听后，脸上现出一种庄重的神情。他拿着玻璃片走近窗口，借着亮光，细细地端详起来。

高君宇望着石评梅那只戴着象牙戒指的手，以一种充满深情的语调说：“你终于把它给戴上了，我还以为它会和红叶的命运一样呢。”

“你知道，我是从来不戴这类装饰品的，但这次我破例了。”石评梅很沉静地说，“当我戴上它第三天的时候，晶清发现了，她不甚满意，说‘天辛为什么偏要给你这样惨白枯冷的东西？波微（即评梅）！你可能允许我脱掉它，我不愿意你带着它。’我说：‘不能，晶清！我已经戴了它 3 天了，我已经决定让它和我的灵魂同在，原谅我吧，朋友，我不能脱掉它。’”

听了这话，高君宇激动异常，心中顿时仿佛涌起一江春水。

石评梅还告诉高君宇，她接到他从广州寄来的信及象牙戒指后，还发表了一篇题为《天辛》的文章。她说：“因为是写给你的，所以我今天把这篇拙文带来了，你随后读读吧。从这篇拙文中，你多少可以窥见我近一个时期的心迹。”

评梅和全德离去之后，高君宇便读起《天辛》一文来。他看到在字里行间，仿佛还萦绕着一种失望、悲观的白雾。那一字字、一句句，仿佛是从她心灵深处渗出的露珠在坠落中发出的哀音！

“她的心灵受到的伤害太深了，以至今日还未完全从痛苦的深潭之中跳出来。”高君宇一边读着，一边轻轻地叹息着。当他读至“诞日，你寄来的象牙戒指收到了。诚然，我也愿用象牙的洁白和坚实，来纪念我们自己静寂得像枯骨似的生命”时，高君宇的心微微颤动起来。他多想和石评梅经常在一起，鼓舞她，指导她，用自己的赤诚去增强她对人生的信念，但他哪有时间呢？他只能为之而遗憾。

北京的天气一天比一天寒冷了。然而，高君宇觉得比寒气更袭人的则是愈来愈令人失望的北京政局：正当中国共产党发起召集国民会议和废除不平等条约的群众运动，而孙中山先生尚在北上途中之际，一个以段祺瑞为首的中华民国临时执政府已于 11 月 24 日在北京成立了。冯玉祥一派受到了排斥，奉系军阀张作霖耀武扬威地来到北京。旧的反动统治垮台了，新的反动统治又产生了——这就是全国人民对北京政变的希望吗？

“不！”高君宇在中共北京区委兼北京地委商讨贯彻落实党的第四次对时局主张的会议上，明确表示要坚定不移地执行党对时局的主张，支持孙中山，反对段祺瑞。他说：“中国现在需要的是统一和独立，民主和自由。而要实现这一目的，就必须号召全国人民反对帝国主义、反对军阀、废除不平等条约。孙中山的《北上宣言》以及北上途中的一系列谈话，正体现了这一正确思想。而 8 年前那个‘谋危民国者’段祺瑞却非如此。他是一个野心勃勃的人物，这从他在孙中山还在北上途中就急不可待地组织临时执政府，并排斥冯玉祥等方面就可以看出来。为了篡夺政权，并巩固自己的统治地位，他必然不会反对军阀，不会反对帝国主义，不会废除不平等条约，自然也就不会赞成召开国民会议。因此，我们现在必须针锋相对地推动北方地区的人民群众掀起一个声势浩大的国民会议运动!”

不久，在中共北京区委兼北京地委的努力下，北京国民会议促成会成立了。根据党的指示，高君宇参与了筹备国民会议促成会全国代表大会的工作。

然而，筹备这一大会的阻力却很多、很大。这些阻力来自帝国主义，来自军阀，也来自国民党右派。他们各怀鬼胎，千方百计对持有联合共产党共同推动国民会议召开的主张的孙中山先生施以压力和影响。自从孙中山发表了《北上宣言》之后，高君宇就以敏锐的政治嗅觉看到了这三股反动势力对孙中山这一主张的态度：

——11月14日，亦即高君宇偕孙中山北上的翌日，英国帝国主义的喉舌香港《南华晨报》就孙中山北上发表文章说：“上海字林西报告吾人，谓上海无需于孙。吾人亦可断言，孙若偕共产友伴北上，上海必不容其登岸；即或许其暂驻，亦有小徐之前例在，对孙随时可加以拘捕或放逐。”

——11月18日，亦即孙中山北上抵达上海翌日，军阀安福系机关报《上海商报》发一广州通讯说：“此次孙科赴奉，张作霖曾表示谓中山若驱逐共产派，则东三省自张以下政界各要人俱有加入国民党之可能。”该通讯且说：孙科赴奉之“成绩”，自以此为最显著!

——12月4日，孙中山到达天津的时候，国民党报纸《国风日报》大放传单，其最意之句云：“惯行欺骗之陈独秀辈久置于国民党内，吾人敢断言北方民族之欢迎中山者，亦不过求以瞻仰风采而已!”并自夸说：“在先生以为国民党的旧党员有暮气，没有朝气，不能奋斗；共产派的新党员有朝气，没有暮气，确能竞争。然而这一回国民军中央革命的义举，在帷幄中筹谋策略的，是国民党的旧党员，抑或是共产派的新党员？在战线上执枪荷戈的，是国民党的旧党员，抑是共产派的新党员？若不详细审查明白，使国民党的旧党员，以这一回维护三民主义的战，与共产派忠于三民主义之成绩比较起来，终未必甘受共产党人的排挤，而不为自由护党之运动。”

面对这一切进攻，高君宇决定反击了。他认为，不反击，无以促成全国人民盼望的国民会议的召开；不反击，已经形成的国共合作就会遭到破坏；不反击，国民革命就难以大踏步地前进。于是，高君宇奋笔疾书了一篇杂感《帝国主义，军阀，国民党右派》。他首先列举了帝国主义、军阀、国民党右派就孙中山北上一事，反对孙中山联合中国共产党的种种事实，进行了无情的批驳。针对国民党右派企图将北京政变之功据为己有的卑劣做法，他以辛辣的笔触嘲弄道：“曹吴倒了，段张上台，这就是你们的成绩，你们尚论是‘革命’，可怜！”鄙视之情，溢于言表。

这篇杂感在 12 月 7 日《政治生活》第 4 版上发表后，受到了党内同志、党外人士的好评，对于巩固国共合作、推动国民会议运动起了积极的作用。

正当高君宇为推动国民会议运动而努力奋斗的时候，一直徘徊于他身边的病魔终于向他袭来了。本来，长时期的四处奔波，随孙中山北上的一路劳顿，已使他疲惫不堪，体力枯竭；自从回到北京后，他的工作更加紧张，简直可以说是日无暇晷，废寝忘食。如此劳苦过甚，他的身体愈来愈羸弱了，面容愈来愈憔悴了，而咳嗽也愈来愈剧烈而频繁了。终于在这一日，他在一阵剧咳之后突然感到恶心，接着，“哇”的一声吐了出来。

“血！”人们一看都为之惊愕了，纷纷劝他回寝室休息。

“不要紧的，”高君宇脸色惨白，嘴角带着殷红的血迹，但他镇静地说，“这是老毛病了，过一两天就会好的。”

然而，高君宇对自己的病情估计错了，这次复发的咯血症颇为严重，他竟一连数日咯血不止。在这种情况下，他才不得不听从同志们的劝告，住进了德国医院。根据党组织的安排，其胞弟高全德到医院里陪侍高君宇。高全德后来在一篇文章中回忆道："我搬进病房时，君宇正昏迷未醒，医院为降温防炎，让他仰卧病床，额头和胸部皆压冰囊，身子丝毫不能转动。我焦虑地站在他的病床前，见他面色苍白，双眸凝闭，俨然像一匹疲惫了的战马；偶尔睁开双眼，环顾周围，见我在旁守候，微含笑意；继而又闭目沉思……见君宇如此景况，我不由得眼泪簌簌地掉了下来。"

负责给高君宇治病的克利是一位热忱而又精于医术的德国大夫。在克利大夫的精心治疗下，高君宇的病情渐渐好转。他从昏迷状态中清醒过来后，就不停地向前来探望他的同志询问外界国民会议运动的情况。党组织指派照料他的兰辛在介绍了一些情况后，还讲了一件事，他说："在你的咯血症刚刚复发之际，出席共产国际'五大'的李大钊同志已从莫斯科回到北京，并召集了一次部署北方区工作的会议。按照会议通知，参会者除赵世炎、彭桂生、铁路总工会负责人外，还有你。只因你患病，所以未通知你。李大钊先生让转告你，要你安心养病，待病痊愈后再考虑工作。"

听了兰辛的一席话，高君宇心里更加焦急不安起来：唉，该死的病！偏偏在这个时候缠住了我。

第十六章　战斗到生命的最后一息

病榻上的恋情

昨夜一场风雪，迎来了1925年元旦的曙光。

窗外，一片皑皑白色：白色的土地，白色的楼台，就连昔日光秃秃的树枝上也堆积着一簇簇梨花似的洁白。室内，也是一片洁白：白壁、白被、白床单……还有高君宇的脸色，以及他手指上的象牙戒指。然而，高君宇不愿置身于这洁白的世界之中，他渴望的是外面火热的沸腾的斗争生活。他深深感到，疾病给予他的痛苦，远远没有因为不能参加革命斗争而产生的精神痛苦更令他难以忍受。作为一位无产阶级革命战士，在革命斗争十分需要他的时候，他却辗转于病榻之上，怎能不令他心急如焚，痛苦万分呢？多少年来，他同帝国主义斗，同封建军阀斗，同一切危害革命事业的反动派斗，任何艰险都没有把他摧垮；而今，却被病魔击倒了，这种痛苦是任何痛苦都难以比拟的啊！

然而，病魔只能使他身卧病床，却不能囚禁他那颗渴望斗争、关注革命的心。为了让这颗心能跟着外面革命运动的脉搏一起跳动，他除了向前来探望的同志了解外面斗争的形势外，还要让陪侍他的弟弟全德和兰辛每天给他买报纸看。当他听说孙中山已于昨日扶病到京，并发表了

《入京宣言》时，他情绪异常激动，硬逼着弟弟全德一大早到街头买来报纸让他来读。

看毕，高君宇欣慰地笑了。他觉得，孙中山先生这一宣言虽然词句委婉，但从中足以看出他那反帝救国之志依然那么坚定。然而，孙中山的主张能实现吗？他不禁想起段祺瑞 1924 年 12 月 6 日发表的致外国使团书中所说的“外崇国信”和 12 月 24 日正式公布将要召开旨在反对国民会议的“善后会议”，于是，他的心中又蒙上一层阴影。

下午，病室里寂然无声。躺在病榻上的高君宇正头向墙壁翻看着报纸。忽然，一个熟悉而又亲切的声音飘飞在他的耳畔：

“辛（高君宇的化名），我特来给你拜年，祝你一年的健康和安怡。”

高君宇似乎吃了一惊，待回过头来看时，原来是石评梅。她不知什么时候已悄悄进来，正蹲在床前望着他嫣然而笑呢。他也禁不住笑了。

“辛！不准你笑！从今天这时起，你做个永久的祈祷，你须得诚心诚意地祈祷！”石评梅调皮地笑着说。

“好！你告诉我祈祷什么？这空寂的世界我还有希冀吗？我既无希望，何必乞怜上帝，祷告他赐我福惠呢？朋友！你原谅我吧，我无力而且不愿作这幻境中自骗的祈求了。”

高君宇的话，犹如冷水一样浇在石评梅热血奔腾的心上，使她刚刚进来时还满怀的希望顿然消逝了。她知道，他是在诅咒这个万恶的世界。一时间，她找不到可以安慰他的话。于是，两人相对沉默无语。

沉默持续了 20 分钟。高君宇摇摇评梅的肩膀说：“你起来，蹲着不累吗？你起来，我告诉你一个昨夜我梦的梦。”

石评梅站了起来，坐在一张靠床的椅子上，听着富有文学才华的高君宇讲述起梦境来。她觉得，高君宇那抑扬顿挫的声调，似夜莺低啼，如燕子私语，一声声地在自己的心中回旋：

“我梦见青翠如一幅绿缎横披的流水，微风吹起的雪白浪花，似绿缎上纤织的小花；可惜我身旁没带着剪子，那时我真想裁割半幅给你做一件衣裳……

“我是踟蹰在这柳林里的旅客，不知道这是什么地方？我走到系船的那棵树下，把船解开，正要踏下船板时，忽然听见柳林里有唤我的声音！我怔怔地听了半天，依旧把船系好，转过了柳林，缘着声音去寻。愈走近了，那唤我的声音愈低微愈哀惨，我的心搏跳得更加厉害。郁森的浓荫里，露着几丝月光，照映着真觉冷森惨淡！我停止在一棵树下，那细微的声音几乎要听不见。后来我振作起勇气，又向前走了几步，那声音似乎就在这棵树上。”

高君宇讲述到这里，本已苍白的脸色更加苍白了，声音变得微微颤动起来。石评梅听得入迷了，不禁把椅子向床边移动了一下，然后紧紧攥住高君宇的手问：“辛！那是什么声音？”

高君宇接着讲述道：

“你猜那唤我的是谁？波微（石评梅的化名）！你一定想不到，那树上发出可怜的声音叫我的，就是你！不知谁把你缚在树上，当我听出是你的声音时，我像个猛兽一般扑过去，由树上把你解下来，你睁着满含泪的眼望着我，我不知为什么忽然觉的（得）难过，我的泪不自禁地滴在你腮上了！

“这时候，我看见你惨白的脸被月儿照着像个雕刻的石像，你伏在我怀里，低低地问我：

“‘辛！我们到那（哪）里去呢？’

“我莫有说什么，扶着你回到系船的那棵树下，不知怎样，刹那间我们泛着这叶似的船儿，飘游在这万顷茫然的碧波之上，月光照得如白昼。你站在船头仰望着那广漠的天宇，夜风吹送着你的散发，飘到我脸上时我替你轻轻一掠。后来我让你坐在船板上，这只无人把舵的船儿，驾凌着像箭一样在水面上飘过，渐渐看不见那一片柳林，看不见四周的绿岸。远远地似乎有一个塔，走近时原来不是灯塔，是个翠碧如琉璃的宝塔，月光照着发出璀璨的火光。你那时惊呼着指那塔说：

"'辛！你看什么！那是什么？'在这个时候，我还莫有答应你；忽然狂风卷来，水面上涌来如山立的波涛，浪花涌进船来，一翻身我们已到了船底，波涛卷着我们浮沉在那琉璃宝塔旁去了！

"我醒来时心还跳着，月光正射在我身上，弟弟在他床上似乎正在梦呓。"

听毕这个梦，石评梅只觉得心头似乎被千斤重闸压着，停了一会儿，她忽然伏在高君宇的床上呜呜咽咽地哭了。

这次探病给石评梅留下极为深刻的印象。她在后来的文章中还满怀深情地记述了此事。时值学校期末，石评梅忙于寒假之前的事务，很难抽暇去看望高君宇，但心里却时时挂念着病榻上的那个人。

一次，她到东城赴宴，归来时特意买了一枝红梅花，顺路去看望高君宇。来到病室时，高君宇正昏然入睡。床头上、茶几上，零乱地放着《向导》、《政治生活》等报刊，看样子，是他在入睡之前阅读过的。他仰卧于病榻之上，两条胳膊伸在绒毯外面，左手的手指上还带着那只洁白的象牙戒指。他的脸色白得可怕，仿佛是白色大理石头像；眉峰紧锁着，嘴唇枯烧成青紫色；他呼吸困难，胸脯时起时伏……啊！病魔已摧残了他的健康，正吞噬着他那曾经充满勃勃生机的生命！她静静地望着他，突然感到心里一阵难受，鼻子酸楚起来。她低低唤了他一声，便伏在他床上哭了。但又怕惊醒他，她只是暗暗哭泣……

临别时，石评梅将那束鲜红的梅花，插在桌上的紫玉瓶里，并在一张纸上写下一句话：

天辛！当梅花唤醒你的时候，我曾在你梦境中来过。

从此之后，石评梅就再不敢去看望高君宇了，她怕看到他那衰竭、憔悴的样子，就连给照顾他的兰辛打电话的勇气也没有了。她的心仿佛被群蛇吞噬着，像蜂巢般变成好些空虚的洞孔。她想躲避不时浮现在脑际的那可怕的一幕。她默默地说："我怕敲那雪白的病房门，我怕走那很长的草地，在一种潜伏的心情下，我常颤动着几缕不能告人的酸意。"

然而，病中的高君宇却雄心不衰，时时渴望着投身于革命斗争的洪流。当病情有所好转时，他就急不可待地要求出院，并因此和克利大夫发生了争执。后来，克利大夫见他这样，只好无奈地答应了，但又警告他说，出院后一定要静养 6 个月，不然会转为肺结核。

石评梅从云弟的来信中得知高君宇将要出院的消息时，她那白皙的脸上顿时便绽开欣慰的笑容。于是，她又一次到医院看望了高君宇。

不久，高君宇要出院了。石评梅一大早赶到医院时，见兰辛、云弟等还没来，便笑着对高君宇说："今天我接你出院，没有给你带一束鲜花来，只给你献上一首诗吧。"高君宇高兴地说："好啊！前两天你送我花，今天又送我诗，花情诗意，真令我幸福啊！但不知是什么诗呢?"

"是我的一首旧作。但今天赠给你倒颇为妥当。"石评梅说毕，便朗诵起来，声音不高，但格外动听：

霜雪的宝剑，日日呵长啸！
珠钻的剑匣，时时呵舞蹈！
要觅人间的壮士，抒他的光芒，
要滴人间的鲜血，解他的消渴，
……

高君宇一听便知是石评梅以前发表的那首《宝剑赠与英雄》。当石评梅朗诵到"五彩的蝶儿，围了他散发飞翔"时，高君宇笑着接口朗诵道：

白云浮堆着锦被，
松枝支罩着罗帐；
不知道何年何日？
他酣睡在这软柔的草上。

“天辛！”石评梅娇嗔地说，“我不要你朗诵这些诗句。”

“这些诗句难道不是你这首诗中的吗？”高君宇不解地问。

“天辛，我们还是谈些别的吧。”石评梅将话题转移到“蔷薇社”和《京报副刊·妇女周报》上。蔷薇社是北京大学欧阳兰等人组织的一个文学团体，去年11月下旬，石评梅、陆晶清一起加入该社。不久前，《京报》“征求有组织的社团，编辑不同性质的几种周刊”。经与京报社长邵飘萍商洽，蔷薇社取得了《京报副刊·妇女周报》的编辑权。于是，石评梅、陆晶清等均成为《妇女周报》的编辑。

石评梅说：“《妇女周报》已出几期了，不知你有何见教？”高君宇略略思索后，说：“我读过贵报的发刊词，其中有些话我还记得，譬如‘至少我们积久的血泪，应该滴在地球上，激起同情；流到人心里化作忏悔。相信我们的力可以粉碎桎梏！相信我们的热可以焚毁网罟！’要‘大胆在荆棘黑暗的途中燃着这星星火焰，去觅东方的白采，黎明的曙辉’。‘弱小的火把，燎烧着世界的荆丛；它是猛烈而光明！细微的呼声，震颤着人类的银铃；它是悠远而警深！’……这些话，无疑是充满战斗气息的。不过……”

石评梅诚恳地说：“请你直言批评吧，我们现在需要的是批评。”

高君宇说：“我觉得，发刊词意旨未免空泛了一些，没有一个十分明确的奋斗目标。就拿妇女解放来说吧，妇女现在的附属地位是封建制度和私产社会的必然结果，只有打倒私产制度，建立一个共产主义社会的时候，妇女才能真正粉碎桎梏，焚毁罗罟，得到彻底的解放。为此，妇女解放运动必须与整个无产阶级革命运动结合起来进行。”

石评梅静静地听着，不时点点头，而在心里涌动着对高君宇的敬爱、仰慕之情的波涛……

正在这时，兰辛、云弟和全德都陆续来到。临离开医院时，石评梅从提包里拿出一架照相机，悄悄地对高君宇说：“你那天说，这里有你的血，有我的泪。的确，这里是我们值得纪念的地方。来，我给你拍一张照片，留作纪念吧！”

高君宇高兴地说：“很好，你想得真周到。”说完，便半躺在床上，两手抚胸，苍白的脸上浮现着微笑。

石评梅一眼就瞥见他右手指上那只象牙戒指，心里不禁掠过一道阴影。她赶紧“嚓”的一声按下了快门。

照完相后，高君宇激动地紧紧攥住石评梅纤细的手，说：“谢谢你，你给我留下一个永恒的纪念。当我们日后看到这张照片的时候，不是会想起在这里曾流过我的血、你的泪吗？”说完，他那苍白的脸上露出一种似乎很满足的微笑……

然而，在石评梅看来，这笑是何等令人目不忍睹啊！她心中暗暗悲泣道：“他已经是病入膏肓了，然而，他还自以为痊愈了呢……”想到这里，她不禁热泪盈眶，蓦地，硕大而晶莹的泪珠落了下来，一颗、两颗……

高君宇看到后，吃惊地问道：“你怎么落泪了？”

石评梅赶忙用手绢擦掉眼泪，掩饰地说：“我是在为你恢复健康而高兴呢。”

“对，应当高兴才对呀！”高君宇说着，似乎想起什么，忙从一本《向导》里翻出一张照片来，说，“我在病榻上作了一首诗，已题写在这张照片的背面，送给你作个纪念吧！”

石评梅接过照片一看，原来上面是高君宇的头像，这是高君宇以前拍摄的，只见他丰神秀骨，神采奕奕，浓眉似剑，双目如星，浑身上下充满一种勃勃英气。这与眼前的高君宇简直是判若两人！翻过照片背面，上面是用雄健有力的行书写着的一首诗：

我是宝剑，
我是火花，
我愿生如闪电之耀亮，
我愿死如彗星之迅忽。

读着、读着，石评梅不禁心潮荡漾起来。她默默赞叹道：“真是诗如其人啊！”

彗星陨落了

高君宇出院后，就移居于东交民巷苏俄大使馆内一幢大房子里。——这是他的朋友、苏俄首任驻华大使加拉罕特为他养病而安排的。但是，他自入住之后，这幢房子就成了他的工作室。曾经经常前来探望他的胞弟高全德后来回忆说：“他在使馆单独住着一幢大房子，里外套间，铺着地毯，其他陈设非常简单，一张办公桌，一把椅子，一个书柜，一张卧床。那时，还没有暖水瓶，只有附近墙壁的火炉台上放一杯开水，整个屋子里显得特别空荡。我每次去了，他不是写作，就是阅读，工作非常忙碌，根本顾不上闲谈。”

得知高君宇出院的消息后，赵世炎、范鸿劼、舒大桢等北京区委兼北京地委的同志纷纷前来探望他，都劝他要安心疗养。李大钊因从莫斯科参加共产国际“五大”回到北京不久，事务繁杂，难以脱身，但也托人向他问候。前来看望他的同志们告诉他：在他住院期间，北京国民会议促成会已于1月4日正式成立。大会通电全国各省发起召开国民会议促成会全国代表大会。北京区委兼北京地委专门讨论了和这次大会有关的各项问题，号召北京各支部和党员，动员他们所参加的群众团体，投入到运动中来……听到这些情况后，高君宇振奋异常，恨不得立即投入这一运动。

就在这时，高君宇接到党的通知：要他出席党的“四大”。他略略准备一番，便抱病由京赴沪去了。

1925年1月11日，党的“四大”在上海开幕。会址是位于闸北淞沪路附近、北四川路西边华界的一幢三上三下的石库门里弄房屋。会场布置于二楼，三楼房间即为部分代表的临时寝室。会上，陈独秀代表中央作了报告，彭述之作了出席共产国际“五大”的报告，共产国际代表魏金斯基也在第一天的会议上作了共产主义运动状况的报告。大会通过了关于民族革命运动、职工运动、农民运动、青年运动、妇女运动、宣传工作、组织问题等11个决议案。

在会议期间，高君宇结识了一位具有文韬武略、大智大勇的革命战友，此人就是在后来中国革命历史上发生过重大影响和作用的一代伟人周恩来同志。当这一对革命战友在党的“四大”上相识后，很快就结下了深厚的友谊。在会议空隙，“两人欢谈甚深”，甚至“彼此互通了各人的恋爱情报”。当得知周恩来的恋人是邓颖超时，高君宇不禁称赞道：“你俩真是珠联璧合的一对！”

1月22日大会结束的当天晚上，即将分别的高君宇、周恩来又相聚在一起，促膝交谈。他们谈方兴未艾的要求召开国民会议和废除不平等条约的群众运动，谈党已经同国民党合作在广东创建的革命武装，谈党在民主革命中的策略和无产阶级领导权问题……两人谈兴愈来愈浓，直至夜深人静时，才恋恋不舍地分别。临别时，周恩来拿出一封信来，对高君宇说："你回京时，烦请将此信交给天津的邓颖超同志。"

高君宇笑着说道："这真是身无彩凤双飞翼，心有灵犀一信通啊！翔宇（即周恩来），我保证当好传书的鸿雁、传情的红娘。"

两人都禁不住哈哈大笑起来。这笑声，在静寂的寒夜里显得是那么响亮、那么热烈、那么真诚。

高君宇在回京途中，特意在天津站下了车。随即，他风尘仆仆地赶到邓颖超任教的学校里，将信交给了周恩来的恋人——邓颖超。事隔半个多世纪后，邓颖超回忆说："在 20 年代，大革命时期，我已知高君宇（名尚德）同志是我党北方区委员会的负责人之一，主管宣传工作，但未见其人。那是 1925 年 1 月，高君宇同志在上海参加我们党的第四届全国代表大会之后，返回北京的途中，他特地在天津下车，到我任教的学校里看望我，因为，他受周恩来同志的委托来看我并带一封信给我，这样我们有缘相见，一见如故，交谈甚洽……于是高君宇同志做了我和周恩来同志之间的热诚的'红娘'，而恩来同志又做了我得见君宇同志的介绍人。我和君宇同志的那次亲切的会见，他给我留下了深刻的印象。他是一个温和而又沉着，内心蕴藏着革命的热情，而从外貌看上去也较为成熟的青年。"

高君宇回到北京后，孙中山先生因病重而于 1 月 26 日入协和医院治疗，其病被确诊为肝癌！听到这一消息后，高君宇不禁忧心如焚：眼看着段祺瑞包办的善后会议就要在紧锣密鼓中开场，而和中国共产党同持召开国民会议主张的孙中山先生却患了如此之绝症……第二天，他就感到那尚未完全痊愈的病体又隐隐有点不适了。前来看望他的石评梅见他如此，生怕他旧病复发，便苦劝他放下手中的工作，到陶然亭那个他俩经常聚会的地方去了。

从陶然亭回来之后，高君宇的心情似乎不再那么忧郁了，但一种缠绵的情感又弥漫于他的心头。他想起和石评梅那若即若离的冰雪爱情来了……于是，激情之下，他伏案给石评梅写起信来。

致石评梅的信寄出后，高君宇那动荡不安的心境似乎平静了许多。他要将儿女情长深深地埋于心底，重新投入战斗了。他明知自己身体羸弱不堪，病根尚未根除，但他决心奋斗到底：纵然是死，也要死在革命事业上。他不仅和赵世炎、范鸿劼等北京区委兼北京地委的同志共同策划国民会议促成会全国代表大会，而且还参与起草大会的有关文件和宣传材料。

高君宇欣慰地笑了，因为他又重返前线，开始了新的战斗。然而，石评梅每一次见到他，一颗心就像铅块似的格外沉重。自从他住院那一天起，她就有一种不祥的预感，无时不为他的病而感到恐怖、悲哀和忧虑。她劝他多休息，少考虑工作。但他却不能这样，即使与石评梅谈心，也总要扯到“国民会议”、“善后会议”上。他常常告诉石评梅一些段祺瑞包办的善后会议的种种丑闻，以及一些报纸对之的讥讽之言论，譬如，善后会议前夕，给每位参会者先发 600 元津贴，某报讥之曰：“财政整理不可知，会员先得六百元。”……听了这些笑话趣闻，石评梅也禁不住笑了。她觉得眼前这位年轻的共产党人是那么光明、磊落。他关心的不是个人的病痛，而是与民族和国家有关的事情。

谈到石评梅她们编辑的《妇女周刊》时，高君宇说：“我最近读了你发表在《妇女周刊》上的《我的为了爱可以独身》的文章。其中有些观点我不甚赞成。”

石评梅谦虚地笑着说：“请君详述。”

“譬如文中有这样一段文字，”高君宇开诚布公地说，“‘处此新旧嬗替的现世，爱园里横生荆棘，塑隔铁壁，旧道德偏阻其所好，投其所恶。在系链下挣搏的我们，自然痛苦多而愉悦少，失败多而成功少。饱尝酸辛、历经艰苦之后，心潮自然由枯寂而平静，由平静而绝望，她的爱之信念，遂变成独身的信念。我觉世界（上）爱最伟大，为了爱独身的更较伟大！’这些思想观点，我很难赞同。”

“为什么呢?”石评梅用她那双仿佛饱含泪水的眼睛望着高君宇，像一位小学生一样不解地问。

高君宇说：“不错，我们正处于一个新旧嬗变的时代，爱园里确是荆天棘地，旧道德依然十分强大，青年人无不感到悲哀和痛苦。但是，正因为如此，我们青年人才应当负有一种改造社会的责任，披荆斩棘，艰苦奋斗，反对旧道德，推翻旧制度；而不应当“由枯寂而平静，由平静而绝望’。”

“你的话固然很有道理，可是像我这样的弱女子怎样才能去轰轰烈烈地奋斗呢?”

高君宇热情洋溢地说：“一个人或几个人的力量固然是渺小的，但是，只要加入到伟大的人民大众的斗争之中，就完全可以干一番轰轰烈烈的事业。正如一滴水是渺小的，但是无数滴水汇在一起就可成为河流，成为海洋，就可掀起冲天的巨浪！评梅，我衷心希望你能多写一些配合人民大众斗争的文章，譬如眼下的国民会议运动正方兴未艾，你可以运用手中的笔，鼓动妇女关心国事，积极推选代表参加国民会议促成会全国代表大会。”

这些话犹如一团火燃起了石评梅奋斗的热情。她振奋异常地说：“好，我写，我一定写！”

不久，高君宇就欣喜地看到，在1925年2月25日出版的《妇女周刊》第11号上刊登着石评梅写的《致全国姊妹们的第二封信——请各地女同胞选举代表参加国民会议》。于是，他兴致盎然地读了起来，读到后来时，他竟出声念了起来：

……谁也不能说女子不是人，女子不是中华民国的国民；

> 当然在这万象澄治、百物待理的国民会议里，应该采纳女子的代表。女子也应该代表二万万中华国民的资格，参加国民会议。庶乎有机会希望解决宪法上对女子的错谬，法律制度上对女子的歧视。同时我们期望国民会议，确能解决过去十三年的纠纷，更新以后亿万年的福利；为我们造成两性共支的理想社会的实现，为谋启迪我们女子拨云见日的时机……我们要取得权，就要运动；我们要保存所取得的“权”，以及更增进于圆满，就要永久去运动……

读毕，高君宇激动不已，是啊。看到挚爱的女友能参与自己所从事的革命事业，怎能不激动呢！

1925 年 3 月 1 日，全国人民瞩目已久的旨在对抗段祺瑞“善后会议”的国民会议促成会全国代表大会终于在北京大学三院开幕了！来自 20 多个省、100 多个地区的 200 多名代表相聚一起，共商国是。作为会议代表和大会主席团执行委员的高君宇在会上见到许多革命战友：恽代英、向警予、邓颖超、王烬美……他和他们不仅在中共组成的大会党团会议上一起讨论会议中的重大问题，而且努力用党的主张来影响全体参会人员。由于共产党人的努力，加之宣传工作好，深入发动了群众，这次大会一开始就开得隆重而富有生气。

然而，正当这次空前的大会刚刚开始之际，病魔又开始向高君宇挑战了。3 月 2 日下午，极度羸弱、疲劳的高君宇忽然感到腹部疼痛，但他毫不在意，继续坚持参会。直至 3 月 4 日腹痛加剧，忍无可忍时，他才被其他代表送回他的住处苏俄大使馆那幢房子里休息。

当石评梅接到兰辛的电话，赶来看到形销骨立、枯瘦如柴的高君宇时，不禁大为惊骇：啊，仅仅 3 天工夫他就瘦得成了一把枯骨，只是眼珠转动，嘴唇开合，表明他还是一具有灵魂的躯壳。她的眼泪顿时像决堤的河水一样从眼眶里汹涌而出……

见石评梅如此悲伤，高君宇那深凹的眼中也涌出将尽的残泪，他紧咬着下唇，握着她的手抖颤不止，半天才说出一句话来：

“评梅！什么时候你的泪才流完呢！”

石评梅听了这话更加哽咽了，哭得抬不起头来。高君宇不忍看她如此悲泣，便将头掉过去深深地埋在枕下。后来，她将他扶起来，喂了点橘汁，然后又放卧在床上。高君宇少气无力地低声说：“评梅！我谢谢你这数月来的看护……”话说到这里，他便哽咽住了……

石评梅浑身出着冷汗，突然间她感到她是那样爱恋着眼前的这位为革命事业而奋斗至此的青年英雄。于是，多少年来蒙在她鲜血淋漓的心头上的云翳散了，散了……她跪在高君宇病榻前说：“辛，你假如仅仅是承受我的心时，现在我将我这颗心双手献在你面前，我愿它永久用你的鲜血滋养，用你的热泪灌溉。辛，你真的爱我时，我知道你也能完成我的主义，因之我也愿你为了我牺牲，从此后我为了爱独身的，你也为了爱独身。”

高君宇抬起头来望着石评梅那着沐雨梨花似的泪脸，紧紧握着她那纤细的手说：

“评梅！放心。我原谅你，至死我也能了解你，我不原谅时我不会这样缠绵地爱你了。但是，评梅！一颗心的颁赐，不是病和死可以换来的，我也不肯用病和死，换你那颗本不愿给的心。我现在并不希望得到你的怜恤同情，我只让你知道世界上只有我是最敬爱你的，我自己呢，也曾爱过一个值得我敬爱的你。评梅！我就是死后，我也是敬爱你的，你放心！”

高君宇说这番话时颇有勇气，就像对着千万人演说时那样的气概。石评梅听了，异常感动，又默默地低着头垂泪！

这时，从门外走进一位俄国青年，他极其诚恳地半跪着在高君宇那枯蜡似的手背上吻了吻，然后站起来颇有礼貌地望着石评梅说：“小姐！我祝福他早日痊愈！”说完，便戴上帽子走了。

待高君宇的胞弟高全德来后，石评梅因要参加校务会议而不得不告辞。高君宇忽然掉转头来对石评梅说：“评梅！真的我忘记告诉你了，你把那些书信拿去好了，省得你再来一次检收。”

“不，你不要这样胡思乱想。”石评梅悲伤地喊道。

高君宇很平静地说：“我知道，我这架机器不堪耐用了！评梅，死，是没有什么可怕的。一个人能为人民大众的解放事业而死，是死得其所，又有何憾；只是国民会议尚未召开，革命大业尚未成功，而我……”以下的话就再也说不下去了。

石评梅安慰道：“辛！你不用焦急。我已告诉静弟马上送你到协和医院，有空我就去看你。”说完，她不忍再看望高君宇一眼，便匆匆离去。谁知此次一别，竟成永诀。

旋即，高君宇被兰辛送至协和医院，诊断结果是急性盲肠炎。当医院决定动手术时，恰好其弟不在，兰辛因为恐怕高君宇久病的身躯禁受不住而犹豫不决。高君宇十分镇静地说：“开肚怕什么？你也这样脑筋旧！”说完，便亲自在手术单上签了字。

手术后，他感到精神很好。兰辛问：“要不要评梅来看你？”

高君宇说：“她愿意来，来看看也好；不来也好，省得她又要难过！”接着，他又和兰辛谈论起正在召开的国民会议促成会全国代表大会来，并表示过两天出院后再去参加这次大会。

谁知，就在这天夜里，1925 年 3 月 5 日深夜 2 点 40 分，这位无产阶级革命战士，我党早期的领导人，中华民族的优秀儿子高君宇与世长辞了！死时，年仅 29 岁。

在惨淡的灯光下，他静静地躺在洁白的病床上，仿佛是酣然入睡了。是啊，他为党领导的中国革命事业奔波了数千个日日夜夜，太累了，太累了，让他好好休息吧！他睡着了，仿佛还在梦中满怀激情地高诵着他自题照片上的那首言志之诗：

> 我是宝剑，
> 我是火花，
> 我愿生如闪电之耀亮，
> 我愿死如彗星之迅忽。

这天夜里，人们仿佛隐隐听到古城北京第一声春雷。

结束语　丰碑永矗陶然亭

高君宇死了，死于革命风暴之中。

虽然，他的生命像彗星一样迅忽地陨落了，然而，他的革命精神像火花一样依然燃烧着；他的光辉业绩像闪电一样依然闪耀着；他的崇高形象像宝剑一样依然高高地挺立着……

高君宇英年早逝的噩耗传开之后，无论是党内同志，还是党外人士，无不为之而沉痛哀悼。

1925年3月14日，党中央机关刊物《向导》第106期发表《悼念我们的战士》一文，痛惜地说："君宇再不能以文字与读者诸君相见了！但他那热烈的革命精神永远留在本报，也便永远留在读者诸君的记忆之中！呜呼！君宇死了！君宇的精神仍时时在读者诸君的前面徘徊着呵！"

3月28日，中国社会主义青年团中央机关刊物《中国青年》第72期发表无产阶级革命家其颖(即贺昌)同志撰写的《悼我们的战士——高君宇同志》一文，对高君宇的历史功绩予以高度评价，称他"在五四运动中，是一个强有力的健将，对于中国革命问题和中国的政治经济状况，均有深切明确的见解，最早在北方即从事于职工运动"；他在参加"远东民族会议"后"留俄京数月，参加国际青年运动，谋东方被压迫青年与西方劳苦青年群众的团结"；他回国后，"投身于民族革命运动"；他"在《向导》与《政治生活》等刊物中，做了不少的理论上的指导。他对于中国的青年运动，有极大的努力”。文章最后哀悼说：“现在，君宇同志没有了！但他那热烈的革命精神，仍徘徊于吾人之前！”

高君宇的母校——北京大学师生们为失去这样一位在从事民众运动中，“其弘毅果敢，足为青年模范”的校友而深切哀悼。该校校刊《北京大学日刊》发表了高君宇传略及关于追悼高君宇的启事等，惋惜地说：“君宇生平虽无足多，然而为主义奋斗，奋斗成疾，疾废而不能治，岂不伤哉。”

党组织对于“不仅是一个革命的实行家，也是一位革命的议论家”的高君宇的遗著极为重视，并认为“实有保存价值”。因此决定将他“散见于各种刊物的论文”，“刊印成书，永资纪念”。为此，指定中共北京大学支部负责人舒大桢、中共太原支部书记张叔平负责筹办此事，并发表了《征求高君宇遗著启事》。

3月29日上午9时，中共北方区委以北大学生会的名义在北大第三院礼堂举行了追悼高君宇大会。邓颖超、范鸿劼、贺昌、张叔平、舒大桢和苏俄驻华大使加拉罕等，以及广大学生、工人群众参加了追悼会，李大钊、邓中夏、王若飞等送了花圈、挽联。追悼会由中共北方区委负责人之一的赵世炎同志主持，气氛隆重而庄严。会场上挽词、挽联甚多，如：

爱国男儿又弱一个
读书种子遗恨千秋

事业未成君胡遽死
返魂无术我复奚言

年少是风流玉石俱焚长抱恨

满腔怀热血旌旗化赤有遗功

还有的挽词摘自高君宇和罗章龙编写的《京汉工人流血记》一书中的词句。

在追悼会上，人们没有看到高君宇最挚爱的女友石评梅。邓颖超同志回忆说："我去参加追悼会，怀着极其沉痛的心情和迫切的愿望，希望能够见到女作家石评梅。但是那天很出乎我的意料，评梅女士并没有参加追悼会，可能因为她悲痛过甚而不能参加。"高君宇的胞弟高全德也回忆说："记得当年追悼会上，评梅确是没有到会。她本来是要参加追悼会的，当她来到骑河楼的时候，乃贤、庐隐、晶清……我们商量，因为高君宇的死，她已晕厥过几次，不能再让她过分增加悲痛而阻止了。"

这次追悼会后，中共太原支部书记张叔平怀着对高君宇的无限敬仰和悲痛的心情，将追悼会上的花圈、挽联、挽词等带回太原，在文庙召开大会，隆重追悼这位山西最早的共产党员，山西党、团组织的创始人。

4 月，高君宇在北大的好友川岛（章廷谦）在《京报副刊》上发表悼念文章《你也要伤心吧——忆高君宇》。

之后，《京报》还刊登了以"高君宇先生安葬筹备处"名义发表的《高君宇先生出殡启事》："君宇先生数年来尽力社会运动，成效颇著。前因积劳成疾，病殁协和医院。同人等悲悼之余，商同高君家属，择于五月八日（礼拜五）上午八时至九时半在哈德门外法华寺致祭，十时出葬城南陶然亭。外界如有祭品惠赐者，请于前一日送交骑河楼十二号张叔平君代收可也。"

从以上种种事实中，足以可以看出人们对高君宇的悼念是何等沉痛！

然而，在精神上遭受打击最大的是石评梅。当她得知高君宇逝世的噩耗时，她犹如被惊雷击顶，一头扑倒在菊姐怀里，叫声“姊姊”，便晕厥过去了，待醒后，竟放声大哭不止。当她在收拾遗物中又看到了那一片红叶时，她心如刀割，她觉得那片已经枯萎但墨迹依然的红叶，就是他生命的象征，她默默祷告：“上帝允许我的祈求罢！我生前拒绝了他的，我在他死后依然承受他，红叶纵然能去了又来，但他呢！是永远不能回来了，只剩了这一片志恨千古的红叶，依然无恙地伴着我……”当她在豫王府冰室里看到高君宇僵冷的尸体以及他右手上惨白的象牙戒指时，她的心一片一片地碎了……

北京党组织根据高君宇的遗愿，于同年5月8日将高君宇安葬于陶然亭畔，并立碑志念时，石评梅将她用含泪写下的高君宇生前自题照片上的那首言志之诗刊于墓碑上，并在诗后附了几句令人不忍卒读的话：

> 这是君宇生前自题像片的几句话，死后我替他刊在碑上。
>
> 君宇，我无力挽住你迅忽如彗星之生命，我只有把剩下的泪流到你坟头，直到我不能来看你的时候。　评梅

从此，一座坟墓，一幢像直指苍穹的宝剑似的墓碑，便凛然出现在陶然亭畔。

从此，一位素衣女子或孑然一身，或邀约女友，经常徘徊于墓碑前，凭吊，哀悼，寄托绵绵不断的情思——无论风霜雪雨，无论花晨月夕……这位女子就是石评梅！

悲哀似水，在石评梅的心海里愈积愈多，终于盈满而溢，从她的笔端倾注而下，化作了一首首诗、一篇篇文……

然而，石评梅并没有因之而沉沦下去，当她看到在阎奉之战中棠姊被奉军抓入战壕而被摧残致死时，当她看到萍弟被反动军阀抓入牢狱备受折磨时，当她看到在“三·一八”惨案中好友刘和珍等爱国志士死于

段祺瑞的枪弹之下时，特别是当她看到轰轰烈烈的大革命失败后革命志士被屠杀的惨景时，她那被悲哀笼罩的双眼终于被人民和烈士的鲜血擦亮了。面对黑暗的社会，反动的势力，她愤怒高呼："愿燃我愤怒的心火，烧毁这黑暗丑恶的地狱之网！"于是，她写下了《寄到狱中去——给萍弟》《战壕》《深夜絮语》《断头台畔》《红鬃马》《匹马嘶风录》等一系列充满战斗气息的诗文。她骄傲地向世人宣称："我已经不是从前呜咽哀号、颓丧消沉的我；我是沉默深刻，容忍涵蓄一切人间的哀痛，而努力去寻求生命的真确的战士。"

然而，正当石评梅继承高君宇遗志向黑暗丑恶的旧世界冲锋战斗的时候，她病倒了——因长期悲痛忧郁而患脑病倒下了。经治疗无效，于1928年9月30日与世长辞，寻找早她三年而亡的"宇哥"去了。

"节操文章光国史"的一代才女石评梅的早逝，引起人们极大的悲痛。10月21日，世界日报社、女师大学生会、青明女校、女一中、蔷薇社、无须社及绿波社等团体在女师大举行了石评梅追悼会。之后，她的文友们将她的部分著作整理出版，书名为《祷告》《涛语》。还组织出版了《石评梅女士纪念特刊》，其中诗文无不充满哀思和痛惜之情。

根据她的遗嘱，人们将她的遗体安葬于高君宇墓旁，并刻石竖碑。后人将这一对坟墓亲切地称之为"高石之墓"。

从此，在陶然亭湖畔便高高耸立着一对宝剑似的墓碑。

一位革命家，一位女作家，他们虽然生前未开并蒂花，但是死后终结连理枝了。

铮铮铁骨与勃勃诗心的结合，在人间留下了一段千古佳话。

我们深信，这两个坟墓，一对墓碑，必将世世代代存在下去。因为，"革命与恋爱没有矛盾，留着它对青年人也有教育"（周恩来语）。

啊！"高石之墓"，一双凛然矗立于天地之间的宝剑！